TRAFFIC

Why We Drive the Way We Do
(and What It Says About Us)

开车心理学

为什么我们一开车就变了样？

[美] 汤姆·范德比尔特（Tom Vanderbilt）◎著
邹熙 陈晓斐◎译

中信出版集团·北京

图书在版编目（CIP）数据

开车心理学 /（美）汤姆·范德比尔特著；邹熙，陈晓斐译. -- 北京：中信出版社，2017.8

书名原文：Traffic: Why We Drive the Way We Do (and What It Says About Us)

ISBN 978-7-5086-7658-6

I. ①开… II. ①汤… ②邹… ③陈… III. ①汽车驾驶员–应用心理学 IV. ①U491.2

中国版本图书馆CIP数据核字（2017）第096862号

开车心理学

著　　者：[美] 汤姆·范德比尔特
译　　者：邹　熙　陈晓斐
出版发行：中信出版集团股份有限公司
　　　　　（北京市朝阳区惠新东街甲4号富盛大厦2座　邮编　100029）
承 印 者：北京通州皇家印刷厂

开　　本：787mm×1092mm　1/16　　印　　张：20　　字　　数：262千字
版　　次：2017年8月第1版　　印　　次：2017年8月第1次印刷
京权图字：01-2009-1471　　广告经营许可证：京朝工商广字第8087号
书　　号：ISBN 978-7-5086-7658-6
定　　价：48.00元

服务热线：400-600-8099
投稿邮箱：author@citicpub.com

目 录
CONTENTS

第三章 眼睛和大脑的背叛

第四章 蚂蚁比人类更懂交通

第五章 女司机更易引发拥堵吗?

第六章 再多的路也不够车走

第七章 危险意识让司机更安全

第八章 从交通知世界

第九章 道路风险认知

序

聆听交通话语

被忽视的交通和它难以捉摸的一面

你开着车在拥堵的公路上缓慢移动，眼看着身边的车一辆辆都向前开了，你变得越来越沮丧。这时候你一定问过自己一个问题：为什么旁边车道的车似乎总是比自己这条车道上的车快？

你手指敲着方向盘，不断给收音机换台。你盯住一辆同样缓慢的汽车，把它作为你的参照物。你试图弄清楚后车窗除霜器旁边那个奇怪的按钮是做什么用的。

我曾以为这不过是高速路上自然随机性的一部分。有时命运就是会把我引入快车道，而有时候它又撒手不管，把我扔进慢车道。

直到最近，一次经历让我重新思考过去我对于道路的消极看法，也挑战了一直以来指导我驾驶方式的一系列假设。

我的生活方式发生了巨大的变化，我开始插队。

在公路上开车时，你有可能会发现一个告示牌，上面写着你所在的左车道将在前方 1 英里[①]处关闭，你必须并入右车道。

你发现右车道有足够的空隙，便迅速并了过去，你松了口气，庆幸自己不会被困在封闭的车道上。接着，你所在的车道越来越拥堵，你越开越慢，最后停了下来，懊恼地发现之前那条车道上的汽车不断飞驰而过，驶

---

① 1 英里约合 1 609 米。——译者注

出你的视野。你心里暗暗恼火，盘算着怎样才能回到速度快得多的左车道上——但没有足够的空隙供你并线，你只能沮丧地接受现状。

不久前的一天，我开车行驶在新泽西州的一条公路上，这次经历令我幡然醒悟。当时我正谨慎地行驶在新泽西北区风景优美的储油仓库和化工厂之间，当临近普拉斯基高架桥时，我突然看见了一块告示牌，上面写道：本车道将在前方1英里处封闭，请并入右车道。

直觉告诉我应该并入本已拥堵无比的右车道，但我一时冲动，没有听从直觉。“照着告示牌说的做”，有个声音这样对我说，而实际上我却听从了另一个更加坚决的声音：“别上当，你还有更好的选择。”我故意继续沿左车道向前行驶，对其他司机充满敌意的目光视而不见，我用眼角的余光看见妻子有点儿不安。超了几十辆车后，我开到了左车道的尽头，趾高气扬地右转并入右车道，前方是畅通无阻的柏油路。我的心跳得飞快，妻子则双手捂着脸。

之后的几天，我的心里产生了一种罪恶感，同时感到困惑不解。我那样做错了吗?还是说我之前一直都做错了?为了寻找答案，我在Ask MetaFilter网站上匿名提了一个问题。Ask MetaFilter是一个问答网站，人们可以随意提问，依靠一群高学历且极有主见的匿名用户的集体智慧来找到答案。我想知道，为什么某条车道比另一条车道快?为什么直到最后一刻才插队并线的人会享受到更快的车速?还有我那崭新的生活方式——直到最后才插队并线的做法，是不是有点儿离经叛道?

在极短的时间内，洪流一般的回复向我涌来，这让我大吃一惊。人们讨论各自经历时的热情与坚定的立场令我深受触动。似乎有很多人认为我做错了，但也有相当数量的人认为我做得对。我无意中涉足了这个领域，看来人们针对这一问题的态度无法调和，难以达成共识。

我们且依照保险杠贴纸的文字称其中一个阵营为“随手行善”派——认为早早并线是品德高尚的人所做的正确的事，晚并线插队的人都是些狂妄自大的粗人。“很不幸，总有些烂人，”一个“随手行善”的人评论道，“他们想尽办法超过你，就为了在你前方几辆车的地方享受塞车的乐趣……那些自认为有急事，或者自认为自己的事情更重要的人会继续向前开，没骨气的人还会让他们插队，这进一步减慢了你的速度。这太糟糕了，但没办法，恐怕全世界都这样。”

另一个人数较少的阵营——此处我们借用新罕布什尔州车牌上的文字，称之为“不自由，毋宁死”派——反驳说，晚并线插队的人是在理性地将道路的通行能力最大化，这对每个人都有好处。在他们看来，另一阵营试图保持礼貌和公平的做法实际上不利于所有人。

情况变得更复杂了。一些人认为晚并线会引发更多的交通事故；一些人说这种制度在德国效果更佳，并暗示说我的困境也许体现了全体美国人性格上的某种弱点；也有一些人担心自己在最后关头“并不进去”；还一些人则说他们会效仿卡车司机的行为，故意妨碍试图并线的车辆。

这是怎么回事？我们行驶在同样的道路上，学的是同一套交规，不是吗？令我感到迷惑的不仅是回复者众说纷纭的观点，还有每个人为自己的公路行为赋予的道德正义性，以及他们对于反对意见的尖酸刻薄的态度。大多数时候，人们并不援引交规或实际证据来做出评判，而是诉诸自己认为正确的观念。

我甚至发现有些人的转变经历和我正好相反。“就在不久前，我还支持晚并线。”一家软件公司的主管在一份商业杂志上这样写道。他为什么会改头换面，成为一名早并线的人呢？“因为我后来意识到，并线越早，车流越快。”他以此来说明美国企业成功的团队建设问题。他写道，在企业中，“晚并线者”一贯将自己的观点和动机置于企业之上，而“早并线者”有助于推动企业达到“最大的集体速度”。

然而并线越早，车流真的越快吗？还是说，这种想法仅仅是看上去更高尚而已？

你也许会想，这种让人们早早并线、不去影响他人的做法，与其说是交通问题，不如说是社会问题。道路不仅仅是一个由规则和标识组成的系统，还有千百万我们这样的人穿行其中，而社会对于交通行为只靠松散的参考标准来规范。我们被扔进庞大的培养皿中，一些神秘的、我们尚不确知的因素在其中起着作用。除了道路，还有哪个地方能让这么多拥有不同背景的人——不同的年龄、种族、阶层、信仰、性别、政治倾向、生活方式、选择方式、心理素质——如此随机地汇聚在一起？

有关它的运作方式，我们到底了解多少？我们在道路上的行为方式原因何在？这些行为又透露出我们自身的哪些信息？是否某些人天生就倾向于某种驾驶习惯？女性和男性的行为方式一样吗？如果的确如传统观点所说，司机在最近几十年变得越来越不文明了，那么原因又何在呢？道路究竟是社会的缩影，还是有其自身的一套规则？我有一个朋友，他是一名羞怯的拉丁语教师。他告诉我，他曾经开着一辆低调的丰田花冠，坚决遏止了一个企图挡路的货车司机。某种神秘的力量把这名文雅的郊区教师变成了高速公路上的特拉维斯·比克尔[①]（你胆敢追我的尾？）。这是交通的力量使然，还是他内心本就潜伏着一头巨兽？

越是深入思考——或者说，你被堵在路上无所事事时考虑这个问题的时间越长——这类令人费解的问题就越容易被发现。一个人为什么会身陷毫无头绪的交通堵塞之中？一起 10 分钟的“事故”为何会引发 100 分钟的堵车？有旁人在场的时候把车开出车位真的会需要更多时间吗，还是说只是看起来如此？公路上的共乘车辆专用道究竟是缓解了交通堵塞还是加剧了堵车程度？大卡车有多危险？车型、行车地点和乘车人如何影响我们的驾驶方式？为什么纽约人喜欢横穿马路，而哥本哈根人则很少这么做？

---

① 特拉维斯·比克尔（Travis Bickle），电影《出租车司机》（*Taxi Driver*）中的主角，他个性孤僻，在纽约以开夜间出租车为生。目睹纽约夜幕下的种种罪恶，令他变得愤世嫉俗。——译者注

新德里的交通的确如看上去那样混乱，还是看似疯狂，实则秩序井然？

你也许和我一样考虑过这个问题：如果我们停下来仔细倾听，交通会向我们诉说些什么？

你听到的第一个词是“交通”（Traffic）。这个词让你想到了什么？十有八九是一条拥堵的公路上挤满了挡路的车辆，令人十分不快。有意思的是，自诞生以来，“交通”一词在大部分时间里的含义都是积极的。它起初的意思（现在也有此意）是贸易及商品的流动。这一含义慢慢扩展，将从事贸易的人以及人们之间的交易也包含了进去——莎士比亚为《罗密欧与朱丽叶》所写的序言就描述了“舞台上的人来人往”（traffic of the stage）①。后来这个词被用于指称“流动”本身，譬如，道路上的车辆“流动”。到了某一时刻，这个词既可指人，也可指事物。货物和人的运动在单一组织中交织在一起，毕竟，如果某人要去向某地，目的多半是寻求贸易。这在今天仍然适用，因为交通事故多数发生在我们上班的路上，然而我们似乎并不常从运动和流动的角度将交通看作一条充满机会的长河，相反，我们认为交通使我们的生活变得更令人头疼。

现在，我们和过去一样，视交通为抽象的概念，认为它是一系列事物的集聚，而不仅仅是单独个体的集合。我们会说“beating the traffic”（避开拥堵的高峰）或“getting stuck in traffic”（堵车了），但我们——起码在文明的场合——绝不会说我们要“beating people”（避开人群）或“getting stuck in people”（被困在人群中）。新闻会把“交通”和“天气”联系在一起报道，仿佛它们都是我们不可掌控的消极因素。虽然我们每次都抱怨路况，但往往自己就是造成拥堵的一分子。（公平地说，我认为我们也是造成恶劣天气的一分子，这得“感谢”开车时汽车排放的尾气。）我们会说“交通太拥挤”，却并不完全明白“交通太拥挤”是什么意思。它指的是人

① 此处为直译。——编者注

太多还是路太少?抑或是人们过于富裕,于是买车的人太多?

我们经常听说“交通问题”。可到底什么是交通问题?对于道路工程师而言,“交通问题”可能是指某条街道道路承载能力未被充分利用。对于住在那条街上的为人父母者而言,“交通问题”可能是指车太多或者车速过快。对于街上的商贩而言,“交通问题”可能指的是路上的客流量不足。针对交通问题,17 世纪法国著名的科学家和哲学家布莱兹·帕斯卡(Blaise Pascal)提出了唯一一个万无一失的解决方法:待在家里。“我发现,人类一切的不幸福都源自一个事实,”他写道,“那就是他们无法在自己的房间里安静地待着。”历史上首个城市公交车服务就是由帕斯卡发明的。巧合的是,仅仅 5 个月后,他就与世长辞。是巴黎的交通毁灭了他吗?

不论对你而言“交通问题”意味着什么,如果你知道各种类型的交通问题和交通本身一样历史久远,你大概会感到些许宽慰。自从人类开始使用代步工具以来,社会就一直在努力应对流动性带来的影响,寻求新的技术和手段来满足人类新的需求。

举例来说,参观庞培古城遗址的游客能看见遍布车辙的道路上留有双轮马车的痕迹,但许多道路都只能容得下一驾马车通过,游客不免好奇:这是单行道吗?如果平民看见皇家军团的人迎面而来,是不是得退回去为军团让出道路?如果两驾马车同时来到岔路口,该谁先走呢?这些问题被忽视了许多年,不过,美国交通考古学家埃里克·珀勒(Eric Poehler)最新的研究对此做了一些解答。

通过研究转角处的路边石和行人穿越“车辙路”时所用垫脚石的磨损情况,珀勒不仅能辨别出马车的行驶方向,还分析出马车在岔路口是从哪个方向转弯进入了双行道。基于对路边石上“方向特征磨损状况”(directionally diagnostic wear pattern)的研究,珀勒发现庞培的马车似乎都是靠右侧行驶的（这是右利手文化偏好的一个组成部分）。庞培主要使用单行道系统，而且某些街道完全禁止马车通行，街上似乎没有交通或街道标识。不过读者应当知道，庞培人也饱受道路建设和绕道行驶之苦，比如墨丘里奥路（Vico di Mercurio）就因为修建浴室而不得不改变通行方向。

随着古罗马的马车日渐增多，交通变得越来越拥挤，以至于自诩为“道路保佐人”（“一切伟大道路之主”）的恺撒大帝不得不宣布禁止马车在白天通行，“只允许运输修建神庙等公共建筑所需的材料，或将拆除建筑的废料运出。”马车只能在下午 3 点之后进城。然而如你所知，在交通的世界里，任何一项措施都会带来效果相当的反作用。恺撒方便了罗马人白天的生活，代价是让他们在夜里难以入眠。这听起来就像抱怨摩托车太多的现代罗马人那样。诗人尤韦纳尔（Juvenal）曾抱怨道：“只有富人才能在罗马的夜晚安然入眠。马车在曲曲折折的街巷穿梭，拉车的牲畜发出巨大的噪声……连章鱼都被吵得睡不着。”

到了中世纪的英格兰，交通依然是个亟待解决的问题。各城镇试图通过法律或征收费用来管控流动商贩做生意的时间和地点。治安官禁止马车进入城镇，因为它们会占用桥梁和道路。某个城镇禁止马匹在河中饮水，因为附近常有玩耍的儿童。驾车速度也是个问题。15 世纪的伦敦交通法规《白皮法典》（*Liber Albus*）规定，“马车空载时的速度不得超过载物时的速度。”（否则按超速罚款 40 便士，对情节严重者，“会依照市长的意愿将其投入监狱”。）

1720 年，伦敦人死亡的首要原因，是由“野蛮驾驶”的载货和载客马车引起的交通事故，这让火灾和酗酒相形见绌。评论家也谴责马车夫为争夺道路所引发的矛盾、争吵和扰民行为。在 1867 年的纽约，马车平均每周撞死 4 个行人（略高于今天的交通事故死亡率，不过当时的人口和车辆都远远少于现在）。受到惊吓的马匹将行人踩在脚下，“鲁莽的马车夫”无视时速 5 英里的限制，那个年代也没有“道路优先权”的概念。1888 年的《纽约时报》写道:“目前看来，马车夫似乎可以理所当然地无视十字路口，只要自己方便，就可以把行人赶得乱跑，自觉躲避他们的马车。”

随着城市扩张，人们规划出越来越多的道路，交通变得更复杂，也更难管理。例如，1879 年 12 月 23 日纽约市百老汇大街南部发生了一次“前所未有、非同寻常的大堵车”，前后持续了 5 个小时。都有谁被困在了这场“无法形容的堵车”(《纽约时报》的说法)之中?名单令人惊愕:“单马车、双马车、由前后两匹马拉的车、四马车、骑马的人、双座四轮马车、手推车、板车、货运马车、马拉的两轮小车、拉家具和钢琴的马车、珠宝商和小商贩用的轻便小货车，还有两三辆广告货车，广告车的侧面盖有透明的薄帆布，一到夜晚便熠熠生辉。”

就在人们以为交通已经复杂到了无以复加的地步时，一部小说诞生了，随之而来的还有一台极具争议的机器，那是自恺撒时代以来的第一款个人交通工具，一项打破了本就不堪一击的交通平衡的新奇发明。这就是自行车。

经过了几次失败之后，19 世纪晚期的“自行车热潮”一时间在社会上掀起了轩然大波。自行车速度太快，骑车的人可能患上某些奇怪的疾病，如自行车脊柱后凸(kyphosis bicyclistarum，即“自行车驼背症”)。自行车也容易让马匹受惊，引发交通事故。骑车的人和不骑车的人经常大打出手。许多城市试图完全禁止人们骑自行车。骑自行车的人不能上路，因为自行车不是马车;也不能上人行道，因为他们不是行人。今天的自行车活动家强烈反对汽车进入布鲁克林希望公园，而早在 100 多年前，就曾有“自行车一族”在此地为自行车争取进入希望公园的权利。自行车也使新的骑车礼仪问题浮出水面:男士是否应当给予女士道路优先权?

从庞培的马车到西雅图的思维车[①]，交通工具的发展遵循这样一个模

① 思维车(Segway)是一种电力驱动、具有自我平衡能力的个人用运输载具，采用单轴双轮设计，是都市用交通工具的一种。自 2001 年起商业化量产销售。——译者注

式。一旦人们不再想走路了，一旦人们开始使用代步工具，他们就得学习一整套新的出行方式与交往方式。道路因何存在？道路为谁铺设？车流如何同时前行？自行车掀起的尘埃还未落定，汽车又开始在道路上横冲直撞，将整个秩序推翻重来。而这些秩序碰巧是在自行车骑手的努力下建立起来的，这一讽刺略显悲剧。

汽车兴起之初带来了翻天覆地的变化，使我们几乎来不及停下来思索这一形成中的全新生活方式。19 世纪中期，第一辆电动汽车在英格兰闪亮登场，其时速被草率地限制在每小时 4 英里——当开着它进城时，一个扛着红旗的人甚至都能跑在它前面，汽车在当时并不多见。那个举着旗与汽车赛跑的人就像是对交通本身的一个隐喻，这大概也是汽车最后一次与人类的速度不相上下。很快，汽车建立起了属于自己的世界，车内的人与外界既隔绝又保持着某种联系。借助汽车，人类得以以自己在进化史上前所未有的速度移动。

汽车起初只是单纯地加入到路面混乱的车流之中，当时在北美的大多数城市里，真正的交通规则只有一条："靠右行驶。"1902 年，"著名的帆船爱好者、花花公子、耶鲁大学毕业生"威廉·费尔普斯·伊诺（William Phelps Eno）开始着手整治纽约城乱麻般的交通，他后来被誉为"世界首位交通技师"。（据《纽约时报》报道，汽车引发的死亡事故已经是"家常便饭"，没什么"新闻价值"，除非涉及"社会名人和商界重要人士"。）伊诺是个典型的白人盎格鲁-撒克逊新教徒，在当时的纽约是个名人。他怒斥"司机、行人和警察的愚蠢"，并且直言："控制军队易，管理暴民难。"伊诺提倡用一系列"激进的法令"管制纽约的交通。这些措施现在看来古怪至极，比如，规定了司机应如何"以正确的方式转弯"，并且建议汽车在哥伦布环岛只能单向行驶。闻名全球的伊诺坐船到巴黎和巴西的圣保罗去解决当地的交通问题。他不仅是个交通工程师，更是一名社会改革家，向众人传授新的行为和交流方式（这往往违背众人的意愿）。

起初，交通语言并没有成为人人都懂的世界语言，人们说不同的语言，根本无法交流。警察吹哨在一个城镇代表停车，在另一个城镇却代表车辆前行。红灯在这里代表一个意思，在那里却代表另一个意思。“停车”指示灯在早期是黄色的，虽然许多人都认为应该采用红色。一名交通工程师在 20 世纪初总结道：“信号灯各式各样，有箭头形的、有紫色的、有带十字标志的……每种都代表一个特定的指令，而司机往往根本不知道这些指令是什么意思。”我们今天习以为常的交通标识系统经历了多年的演变且常常饱受争议。第一款交通信号灯只有两个指示灯，一个代表“停”，一个代表“行”。后来有人提议增加一个灯，也就是今天的黄灯，以便车辆有足够的时间通过路口。一些交通工程师反对设立黄灯，理由是增加黄灯后，车辆一定不会遵守信号灯，他们会抢着在黄灯时通过路口，而这种行为实际上更危险。还有一些人希望信号灯在变红和变绿之前都亮黄灯（今天在丹麦等地就是如此，不过北美不采用这一模式）。还有一些奇怪的地区性规则从未广泛流行，比如洛杉矶威尔榭大道和西大街交汇处的信号灯安装了一个时钟，它的指针能向抵达路口的司机显示红绿灯的剩余时间。

然而，信号灯使用红色和绿色真的没错吗？1923 年，有人指出，由于色盲的缘故，大约有 1/10 的人在看信号灯时只能看见灰色。为什么不换成几乎人人都能分辨的蓝色和黄色呢？如果真的换了信号灯的颜色，会不会使那些已经习惯了红灯和绿灯的人陷入灾难性的混乱之中？尽管存在种种不确定性，交通工程学依然迅速确立了自己不太稳固的权威地位。正如交通历史学家杰弗里·布朗（Jeffrey Brown）所言：工程师那些进步的科学思想（将缓解交通拥堵比作治疗感冒）听起来不偏不倚，但实际上反映的是一小群城市精英（例如车主）的需求。因此街道的首要目标很快就明确了：让尽可能多的车辆快速通过——这一观点使我们忽视了城市街道的许多其他功能，直到今天也是如此。

你或许会想，经过了一个多世纪的发展以及数年的传统和科学研究之后，所有这些交通问题应该都得到了解决。大部分问题的确已不复存在。各地的行车环境差不多，摩洛哥的红灯和蒙大拿的红灯代表的意思相同。柏林和波士顿信号灯上“行走的小人儿”虽然长相不大相同，但都能引导我们过街。（柏林墙倒了，但民主德国信号灯上戴着小礼帽、备受大家喜爱的欢快“小人儿”保留了下来。）因为公路经过了精心设计，所以我们意识不到自己的行车速度有多快——有时候甚至感觉不到汽车在行驶中。

标准虽然统一了，但我们仍然不知道该如何以最安全有效的方式来管理马路上的人流——司机、步行者、骑自行车的人等。比如，你可能在某些城市的信号灯上看到过倒计时标志，告诉你剩余的通行时间。一些人认为，这一发明极大地方便了行人；另一些人则认为它并无助益。一些人认为，在道路上标出自行车道对骑自行车的人来说最为理想；另一些人则推崇设立单独的自行车道；还有人认为，不设立自行车道对骑自行车的人才最有利。人们一度以为，高速公路上大型车的限速低于普通轿车能让道路更通畅、更安全，但是区别限速制似乎在消除一种事故风险的同时，又会导致另一种事故风险，总体上对于交通安全并没有帮助，因此各地又逐渐取消了区别限速制。

亨利·巴恩斯（Henry Barnes）是20世纪60年代纽约交通理事会的传奇人物。他给自己的回忆录起了一个动人的书名：《有一双红色和绿色眼眸的男人》（*The Man with the Red and Green Eyes*）。回首漫长的职业生涯，他写道：“交通不仅是物理和机械层面的问题，同样也与情感息息相关。”他总结道，人的问题比车的问题更难解决。“随着时间推移，技术问题变得更加自动化，而人的问题则更加难以掌握了。”

本书重点关注交通难以掌控的一面。之所以研究这些问题，不过是想停下来看看周围的环境，虽然我们身处其中，但因为太过熟悉而忽视了它。我想放慢脚步，思考一下我们在开车、行走、骑自行车或使用其他交通工具时，周围的世界究竟发生了什么。（下次去俄勒冈州波特兰市时，记得找找滑板道的标识。）我的目标是领悟公路行为的深层含义，透过交通中的奇怪现象，解读车辆之间躲闪回避以及推挤加塞儿的行为。我不但研究我们遵守的交通规则，还研究我们发出的交通信号。

许多人，包括我自己，借着开车时假想的独立感和权利感，对开车这件事不以为然。实际上，这项活动极为复杂且要求甚高：我们面对着一个法律体系，在随机的场景中扮演着社会行动者的角色，处理着纷繁复杂的信息，无时无刻不在针对风险和回报进行实时的估计和判断；我们还身处大量的感知和认知活动之中，而科学家对它的全景才刚刚有所了解。

我们大半的驾驶生活依然笼罩在神秘和黑暗之中。我们还没来得及弄清新兴技术对行车可能带来哪些复杂的影响，就匆匆在车中放置了手机、车载导航系统和无线电收音机。人们在一些重大问题上常常观点不一。我们要按规定将双手分别放在方向盘的 10 点钟和 2 点钟位置，但安全气囊会不会成为这种姿势的安全隐患？变更车道时除了打转向灯、观察后视镜之外，还需要回头看看吗？只看后视镜可能会陷入盲区，而交通工程师说任何一辆车都可能存在盲区（事实上，司机的左侧和正后方这两个最不方便、最危险的区域似乎最容易成为盲区）。但如果回头观察就无法看清道路前方，也许决定命运的一瞬间就是这一秒。公路安全机构的负责人说：“回头看是最危险的动作之一。”

那么我们该怎么做？如果你觉得这些问题还不够复杂，那就看看右侧后视镜。在美国，副驾驶一侧的后视镜是凸面镜，上面通常写着这样一句警示语：“镜中物体的实际距离更近。”驾驶员一侧的后视镜则是平面镜。在欧洲，两侧的后视镜都是凸面镜。“现在的情形显然错得离谱儿，”密歇根大学的驾驶员视觉研究员迈克尔·弗拉纳根（Michael Flannagan）说，“不应该欧洲一套标准，美国一套标准。两套标准不可能都是最优选择。它们都源于根深蒂固的传统，但都没有经过理性、明晰的论证。”后视镜和交通中的许多事物一样，貌似简单，实际上非常复杂。

于是，驾车时我们其实并不清楚各种事物的运作方式。每个人似乎都是“驾驶达人”，但每个人的视野都有偏差，因为我们只能透过自己的挡风玻璃看问题。例如大多数事故的发生地点都离家很近，这一事实众所周知，也反复被保险公司的调查印证。乍看之下，这从统计学的角度说得通：人们在自家附近活动更频繁，驾车时间也更多。不过，这背后有没有更深层的原因呢？心理学家指出，习惯会使我们精神松懈，对需要集中精力的日常事务掉以轻心。习惯还会形成思维定式，指导我们在特定的情境中如何行事。所以当身处熟悉的环境时，比如在自家附近的街上，我们就不自觉地做出了习惯性动作。一方面这样的思维定式很高效，可以将我们从五花八门的新信息中解放出来，防止我们分神；另一方面，由于不再需要集中精力分析周围的环境，我们放松了警惕。试想，如果过去的 3 年里琼斯家的车道从来不会在早晨出入车辆，如果第 4 年的第一天那条车道里突然驶出一辆车，结果会怎样？我们会及时避让吗？我们会不会压根儿没注意到有车辆驶出？安全感和一切尽在掌控的感觉也是我们的一个弱点。以色列的一组研究员调查发现，司机在熟悉的路段上更容易违反交通规则。

行驶在路上时你一定有过这样的经历：一时间记不起几分钟前发生了什么。某种程度上，我们在行驶过程中的大部分时间都处于这种状态，像是进入了朦胧的梦境，肌肉机械地收缩着，路边景象也记不大清了。行驶的过程只是一种中间状态，在行驶过程中的我们想得更多的是去向何处，而非身处何方。在行驶过程中，时间和空间被扭曲了，我们的视野变得碎片化且往往模糊不清，我们接收了成百上千种画面和印象，转瞬又将它们忘得一干二净。我们身边的人每分钟都不同，我们和他们共享一片空间，却永远不会交谈，甚至不会碰面。

许多人花在交通上的时间比和家人吃饭、度假、做爱的时间都长，看来有必要对交通经历做一些更深入的研究。作为一名 21 世纪初的美国人，我生活在一个有史以来对汽车依赖程度最高的社会。我们在驾驶方面的开销超过了在食物和医疗方面的开销。最近一次调查显示，美国汽车的保有量甚至超过了人口数量。1960 年，大部分家庭只有 1 辆车，有 3 辆车的家庭少之又少。现在，每家 3 辆车已经成了常态。过去几十年间，虽然美国家庭的平均规模缩小了，但配有多个车库的家庭数量却几乎翻了一番——车库能停 3 辆车的家庭占了 1/5。

因为搬到了远离市区的地方居住，人们的通勤时间也变长了。美国最近的一次通勤调查结果显示，“极端通勤族”（extreme commuters）是增长速度最快的组别之一。极端通勤族每天花在路上的往返时间长达 2 小时，他们中许多人迫于过高的房价而越搬越远。他们回家途经充满诱惑的广告牌，上面写着“如果你住在这儿，现在就到家了”，这就是房地产商所谓的“经济状况决定行车里程”现象——也就是说，想要少还房贷，就要多开一段路。2005 年，美国人平均每年有 38 个小时都堵在路上。1969 年，近半数的美国儿童走路或骑车上学，现在这一比例降到了 16%。从 1977 年到 1995 年，人们步行出门的次数减少了一半，由此还引出了一个笑话：在美国，步行的人就是那些刚刚停好车的人。

交通已经成了一种生活方式。车内杯架日益普及，到了 20 世纪 80 年代已经完全成了车内的标准配置，现在已经是坐在方向盘前吃饭的必备品，它把汽车变成了能随时享用金宝汤和优诺酸奶的“餐饮场所”。2001 年，有 134 种食品在商标或广告里特别加入了“go”（便携）一词；到了 2004 年，这类食品的数量增加到 504 种。根据预测，欧美行业内所谓的“边走边吃”产业的产值，将从 2003 年的 732 亿美元上升到 2008 年的 844 亿美元。现在快餐店 70% 的营业收入来自汽车外卖窗口。（我们在汽车刚刚兴起时去过的那些“免下车”餐厅，现在看起来就像慢节奏年代的遗物。）在美国，约有 22% 的餐厅订单是由司机在汽车外卖窗口提交的，这一做法在其他地方也逐渐流行，比如北爱尔兰，据说有 1/8 的人每周至少有一顿饭是在车里吃的。麦当劳在美国的上百家分店单独开设了购餐车道，以方便车辆快速通过，还把这种外卖窗口引入了中国，名字叫“得来速”，并为日渐增多的“得来速”消费者提供经过改良的“米汉堡”等地区性特供产品。星巴克最初抗拒外带窗口这种模式，因为这让星巴克有种快餐的意味，而如今星巴克也有超过一半的直营店开设了汽车外卖窗口。星巴克致力推广的家庭和工作场所之外的社交娱乐“第三空间”，可以说就是汽车了。

交通甚至改变了我们的饮食。车内食品奉行的准则是“方便手持”，这类食物不需要用叉子，专为在车内食用而设计，比如塔可钟[①]至尊脆卷。我曾和一名广告总监在洛杉矶度过了一个下午，这名总监受塔可钟连锁店的委托，在真实的交通环境中做了一个测试，目的是看看开车的时候哪种食物最方便食用。评判一种食物成功与否的标准，是消费者使用的纸巾数量。而即使食物真的溅了出来，用汰渍便携式去污剂就行。这款去污剂是笔状的，在 1 200 多家设有“得来速”式窗口的CVS[②]药店都可以买到，并且这样的门店数量还在不断增加。20 世纪 80 年代以前，人们对“有声读物”几乎闻所未闻，如今这一产业每年能创造 8.71 亿美元的价值，而且，有声读物出版商协会的销售报告里也着重提到了“交通堵塞”。开车通勤这种生活方式在人们的日常生活中根深蒂固，以至于连全国公共广播电台都把最受欢迎的广播时段称为“汽车时刻”，意思是听众被故事深深吸引，不舍得下车。洛杉矶的一些犹太教堂被迫将晚礼拜的时间从 20 点改到了 18 点，方便通勤族下班之后顺路参加。因为考虑到洛杉矶的交通状况，先回家再出门做礼拜实在令人无法忍受。在美国，人们把大量的时间都花在了路上，研究表明，司机（尤其是男性）左侧身体的皮肤更容易患皮肤癌——靠左侧行驶的国家情况则刚好相反。

---

① 塔可钟（Taco Bell）是目前世界上规模最大的墨西哥式食品连锁餐饮品牌。——译者注

② CVS是美国知名连锁药妆店。——译者注

美国人向来以不安分著称。19世纪的法国政治思想家亚历西斯·德·托克维尔（Alexis de Tocqueville）写道，数百万人“同时朝着地平线前进”。今天，当我乘坐飞机飞过美国各大城市上空，俯瞰地面，总能看到一串串平行的红灯和白灯布满街道，如同闪耀的项链，点缀着大地。

不过本书并不仅仅描写美国。虽然世界上最完整的汽车文化依然属于美国，但交通已经成为一种带有地方特色的普遍现象。在莫斯科，堵在路上动弹不得的汽车取代了俄罗斯人排队等候的古老画面。爱尔兰的汽车保有率自1990年来翻了一番。曾经十分宁静的中国西藏自治区首府拉萨，如今也有了地下停车场，也堵起了车。委内瑞拉首都加拉加斯的交通状况目前被认为是“全世界最糟糕的”，一方面是因为繁荣的石油经济，另一方面则是因为廉价的汽油（每加仑才7美分）。在巴西的圣保罗，有钱人为了逃避这里令人厌恶的交通状况，每天穿梭于这座城市中的300多个直升机场之间。在印度尼西亚首都雅加达，绝望的印尼人做起了“搭车客”。司机付钱请他们搭便车，以凑够乘客人数，从而可以使用速度较快的共乘车辆专用车道。

百姓网CEO（首席执行官）王建硕说，上海周边及中国其他城市里萌生出一种与交通相关的新职业。百姓网上有一个新的工种：职业带路，只要付一点费用，带路人就会坐进车里为你指路——堪称“人肉导航系统”。然而，代价与机遇相伴相生，在中国，每年死于交通事故的人数超过了1970年全国制造的汽车总量。据世界卫生组织预测，到2020年，交通事故将成为全球第三大死因。

我们行驶在相同的道路上，又各自以不同的方式走着自己的路。我邀请你来到我所在的那条路上，和我一同透过过往车辆的喧嚣，聆听道路的话语。

第一章

为什么总是旁边车道的车快？

任性的暴脾气司机

喇叭失灵，

小心我竖中指。

——取自某保险杠贴纸

1950 年的迪士尼短片《疯狂摩托车》（*Motor Mania*）中，可爱的笨狗高飞（他是用两条腿走路的）扮演典型的行人“步行先生”（Mr. Walker）。步行先生是个“好公民”，诚实有礼貌，他会吹口哨回应鸟鸣，并且“连蚂蚁都不忍心踩死”。然而，一旦步行先生坐在驾驶位上，“奇怪的现象就发生了”，他“整个人都改变了”。他变成了“车轮先生”（Mr. Wheeler），一头迷恋权力的“失控的怪兽”。红灯时他与其他车辆一争高下，还把道路看作个人财产（但他依然认为自己是个“好司机”）。而当他打开车门，解除“个人装备”，就又变回了“步行先生”。虽然他也知道“其他人对他的看法”，但一坐回车里，他就被“车轮先生”的人格操控了。

迪士尼的这部短片以绝顶聪明的简单办法揭示了生活中一个常见而独特的事实：行为决定了我们的态度。我和高飞一样，也饱受多重人格障碍的痛苦。身为纽约人，我经常步行。步行的时候，汽车在我眼里是个恼人之物，吵闹且污染环境。车里的司机全是外地醉汉，只看手机不看路。而当我开车的时候，我又发现行人突然间特别招人烦，他们一边听着 iPod（便携式多功能数字多媒体播放器），一边快活地摇头晃脑，过街时根本不看路。而当我骑自行车时，飞驰而过的汽车不但威胁着我至高无上的健康，还对我这种环保的生活方式不屑一顾；心不在焉的行人也让我心烦，他们似乎认为，“不就是一辆自行车吗”，是可以闯红灯的，而当我以25英里的时速从他们身旁呼啸而过的时候，他们又被吓了一跳，对我愤慨不已。

我猜想这样的事情在你身上也发生过，我们且称之为“典型偏见”（modal bias）。典型偏见部分与我们被扭曲的感知有关（这一点我将在第三章具体讨论），部分与对地盘的控制欲有关，比如共用一条道的骑车人和行人冲着彼此大喊大叫，或是一辆尺寸超大的婴儿车，就像马路上的越野车，凭借庞大的体积强行霸占了人行道。然而，当我们从行人变成了驾驶员，一些深层次的变化就发生了。迪士尼短片所描绘的“个人装备”也许并非全然不切实际。法国研究人员针对行人死亡事故开展的一项研究表明，有相当数量的事故与“模式转变”（例如从驾车转为步行）有关，这份研究报告指出，司机下车之后似乎依然以为自己刀枪不入。

心理学家力图理解那些“行为异常的司机”。他们建立起详细的性格档案，试图弄清哪些人比较容易患上“路怒症”[①]。“开车反映了一个人的生活方式”，这句话长期以来影响巨大。这句话最初被用在“经常肇事的司机”身上，也解释了为什么汽车保险费不仅与驾龄挂钩，还与信用记录挂钩（这一点也颇具争议）。细想一下便会得出结论：信用不佳的人在道路上也容易做出冒险行为。然而，低信用评分与高额保险损失之间的关系仅仅具有统计学上的意义，至于为什么生活方式会影响驾驶行为，原因则相对不明确。对此类问题的调查通常会用到问卷，而人们给出的回答可能会存在各种偏差。比如，下面这个问题你会怎样回答：驾车时你像个疯子吗？（请选择“从不”“有时”或“总是”。）一般而言，这些问卷都得不出什么惊天动地的结论：“寻求刺激”“喜欢冒险”“争强好争”的人，开起

① 路怒症（road rage），形容在交通阻塞情况下，开车压力所导致的愤怒情绪。——译者注

车来往往无所顾忌。就算没听过这个结论，你也知道那些不怕死的司机根本不会去规避风险，稳妥、正常地开车，对不对?

野蛮驾驶通常被认为是不良或粗野的行为，用了“路怒症”这样的字眼，就显得与医学沾点儿边。“开车暴脾气”（traffic tantrum）也是个实用的别称，巧妙地弱化了野蛮驾车行为不成熟的一面。与其思考为什么有些人一开车就容易变身杀人狂魔，不如思考一个更有趣的问题：为什么每个人的行为方式都不一样?这不仅是性格上的变化，而是整个人都发生了改变。在马路上行驶的过程中，我们不得不努力坚守自己的人性。

想一想语言这一人类最显著的特征。开车时，我们在大部分的时间里都是沉默的。交通语言没有复杂的词汇，没有微妙的面部表情变化。出于安全和经济因素的考虑，交通语言被缩减为一系列正式或非正式的基本信号，只传递最简单的含义。研究显示，这些信号（特别是非正式信号）常常被误解，尤其是新手司机。举个例子，戴维·罗韦（David Rowe）牧师是康涅狄格州费尔菲尔德城郊富人区教堂集会的组织者，他还是绿日乐队（Green Day）的歌迷。戴维说有一次在路上开车时看见一辆车的保险杠上贴着绿日乐队的车贴，便鸣笛以示友好，结果对方竖起中指回应他的善意。

即便是正式的信号，有时也会令人迷惑：一辆车一直开着右转向灯，司机究竟是准备右转，还是忘记了将转向灯关掉?很不幸，我们无法向司机询问他的真实意图，否则极度愤怒的情绪可能由此爆发，并脱口而出：“你到底转不转弯?”但你无法对他发问，也无从得到答案。无法与对方交流让我们非常沮丧，于是我们便粗鲁地打手势或鸣笛——这可能会使暴脾气司机对你产生误解。或许别人也对你鸣笛，听到莫名其妙的喇叭声，你怒火中烧——干什么?!——结果发现对方只是想提醒你汽油箱盖子没关。“感谢！祝你愉快！”

加州大学洛杉矶分校社会学家杰克·卡茨（Jack Katz）认为，驾驶过程中的交流沟通充满了类似的“不对称”。卡茨著有《情绪如何影响我们》（*How Emotions Work*）一书，他告诉我：“你能看见，但别人却听不到你说话。你彻底失声，你尽可以大喊大叫，但没有人听得见。”

这种“不对称”还有一种表现方式——你总能看见别的司机犯错，却看不到自己犯错。（哥伦比亚首都波哥大前市长想出了一个绝妙的解决方法，他雇用许多哑剧演员站在街边，模仿那些违反交通规则的行人和司机的行为。）此外，司机驾车时大部分时间都在盯着其他车的车尾看，从文化层面来看，这种行为与人类的“服从”意识息息相关，交流也因此成了单向的活动：你看着一群司机，他们却看不见你。“就好比你和走在你前面的人说话，而不是和他人面对面地交流，”卡茨说，“我们盯着每个人的车尾看，这可没法实现人类沟通的最佳效果。”

卡茨认为，这种沉默让我们抓狂。我们渴望说点什么。研究人员曾做过这样一个实验，他们在车里假装测量司机的行车速度和距离感，其实是在观察研究对象听到其他司机鸣笛时的表现。研究人员给研究对象下达指令，让他们在停车标志旁停车，然后另一名研究人员假扮司机，把车停在研究对象车后并鸣笛。虽然鸣笛者听不到，但超过 3/4 的司机都以言语对这种行为做出了回应。

超车通常被认为是粗鲁甚至怀有敌意的行为，超车的司机也无法辩称自己的行为毫无恶意。而由于车流的速度很快，此类行为也不太可能有其他目击者——没有人（除非车里有其他人）会和你一起摇头谴责：“他怎么能做出超车这种事？”回应超车的方式至少有两种。你可以加速超过对方，“教训他一下”，但被教训的人不一定会意识到自己之前超车了——于是你的这一行为构成了挑衅——他们也不一定会接受你的“指教”，而且即便接受了，这么做也不太可能会给你带来任何长期利益。你也可以选择利用“非正式”的交通信号，比如竖中指（或者按澳大利亚目前正流行的做法，向对方竖小指，因为澳大利亚道路交通管理局的一则广告称，超速或野蛮驾驶是一种缺乏自信的矫枉过正的做法)。卡茨说，如果对方注意到了你的行为，你会感觉自己胜利了，但如果对方又竖起一根中指回敬你呢?

最后，就算我们想对不文明的司机表示不满，信息往往也无法送达。而我们依然会为此抓狂，但却没人会看到。卡茨认为，我们在驾驶室里展开了一场戏剧性的表演，愤怒地“上演道德的戏剧”，我们扮演其中蒙冤的受害者和“复仇的英雄”，但这往往会招致更惨烈的交通事故。仅仅咒骂对方还不够，我们还会变得愤怒。“愤怒的司机成了一名魔术师，”卡茨说，“被自己的魔法蒙蔽了双眼。”他还说，作为这出“道德戏剧”的一部分，为了赋予这次遭遇一个“新的意义”，我们有时会试图在事后搜集一些关于不文明司机的信息(比如加速凑过去看看他们的长相)，与此同时在脑海中设想，恶人可能会是谁(比如女性、男性、青少年、老年人、卡车司机、共和党人、民主党人、“打电话的傻瓜”，或者，如果都没猜对，那就单纯是“傻瓜”)，最后再给戏剧编造一个合适的结尾。

这就好比道路版的“基本归因谬误”(fundamental attribution error)。这是一种常见的心理学现象，意思是人们倾向于将行为归因于个人的内在特质；同时，基于“行动者-观察者效应”(actor-observer effect)，我们又往往将自己的行为解释为特殊情境下的无奈之举。你大概从未从后视镜里看着自己，心里嘀咕着“蠢货司机”。心理学家认为，行动者-观察者效应产生的原因可能是个体希望更好地掌控当前的复杂局面(比如开车)。另外，训斥超车的“蠢货司机”比全面分析导致这一行为的各种成因要容易得多。

从更广泛的角度来看，比起民族沙文主义和城市沙文主义，这或许更能解释为什么全世界的司机都喜欢嘲笑特定的对象。希腊人说，“阿尔巴尼亚人车品糟透了”；德国人说，“荷兰人是最差劲的司机”；最好也别让纽约人去评论新泽西的司机，否则他们会没完没了。就连对交通方式的选择似乎也深受基本归因谬误的影响。研究结果显示，当骑车人违反交通规则时，汽车司机会认为他们鲁莽且无法无天；而当汽车司机违反了交通规则时，别的司机则往往认为他们是受环境所迫。

在某种程度上，这种愤怒似乎是为了维护我们的身份感——又一个被交通吞没的人类特征。司机被弱化成一个品牌（最多是个大致的刻板印象）或一串没有名字的车牌号。我们在这片匿名的海洋中寻找点滴意义：想想看，每当看到和你车型相同的车辆或归属地相同的车牌时，你是不是有种略带惊奇的喜悦？（一些实验研究结果显示，人们对待与自己生日相同的人往往更友善。）一些司机，尤其是美国司机，想通过个性化的车牌来彰显身份，这无疑是徒劳的。不过，这引出了一个问题，你真的希望用区区 7 个字母来总结自己的人生吗？——况且，你为什么想向一群不认识的人证明自己是谁？美国人似乎热衷于在昂贵的汽车上粘贴廉价车贴，以此来炫耀自己的子女天资过人，诙谐地告诉人们“我的另一辆车是保时捷”，或巧妙地暗示自己经常去某地度假（比如“MV”[①]）。这种行为似乎只有美国人热衷，很少会有德国人开着贴有诸如“我是德国人我自豪”此类车贴的汽车飞驰在高速公路上。

在任何情况下，在路上向他人昭示自己的身份都会带来诸多问题，因为司机将自己的身份意识转移到了车上。按照卡茨的说法，我们成了“半机器人”。汽车成了我们的自我。“开车时，你将自我意识放大，”卡茨说，“前方几百码[②]开外的地方有一辆车变更了车道，你立即感觉自己被加塞儿了。他们没有碰到你，也没有碰到你的车，但你得调整方向盘，并且加速、减速，由此，你放大了自我意识。”我们会说“别挡我的路”，而不是“别挡我和我车的路”。

---

① MV 是 Martha’s Vineyard（马萨葡萄园岛）的缩写。马萨葡萄园岛是美国马萨诸塞州外海的一个岛屿，是美国著名的度假胜地，许多富豪在岛上拥有豪宅。——译者注

② 1 码约合 0.914 米。——译者注

似乎只有司机会受到身份意识的困扰。不知你是否注意到，乘客很少像你一样被这些事情激怒，一旦发生纠纷，一些喜欢指手画脚的讨厌乘客甚至会说是你不对。这可能是由于乘客看问题的角度更客观。他们没有将自己的身份意识和车绑在一起。分析司机和乘客在模拟驾驶过程中的大脑活动，研究人员发现二者被激活的神经区域不同，他们实际上成了完全不同的两种人。研究结果还显示，在没有乘客的情况下，司机在驾驶速度和保持车距方面更加随意。仿佛如果没有旁人，就没有任何羞耻感，他们便会委身于汽车。

就像许多其他日常烦恼经常会被写进歌词一样，查莉·莱特（Chely Wright）那首脍炙人口的乡村歌曲《我的越野车保险杠》（*The Bumper of My S.U.V.*）就简明扼要地将这一情形展现了出来。歌曲中的主人公抱怨道，一位“开小型货车的女士”看见她贴的“美国海军陆战队”车贴，便向她竖起了中指。“她自以为明白我的立场 / 她自以为明白我的信仰，”莱特唱道。就因为越野车上贴了一张美国海军的车贴？这里的第一个问题是围绕身份产生的苦恼——主人公苦恼于自己的身份被他人妄加定义。然而，她可能也有些反应过度——除了越野车上的车贴，难道还有其他途径可以了解你的立场和信仰吗？况且，如果你讨厌被归类，为什么当初要贴这种容易被归类的车贴呢？

在没有任何明显人格特性的情况下，车贴的确传递了许多信息。1969年加利福尼亚州立大学的一个实验证实了这一点。加州黑豹党和警察之间经常发生冲突，在实验中，15名受试者在车型和外观各不相同的汽车尾部贴上了醒目的“黑豹”车贴。这组人在过去一年里都没有因为违反交规而被处罚，但贴上车贴仅仅两周，他们就被处罚了33次。[有种观点认为，给汽车粘贴明显标记的人或因妨碍交通而被区别对待。针对此种观点，有人倡议在车牌上打上“红字”[①]式的特殊标识，比如，俄亥俄州有人建议在车牌上标明性犯罪者的身份，澳大利亚则有人建议使用“hoons”（恶棍）一词来代表野蛮驾驶的司机。]

被冒犯的主人公做了几个假设。首先，她假定对方因为车贴而向自己竖中指，而实际上可能是对方认为她开车太野蛮。另外，会不会是因为她开着一辆越野车四处游荡，严重污染环境，将行人和其他司机置于更危险的境地，并且加深了国家对进口石油的依赖程度？其次，歌词中提到“开小型货车的女士”，并与后来提到的“私立学校”联系在一起，这其实赋予了小型货车司机一个负面的刻板印象：小型货车司机比越野车司机更精英主义。这其实说不通，因为越野车通常比小型货车贵。所以主人公凭主观臆断指责小型货车司机，但自己却犯了同样的错误。

路上的第一印象往往也是唯一印象。和美剧《干杯酒吧》[②]里的酒吧不同，路上的人互不相识。匿名性就像一剂特效药，带来了一些古怪的副作用。一方面，由于我们感觉没人看着我们，或者说没有熟人在看着我们，车内空间便成了自我表达的理想场所。这也许可以解释为什么接受调研的大部分司机都表示，如果可以选择，他们希望驾车时长至少达到 20 分钟。司机渴望一段独处的“自我时间”，在这段时间里，他们可以唱歌、享受重回少年时代的感觉、暂时挣脱工作与家庭中的角色限制。一项研究结果表明，许多人喜欢在车里哭泣（“边开车边哭泣”）。此外，还有一种“挖鼻孔因素”。研究人员在车内安置摄像头，以此研究司机行为。据研究报告显示，司机过不了多久就会“忘记摄像头的存在”，开始做各种各样的事情，包括挖鼻孔。

---

① 《红字》是美国作家纳撒尼尔·霍桑的一部小说。女主人公海丝特·白兰与牧师丁梅斯代尔相恋并生下女儿珠儿，被当众惩罚，戴上标志“通奸”的红色A字示众。——译者注

② 《干杯酒吧》（*Cheers*）是 20 世纪 80 年代的美剧，讲述发生在波士顿一个普通小酒吧里的故事。来这里的每个人都互相认识，离开酒吧后各自有着喜怒哀乐的故事。——译者注

另一方面，美国著名心理学家菲利普·津巴多（Philip Zimbardo）和斯坦利·米尔格拉姆（Stanley Milgram）的经典情境心理学研究显示，匿名性鼓励了野蛮行为。1969年，津巴多在一次著名的研究中发现，蒙面的受试人员愿意向他人实施的电击量是未蒙面者的两倍。类似的，这也解释了为什么蒙面的人质比未被蒙面的人质更容易被杀害，以及为什么受刑者要被蒙上眼睛且背对行刑者——这不是为受刑者着想，而是为了弱化他们在行刑者眼中的人性。一旦没有了人类的身份和人际接触，我们就会表现得残暴。环境变了，我们也变了。

交通中也不例外。能够调节温度的车内环境代替了面罩。干脆超了那辆车吧，反正你不认识他，今后也不会再见到他。干脆加速穿过小区吧，反正你也不住这儿。在一项研究中，研究人员把一辆车置于十字路口，停在几辆敞篷车前面，并让这辆车在绿灯亮起后故意停着不动，随后测量后方司机多久以后开始鸣笛、鸣笛的次数和每次鸣笛的时长。研究人员发现，与车篷关闭的车相比，车篷敞开的车鸣笛速度更慢、次数更少、时长更短。当然，原因可能是敞开车篷的司机情绪本来就比较好，不过研究结果依然表明，匿名性会助长暴力行为。

马路就像网上的匿名聊天室。我们在聊天室里隐匿自己的身份，对周围人的了解也仅限于他们的网名（在马路上则是车牌），现实生活中的种种束缚在网络空间已经不复存在，心理学家将之称为“网络松绑效应”（online disinhibition effect）。在网络匿名性的掩护下，我们终于可以做回自己了，开车行驶在路上时也是如此。在这个公平的平台上，人人平等，个体的自负心理也极大地膨胀了。只要不犯法，我们可以随心所欲。很不幸，这也意味着我们不再愿意遵守社交中惯用的礼仪，因此语言也变得尖刻、粗鲁、简短。在网络聊天室里，个人不必为自己的言论负责。那里的人并不是面对面交流，做出负面评价时也不假思索。他们完全可以惹恼别人，然后自己下线；在马路上也是一样，他们可以对某人竖起中指，然后绝尘而去。

眼神交流和身份特征

> 乔治：这个人总是盯着我看。
>
> 杰里：噢！我也特别讨厌这种人，但我也总是这么做。
>
> 乔治：嘿！你看我干啥！我也是个爷们儿！我跟你一样！
>
> ——《宋飞正传》

电影《撞车》（*Crash*）以一段旁白开场。洛杉矶的一个司机正在谈论一场车祸。“在洛杉矶，没人会与你发生身体接触，因为我们总是身处金属和玻璃制成的汽车里。我想也许是我们太怀念彼此身体接触的感觉，以至于开车时彼此冲撞，只为找回一些感觉。”这段旁白虽然荒谬，但不无道理。有时我们的确能在马路上经历一些有人情味的瞬间。在变更车道前，你和别人进行了眼神交流，对方让你并了进去，你温情地挥手致意，这样的经历你一定有过。那么这种经历究竟为何如此特别？仅仅是因为马路环境的匿名性吗？还是另有原因？

在加州大学洛杉矶分校工作的进化生物学家杰·费伦（Jay Phelan），办公室与杰克·卡茨仅有几栋楼的距离。当骑摩托车穿梭于洛杉矶的大街小巷时，费伦经常思考交通问题。“在人类的进化环境里，你所在的群体大约有一百人，”费伦说，“你见到的每个人都与你保持着长久的联系。”那个人对你友好吗？他们上周借的矛还回来了吗？这种相处方式叫作“互利主义”（reciprocal altruism）。你替我挠背，我也替你挠；之所以这么做，是因为我们相信将来能从中获益。费伦解释道，虽然我们和成百上千的陌生人一同行驶在洛杉矶的道路上，但我们陈腐的大脑依然像住在史前村落里的“摩登原始人”[①]（只不过我们不是靠两条腿，而是靠轮子前行）。“所以当某人在路上对你表示友好时，你的反应是‘哇，我有盟友了’，大脑将其解码为一段长期互利关系的开始。”

费伦指出，当我们看见某人做了件好事或坏事，我们会记在大脑里——尽管再次见到对方的概率非常小。而我们的大脑已经进化到能够处理规模相对较大的社交网络的程度了，可能会因这次相遇而接收到一个强烈的信号。因此路上发生的小摩擦会让我们变得更加愤怒，而路上的礼貌瞬间也能让我们感到格外开心。“经常有人向我挥手示意，礼让我变更车道，”费伦说，“我感觉这在路上很常见，我能从中感受到这个世界的温暖，这其中有浓浓的善意，大家都彼此善待。”而一旦有人超了你的车，你就会觉得世界无比黑暗、肮脏。理论上，这两种情况都没那么重要，但我们在两种情况下的反应似乎都过于强烈了。

这些瞬间就像交通版的“最后通牒博弈”（ultimatum game）——社会科学家通过这一实验发现了人类对互利公平性的内在渴望。博弈中，研究人员给受试者一笔钱，并要求他提出一个分钱的方案，将这笔钱与他人分享。若对方接受这一方案，研究人员就按照方案把钱分给双方；若对方拒绝，两人都拿不到钱。研究人员发现，如果分到的钱少于50%，人们通常都会拒绝，即便这意味着他们将一无所获。公平比分到的钱数更重要，这也可能是因为人们不愿意成为利益受损的一方。（一项研究结果显示，经常拒绝别人的人睾丸素水平较高，这大概也解释了为什么被人超车时我比我妻子更容易动怒。）

公平感促使我们开车时会对靠我们太近的汽车司机还以颜色。我们不顾自己的安危（我们可能会撞车，他们可能是犯罪分子）一定要以牙还牙，实际上我们或许根本不会再见到那个人。在小城镇开车，礼貌待人可

① 《摩登原始人》（*The Flintstones*）是20世纪60年代的经典美国动画片，故事背景是石器时代，其中的角色开车的方式就是以双腿代替轮子。——译者注

以理解，因为你可能真的会再次碰到那个人，他们也许与你有联系，下一次会记得不再那样对你。而在大城市的公路上，为什么司机会互相帮助或互相倾轧就是个谜了。那些司机与你没有任何联系（甚至对你的亲属也不构成直接威胁），你也不大可能会和他们再见面。我们究竟是太傻以至于相信无私善举会得到回报，还是说我们天性就是如此善良？这一交通行为之谜背后是另一个更大的谜团：人类——与蚂蚁不同，人类并不为同一个蚁后工作——为什么能和睦相处（允许有一些小摩擦发生）？对此，科学家还在试图给予解释。

瑞士经济学家恩斯特·费尔（Ernst Fehr）及其同事提出了一个“强互惠”理论，即“愿意牺牲资源以换取公平，或惩罚不公正行为，即使此种付出代价巨大，且不论在当下或将来都不会给行为人带来物质利益。”我们在竭尽全力地指责别人时就是这样的心理。在一次实验博弈中，研究人员要求人们向一个公共资金库捐款，如果大家都倾尽自己的资源捐款，那么所有人的收益就能最大化。但一个人如果什么都不捐，只揩其他捐款人的油，那么他个人能获得的收益最大。（这就相当于一个人开车超过一排等着下高速的车，然后在最后时刻加塞儿。）渐渐地，人们不再向资金库中捐钱，合作瓦解了。而当参与者有权处罚不投资的人时，几轮之后，每个人都几乎倾尽所有捐款。处罚机制似乎可以促成合作。

所以，也许正如经济学家赫伯特·金迪斯（Herbert Gintis）所言，所谓“路怒症”的某些形式其实是有益的。对着超车的人鸣笛乃至紧随其后，虽然于你而言不全然是利己的，但对于人类整体来说是有积极作用的。“强互惠者”发出信号，使潜在的作弊者更愿意合作；而交通系统也和一切进化系统一样，遵守规则能促进族群的“集体优势”，进而惠及个人。如果对犯规者放任自流，就会增大他们危害照章驾驶群体的风险。朝一个粗鲁的司机鸣笛时，你可没有想过全人类的利益，你只是愤怒，但你的愤怒同样是利他的。（此外，朝具有威胁性的司机鸣笛，就像鸟儿对着捕食者尖鸣一样，并不会消耗多少能量。）换句话说，如果你相信达尔文，那就尽管鸣笛吧！

不论合作是基于演化目的还是文化动因，眼睛都是其中最重要的机制之一，而眼神交流大概也是交通中所缺失的最重要的合作驱动力，可以说正是因为眼神交流，才使得人类（与其灵长类近亲相比）这一通常颇为愿意合作的物种，在道路上变得如此蛮横。大部分时间里，我们要么开得太快——时速在 20 英里左右时我们就无法保持眼神交流了，要么出于行车安全考虑不能东张西望，也可能我们的视野受阻。许多司机会戴太阳眼镜，或者给车窗贴上遮光膜。（你真的想和这些司机进行眼神交流吗？）有时候我们会通过后视镜与他人进行目光接触，不过这种感觉过于微弱，远不及“面对面”交流真实可信。

行驶过程中缺乏眼神接触，而一旦我们真的与他人的目光相遇，反而可能感到有些不适。等红灯时你是否曾“感觉”到旁边车里的人在看着你？这大概会让你很不自在。原因首先在于它破坏了我们在交通中的隐私感，车内的空间只属于你。其次，这种眼神交流没什么用处，并且在此种情境下，要么你也盯着对方看，要么逃避，没有第三个选项。那么，当你在十字路口发现别人正在看你时，你会怎样做呢？你可能会选择加速离开，其实有很多人做出了和你同样的选择。研究人员做了这样一项研究：他们找来一个助手，让他骑着小摩托车停在交通信号灯前，并盯着旁边汽车里等红灯的司机看，结果那些被盯着看的司机加速通过了十字路口，速度比没被盯着看的司机快得多。研究人员又找来一名行人站在红绿灯前盯着司机看，实验得出的结论相同。因此，向邻车司机“以眼传情”的做法注定会失败，而这也是“路上搭讪”（Flirting in Traffic）等车内社交媒体面对的主要问题——司机可以通过这类应用给贴着独特车贴的人发消息（将匿名邮件发送至类似个人主页的网站）。大部分人开车时都不想被盯着看，但开法拉利的中年男性除外。

然而，当你需要做变更车道等动作时，眼神接触是一个重要的交通信号。在《宋飞正传》中，乔治·科斯坦萨挥着手，试图协调纽约城里一场复杂的车辆并线，杰里·宋飞建议道:“我觉得光靠挥手还不够，得让他们看见你的脸才行。”杰里抓住了问题的本质。

在许多实验性的游戏中，眼神接触极大地提高了合作的可能性(《宋飞正传》里的乔治就靠眼神接触顺利协调了车辆并线)，这一点得到了多项研究的证实。有趣的是，眼神甚至不需要是“真实的”，卡通人眼或眼部照片都可以。一项研究显示，受试者虽然彼此看不见，但因为被计算机屏幕上的卡通眼睛注视着，他们就会多分一些钱给对方。另一项研究中，研究人员在大学休息室里的自助咖啡机旁摆放了一些眼睛的照片，第二周则换上了花朵的照片。得出的研究结论与上一研究一致:咖啡机旁边摆着眼睛照片的一周，付钱的人更多。人类眼睛中可见的巩膜(“眼白”)比灵长类近亲的巩膜大，有观点认为，巩膜的这一进化是为了促进人与人之间的合作。巩膜较大有助于我们“吸引别人的目光”，并且我们对他人的注视也格外敏锐。婴儿会热切地追随你的目光上下看，但如果你闭上眼睛只转动头部，他们就不大追随你的动作了。有人认为，眼睛能透露出我们的想法;眼神接触也是一种心照不宣的认可，即相信我们可以说出心里的真实想法，不必担心会被伤害或被利用。

有时我们并不想将意图昭然天下，这就解释了为什么一些人玩扑克牌时要戴墨镜。这也解释了另一个现象:墨西哥城的交通。墨西哥城的减速带散布在首都的各个角落，由此可以看出墨西哥城的交通状况是多么狂野。这个城市的减速带大概是全世界最多的，看上去像古代文明留下来的土冢，数量如此庞大的减速带能直接有效地抑制驾驶员的疯狂举动。如果司机飞速行驶的时候突然撞上减速带，那他可真不幸。不少老旧的汽车碰上减速带就会抛锚，甚至报废，后来就被改造成路边小吃摊。

减速带并不是墨西哥城唯一的交通问题。墨西哥城里经常发生“公路抢劫”（secuestros express），路上的司机等红灯时可能会遇上持枪歹徒，被胁迫到附近的提款机取钱。美国大使馆前安全官员马里奥·冈萨雷斯·罗曼（Mario González Román）也被抢劫过。他说，歹徒在实施犯罪行为时往往比受害者还紧张，此时保持冷静至关重要。“大部分人在汽车抢劫中丧命，都是因为给歹徒传递了错误的信号，”他一边说，一边开着他那辆1976年的大众甲壳虫（西班牙语里叫Vocho）驶过墨西哥的街道，“你必须得配合歹徒，如果他只想要你的车，就算你走运。”

幸好“公路抢劫”在墨西哥城还比较罕见。一种更常见的交通隐患是联邦区有很多十字路口没有红绿灯。谁先到，谁就先走——这场社交博弈的规则粗疏且模糊。“根本没有秩序，就看谁先到。”奥古斯丁·巴里奥斯·戈麦斯（Agustín Barrios Gómez）如是说。戈麦斯是一名企业家，有时也参与政治，他开着一辆与地位不大相符的日产“阳光”汽车经过波朗科社区。“墨西哥罪犯特别喜欢名车名表，”他解释道，“在蒙特雷我戴劳力士；在这儿我只戴斯沃奇。”每到一个路口，他都会稍微减速，观察一下迎面而来的车想往哪儿去，但似乎所有的车总是同时出现。有一次，他一股脑儿地冲了过去，一辆宝马车被迫停了下来。通过十字路口后，他坚定地说，“我没和司机进行眼神交流。”

在墨西哥城那些没有红绿灯的十字路口，眼神交流极为重要。你朝其他司机看一眼，他就知道你看见他了，于是从你面前疾驰而过。如果你没看他，责任就转移到了他的身上（假设他看见了你），于是你就可以先走——如果他确信你没有注意到他。有些时候，两边的司机都没留心。在巴里奥斯·戈麦斯的例子里，宝马车停下来等待所花费的社会成本可能比日产“阳光”要高，然而单就车辆的价值而言，宝马如果不停车，损失可能会更大。如果司机不想合作，不愿意开始那样一段“互利关系”，就不会去看，或者假装没看见——可怕的“目中无人”。这对于墨西哥城十字路口的众多乞丐来说也同样适用，如果和对方没有眼神交流，你就不太愿意掏钱给他。这就是为什么很多司机等红灯时目不斜视地盯着前方的原因，在墨西哥城如此，在其他城市也不例外。

你的日常驾车行为虽然看似和“冷战”战略无多大关系，但当两辆车同时来到一个没有红绿灯的十字路口时，某种形式的“博弈”就登场了。根据经济学家、诺贝尔奖得主托马斯·谢林（Thomas Schelling）的定义，博弈论指“两人或多人根据收益、对彼此选项的了解，以及彼此的偏好，来进行决策的过程。收益取决于双方的选择，如果有多人参与，则取决于所有人的选择”。例如冷战中的核对峙和在信号灯前的一决高下。

这种日常的即兴决策和“最后一搏”在驾驶过程中频频上演。谢林认为，博弈论中最有效但也比较冒险的策略之一，是利用“交流中的信息不对称”。墨西哥城的一名司机（比如巴里奥斯·戈麦斯）主动屏蔽信息，从而在过十字路口时把自己置于必须先行的地位。这类策略很奏效，就像冷战战术一样，但这么做需要冒着生命危险。比如，很多人都认为，行人在穿过斑马线（没有红绿灯的那种斑马线）时一定要左顾右盼，和司机进行眼神接触，然而至少有一项研究结果表明，如果行人过马路时不看过往车辆，那么司机更有可能让行人先过。

到达十字路口的司机会受到一套复杂动机和假设的驱使，这些动机和假设与交通规则并不一定相关。在一项研究中，研究人员向受试者展示了一些照片，照片上两辆车朝着十字路口驶来，且离路口的距离相同。其中一辆车享有先行权，另一辆车则没有；此外，后者也不知道前者是否会使用先行权。受试者需要想象自己是其中的一位司机，并预测在各种情形下谁会“赢得”先行权，这些情形包括是否进行了眼神接触，驾驶员是男性还是女性，驾驶的车辆是卡车、中型汽车还是小轿车。结果眼神接触产生了巨大的影响。如果迎面驶来的汽车和自己的车大小相当，在有眼神接触的情况下，大部分司机都倾向于主动避让。如果对面的司机是女性，驾驶员更愿意避让——研究人员称，这是因为人们普遍认为女驾驶员相对缺乏经验、能力不足且不够理智。也许这就是绅士风度？

因此，道路成了流动的人类互动实验室，微妙的隐秘力量无时无刻不在其中发挥作用。比如说，十字路口处的绿灯亮了，但前车没有启动，那么后方司机可能会鸣笛。但是司机什么时候开始鸣笛、鸣笛时间多长，以及会朝谁鸣笛？这些就不完全是随机变量了。

鸣笛行为有一定的规律可循，这可能会颠覆你已有的认知。我们前面说过，敞开车篷的司机受到"匿名性"保护的程度较轻，对其他司机鸣笛的倾向也减弱了。同理，比起爱达荷州一个小镇里的司机，纽约的司机更容易鸣笛，且鸣笛更早。因为纽约司机的周围是成千上万的陌生人，而在爱达荷州，前车停着不走，也许并不是因为你倒霉地遇上了讨厌的家伙，有可能是你朋友的车熄火了。一项研究结果显示，如果一辆车在绿灯亮起后故意不起步，比如车内司机正在打电话，那么后方司机则更可能会鸣笛，并且鸣笛次数更多，时间更长。（研究结果还显示，男性比女性更容易鸣笛，虽然女性同样会明显表现出不满。）

除了性别、社会阶层和驾驶经验，还有各式各样的因素在交通中发挥着作用。美国另一项经典研究（研究人员在澳大利亚进行了重复实验）显示，"挡路车"的身份是关键因素。与一辆廉价的旧车相比，如果挡路车很名贵，后面司机鸣笛的可能性更小。研究人员在慕尼黑开展的一项研究将其中的研究变量进行了互换，每次让同一辆车（一辆大众捷达）挡在前面，观察鸣笛的司机有哪些。开梅赛德斯–奔驰的司机比开特拉贝特[①]的司机鸣笛更快？猜对了。而研究人员在瑞士开展的重复实验则没有发现类似效果，这意味着文化差异——比如瑞士人一贯喜欢安静——也许起了作用。另一项研究发现，当"挡路车"的司机是女性时，鸣笛的司机更

① 特拉贝特（Trabant），德意志民主共和国汽车品牌，1990 年之后逐渐停产。——译者注

多——其中包括女司机。研究人员在日本展开的一次研究发现，如果挡路的车辆贴有“新手”标识，后面的车就更可能鸣笛（或许那声喇叭就是给新手上的一堂“驾驶课”）。欧洲的一项研究发现，当熄火的汽车上贴有表明车主国籍的车贴时，后面的司机更可能鸣笛，且会更早鸣笛。

男性比女性更习惯于鸣笛（且男性与女性都更易于对女性鸣笛）。城市里的人比小城镇的人更习惯于鸣笛，而面对“名车”司机，人们往往不大愿意鸣笛——这些或许你已经注意到了。问题的关键在于，我们在路上行驶的时候会遵循一套策略和信仰，而其中的许多策略和信仰，我们在实践时可能根本没有意识到。这一话题促使英国巴斯大学心理学家伊恩·沃克（Ian Walker）展开了一系列有趣的研究。沃克说，在复杂的交通系统中，无数对交通法规意识不强的人在持续进行互动，人们创造出“思维模式”来指导行为。“关于交通系统该如何运作，人们形成了自己的看法，”在索尔兹伯里与沃克共进午餐时，他对我说道，“而且每个人的看法都不一样。”

举个例子，一辆汽车和一辆自行车同时来到十字路口前，许多研究结果一致显示，路口对于骑车人来说是最危险的地方之一（汽车面临的危险自不待言）。部分原因在于能见度和其他感知方面的问题（这些内容我们将在第三章进行讨论）。然而，即便汽车司机看见了骑车人，事情也绝没那么简单。在一次研究中，沃克向“司机”（实验室里持有驾照的驾驶员）展示了一张照片，照片里一名骑车人停在十字路口前，目光注视着街对面，但没有以手臂给出转弯的信号。沃克要求司机预测骑车人的下一个动作，55%的人认为骑车人不会转弯，而45%的人则看法相反。“这就是我所说的，思维模式的非正式性，”他说，“道路中有许多非正式的信号，在这个实验里，实际上一半的人做出了一种解读，而另一半的人做出了另一种解读——这相当于是在催生事故。”

沃克说，比起单纯的误读，还有一些事情更有趣。在另一项研究中，沃克向受试者（依然是实验室里持有驾照的驾驶员）展示了另一组骑车人的照片，照片中骑车人身处典型的英国村庄，背景为几种不同的交通状况。研究人员要求受试者预判骑车人在各个路口处的下一步动作，并在计算机上回答自己会“停”还是“走”。照片中的骑车人有时用手臂做出转弯信号，有时会扭头看，有时则没有给出任何信号。沃克将司机的选择按照“好结果”（司机做了正确的选择）、“错误信号”（司机在不必停下的时候停了车）以及“可能撞车”的情形进行了记录。不出所料（符合我们的预期），当骑车人扭头看或没有给出任何信号的时候，司机停车的倾向最明显。因为他们不知道骑车人下一步会怎么做，于是行为会过于谨慎。然而，沃克在研究“可能撞车”情形时发现，在骑车人用手臂明确给出转弯信号的情况下，撞车事故最容易发生。此外，司机在看见骑车人的转弯信号的情况下，正确地做出停车选择的反应速度也最慢。

在这次实验中，为什么正确的信号比没有信号更容易导致交通事故（即使司机看见了骑车人的信号，也明白了信号的含义）？答案也许是骑车人的错，比起匿名的车辆，他们只不过是看起来太像“人”了。在此前的一次研究中，沃克让受试者观看各种交通照片，并描述其中的情形。当受试者看见照片中是一辆车时，他们更倾向于称其为一件“物品”。当受试者看见照片里是一名行人或一个骑车人时，他们则倾向于使用描述人类的语言。不知什么缘故，“骑车人给汽车让了路”听起来就比较自然，而“司机撞了自行车”这种表述听上去就有些奇怪。在沃克展示的另一张照片里，一名女性坐在车内，一名男性骑车人停在车后。虽然照片上车内的女性明显可见，却没有人将她指称为“人”，而骑车人则几乎每次都是被作为一个人来描述的。车内的女性虽然可见，却因为车的缘故而被忽略了。

理论上，这对于骑车人来说应该是个好消息：哪个骑车人不想被看作自然人呢？问题可能出在我之前讲到的缺乏人性的交通环境。车辆高速前行，而我们在进化过程中缺少相应的训练——我们在大部分时间里都不会试图在高速行驶的情况下做出交际决定。于是，当我们驾驶车辆时突然出现了骑车人，我们会情不自禁地去看他们的脸，以及他们的眼睛。沃克还做过另一个实验，他向受试者展示骑车人的照片，并用眼球追踪系统监测受试者的眼动情况。他发现，不论照片中有什么别的信息，受试者的目光都会本能地落在骑车人的面部，并且在面部的停留时间最长。

眼睛是最原始的交通信号，沃克精彩地呈现了这一点。他的笔记本电脑里有两张自己的照片，其中一张他直视镜头（和看照片的人），另一张他的目光微微偏离了一些，虽然不易察觉，但我仍能颇为强烈地感觉到有变化发生。那么他的视线偏离了多少以至于被我发现了呢？仅仅两个像素（照片宽 640 像素）。沃克认为，当我们看见骑车人的眼睛乃至手臂的动作时，我们便启动了——也许是无意识地——认知处理的连锁过程，不由自主地去寻找看同类的时候我们会关注的地方。比起看一件“物品”，这个过程花费的时间更长，似乎也更消耗脑力（研究结果显示，两人目光接触时，脑电图的波幅会急剧升高）。除了转弯方向，我们可能还会试图从他们身上推测出更多的信息。也许是寻找敌意或善意的信号，也许是瞧一瞧他们在看哪儿，结果忽视了他们手臂传递的信号。

我们在行驶过程中一直在有意无意地进行着微妙的调整，某种非言语的交流在其中发生。沃克将实验室中的场景转移到了真实的道路上，有力地呈现了这一点。作为一名骑车人，沃克对骑车人之间流传的一件趣闻非常好奇。他们说，事实上骑车人占据的道路空间越大，过往车辆留给自行车的空间也越大。另外，有调查报告显示，司机倾向于认为戴头盔的骑车人“更严肃、更理智、更可预测”，对此沃克也很好奇。

这些因素在道路中真的会起作用吗？还是说我们只是随机地把“汽车”与“自行车一族”进行了分类？为了找到答案，沃克给自己的崔克牌（Trek）自行车安装了超声波测距传感器，骑着它穿梭于索尔兹伯里和布里斯托尔的街道。他有时戴着头盔上路，有时不戴头盔上路；有时距路边近一些，有时距路边远一些；有时打扮成男性，有时又戴一顶“富有女人味的长假发”—— 一种笼统的性别符号——扮成女性。对数据进行分析之后，沃克发现一些有趣的规律。他占据的道路空间越大，汽车留给他的空间越小。戴头盔时过往车辆与他靠得更近。过往的司机也许将头盔解读为一个信号，即如果戴头盔的骑车人被撞倒了，危险会比较小。可能是头盔将骑车人非人化了，也可能是司机将头盔视为骑车人能力更强、更可预测的标识，意味着骑车人不大会突然闯入机动车道——沃克认为这种可能性较大。不论实际情况如何，头盔都改变了过往司机的行为。

当沃克打扮成女性骑车人时，司机给他多留了一些空间。统计数据显示，英国女性骑车人较少，难道正是这个原因导致了“尝鲜效应”（novelty effect）吗？还是说司机其实在想，“那个戴着劣质假发骑车的男疯子是谁？”有没有可能过往司机（沃克没能记录他们的性别）给女性骑车人让路是出于礼貌？抑或根据沃克的猜测，过往司机是出于对女性骑车人的刻板印象，认为她们的行为更难以预测、技术更差？

有趣的是，这种潜在的性别歧视虽然是一种观念上的谬误，但却在此前提及的十字路口实验中得到了印证。在那个实验中，如果迎面驶来车辆的驾驶员是女性，则司机更可能让出道路先行权。司机似乎会有意无意地依赖刻板印象（沃克“思维模式”的一种）。刻板印象在马路上确实广泛存在，一个最简单的原因就是，我们能够从交通中获取的有关他人的有效信息非常少，“越野车的车贴”困境就是一例。第二个原因是，我们依赖刻板印象作为一种“心理捷径”，帮助我们在没时间进行细致评估的情况下理解复杂的环境。这不一定是坏事：如果司机看见路边站着一名儿童，他可能会依据刻板印象做出判断，“儿童冲动控制能力较差”，并假设儿童可能会冲出来，于是司机会减速。

然而，所见与预期不符的问题也可想而知，这一点可参考著名的心理学研究结论。研究人员用一个词向受试人描述一些个人特征，有的符合我们对性别的刻板印象，有的与刻板印象相反，还有一些是中性词。随后人们需要根据名字判断这个人的性别。当符合刻板印象的个人描述与名字相匹配时，人们的作答速度比刻板印象与名字不匹配时要快得多，所以人们对“强壮的约翰”和“温柔的简”反应更快，而对“强壮的简”和“温柔的约翰”反应则慢一些。只有当研究人员要求受试者积极摆脱刻板印象，且“认知限制”足够低（例如，时间足够长）时，他们才得以克服这些条件反射。

与此类似，开车经过沃克的司机似乎也是在下意识地做判断。不过，戴头盔的沃克给人带来的“有能力、可预测”的刻板印象，对骑车人到底是有益还是有害呢？毕竟机动车在这种情况下会靠骑车人更近。如果戴顶假发，或者戴个《星球大战》里“黑武士”的面具，或者任何一个能给司机传递不同“交通信号”的东西，他是否会更安全？答案尚不明晰，不过那次实验之后，沃克意识到了在交通中凸显人的特征的重要性。“戴上头盔，其他人的行为会发生可以度量的变化。实验结果显示，当司机靠近某个骑车人时，他们会单独判断骑车人的个人需求。司机视每个人为独立的个体，而不是对过往的骑车人做出预设反应。这绝对是鼓舞人心的好消息。”

匿名性充斥着我们的交通生活，但这并不代表我们不会对路上遇到的人进行揣测，我们也会在无意识的情况下根据揣测的结果做出某种举动。

排队还是插队?

等待的时候人们总是错误地估计时间，才半分钟光景就像五分钟一样长。

——简·奥斯汀，《曼斯菲尔德庄园》

最近一次你因为事情失控而发火是什么时候?当时你很可能处于以下三种情形之一:遇上堵车了;在银行、机场、邮局或类似的地方排队;等待"客服专员"接听电话。

上述情形中,你都在排队。当然,在第一种和第三种情境下你可能会更愤怒,因为你正分别处在车里和家里这两个私密空间。不过,在公共场合排队时,令你恼怒的机会也不少,这就是为什么很多企业不惜重金来尽量缩短排队的队伍,并尽量缩短排队时间。

在马路上,有几种情况需要排队。最传统的一种情况是根据信号灯的变化。信号灯取代了交警,动作缓慢的交警就像一个时间特别长的信号灯,是我们泄愤的主要目标。就传统的队列来说,交通工程师会尽量估计到达的车流。车辆是随机到达,还是如银行队列一般符合"泊松过程"(以法国数学家西梅翁 - 德尼 · 泊松命名)?又或者它既非泊松,也非随机(想想机场入境窗口前的队列,一批一批的下机乘客每隔一段时间便向窗口涌来)?交通工程师会在高峰时段延长信号灯的"循环周期",就好比星巴克会在早高峰时增加雇员一样。

还有一种是"移动中的队列"。你行驶在高速公路车流最快的左侧车道上,按照交通工程师的说法,前方堵着无数辆汽车,此时的你就身处"移动中的队列"。一些车换到了车流较慢的车道,你在队伍里的位置就往前挪了一点儿。如果有人挡了路,你可能会朝他闪车灯或逼近他的车尾,这就类似于排队时前面的人因为走神儿而忘记向前移动,你会轻轻咳嗽或拍拍他的肩。你大概也注意到了,虽然这些行为并不会改变我们等待的总时间,但我们总是倾向于这样做,仿佛我们一看见有位置空着就会焦虑。

交通堵塞打乱了传统的排队逻辑。我们的确在队伍中排着,但往往不知道队伍的起点和终点在何方。我们的进度该怎样估量呢?交通和传统队列不一定相同,不过有一点很有趣:二者影响我们的方式完全一致。"排队心理学"专家戴维 · 迈斯特尔(David Maister)就排队行为给出了一系列的命题。令人惊讶的是，这些命题在交通中完全适用。

此处以命题 1 为例："与忙碌相比，无所事事的时候过得更慢。"因此杂货店会在收银台旁摆放一些杂志，而我们在开车时也要听听收音机，打打电话。再比如命题 3："焦虑情绪让等待时间显得更漫长。"你是否曾在赴重要约会的路上或是汽油不足的时候遇上堵车？再看看命题 4："不确定的等待比已知的、确定的等待显得更漫长。"这就是为什么交通工程师会用"动态交通标志牌"（changeable message signs）来告诉我们通过下一段路程还需要多久。研究结果显示，如果我们确切地知道需要等多长时间，我们就不会在这件事上花费太多精力。出于这一原因，印度德里的交通工程师在一些红绿灯上设置了"倒计时器"，标示出信号灯还有多长时间变绿。

命题 6 也值得思考："不公平的等待比公平的等待更漫长。"想一想在高速公路入口处管控车辆的匝道信号灯。司机愤怒极了：明明高速公路不堵车，为什么我还得等匝道信号灯？一项研究发现，司机认为等匝道信号灯的恼人程度，大约是被堵在高速公路上恼人程度的 1.6~1.7 倍。如果人们对匝道信号灯的目的（我会在第四章进行讨论）有更多的了解，等待就不会变得那么令人烦心。这又和命题 5 联系了起来："原因不明的等待比原因明确的等待更漫长。"因此只有当我们找不到交通堵塞的"起因"时才会感到沮丧。如果我们知道了堵车是因为交通事故或道路施工，等待就比较容易令人接受了。命题 8 也很恰当："独自等待比集体等待更漫长。"一项研究发现，独自驾驶的司机在交通中最看重节省时间，这意味着他们比结伴上路的人受延误的影响程度更深。这一点颇为讽刺，因为存在高乘载车道（Hov Lane）这项制度，结伴出行的人往往行车速度更快。

不论在哪里排队，都会扰乱我们的时间感、满足感乃至我们对"社会公正"的感觉。研究结果显示，人们经常高估了排队的时间，因此轮到自己时满足感就下降了。（这就解释了为什么迪士尼乐园会竖起告示牌，标示出还需要等待的时间，从而分散人们的注意力。）此外，也许你以为就排队而言，最重要的因素是前方还有多少人，而实际上研究结果表明，排在身后的人数同样重要。研究人员在中国香港一家邮局开展过一项研究，结果发现，身后的人越多，排队的人就越会坚持到底。排队突然之间似乎变得有价值了。另一个理论认为，人在焦虑的时候——排队时很常见——倾向于做“向下”的比较，而非“向上”的比较：他们不会和队伍前面的人比较——“看看他们排得多靠前”，而是会想“至少我比排在身后的人幸运”。

真正让我们恼怒的是看着别人从后面排到了前面。麻省理工学院工程系统中心在研究排队问题方面世界领先。该中心的主任理查德·拉森（Richard Larson）说，我们不喜欢看着别人从后面排到了前面，因此许多公司——从银行到快餐店——都将多个服务窗口、多条队伍，变为一条长队。“排队理论中有一条定理，即每条队伍的平均等待时间相同。”拉森解释道。然而，人们太喜欢一条长队了，所以宁愿去只有一条队伍的温蒂汉堡包连锁店排更长的队、等更长的时间，也不愿意去开通多条通道、队伍更短的麦当劳。这是为什么？“因为社会公平，”拉森说，“弯弯曲曲的单条队伍能够保证先到先得，如果有好几条队伍，就极有可能碰见和你同时开始排队的人比你先点餐的情况——这在午餐时段的麦当劳里经常发生。这种情况最让人恼火。”

这在路上是常有的事，而此时你往往无法退出，因此我才变更车道，成了一名“晚并线者”，也正是因此，人们对晚并线的人才如此愤恨。（我随后会解释为什么他们不该生气。）有时，变更车道（换到另一个队伍中去）实际上是一种有效的策略。然而，我们往往并没有得到什么好处。加拿大一档电视新闻节目安排两名司机同时开着通勤车上路。其中一名司机被告知要尽可能多地变换车道，另一名司机则被要求尽量不换车道。在80分钟的车程里，勤换车道的司机仅仅节省了微不足道的4分钟，而变更车道时的压力却使司机的生命缩短了不止 4 分钟。

多伦多临床流行病学家唐纳德·雷德梅尔（Donald Redelmeier）和斯坦福大学统计学家罗伯特·蒂施莱尼（Robert Tibshirani）做了一个有趣的实验，揭示了人们频繁变更车道的原因之一。他们对两条存在交通堵塞现象，且符合典型交通行为的车道做了简单的计算机模拟，并使用了一段真实的堵车录像。当观察样本司机的行为时，研究人员发现了一个假象：虽然样本车辆的“超车行为”和“被超车行为”一样多——即与旁边车道车辆的相对位置保持不变——但车辆被超车的时间却比超车所用的时间长。

交通就像一架手风琴（原因我随后会解释）：当堵车减缓了车速，车流就被“压缩”了；当拥堵得到了缓解，车流就“伸展”了，车辆便开始加速。由于这种“停停走走”的交通本质上是不规则的，因此“停—走”现象会在不同的车道、不同的时间出现。行驶在暂时通畅的车道上的汽车，可能会迅速超过拥挤不堪的车道上的车流，但随后司机发现自己所在的车道也变得拥挤不堪了。接下来呢？他将花费更多的时间看着旁边车道的车飞驰而过。更糟糕的是，研究者还发现，司机距离前车越近，查看旁边车道的次数越多，错觉就越严重。

还有一些因素也可能造成错觉。研究人员发现，司机在大部分时间里——80%~90%——都在注视着前方的路面，当然也包括临近的车道；据研究人员估计，我们每看自己的车道两眼，就会看旁边的车道一眼，这样我们才不会变道。这意味着我们对过往车辆非常敏感。开车时我们观察后视镜的时间只有 6%。换言之，我们更关注超车者，而非被我们超过的人。

在路上堵车时，我们关注损失的时间比关注收益的时间多，这一事实完全符合著名的心理学理论——“损失规避”（loss aversion）。许多实验结果都显示，损失在人类心里留下的印象比收益深刻得多。我们的大脑就像被操控了一般，对损失更敏感。根据心理学家戴维·卡内曼（David

Kahneman）提出的“禀赋效应”（endowment affect），一旦人们获得某物后，会立即变得不愿意将物品让出。

还记得最近一次在人山人海的商场找到停车位时那种孩子般的快乐吗？驶离车位时你也许会有些不情愿，如果旁边有人在等你的车位，你会更加不情愿。研究结果显示，如果有其他司机在等车位，那么人们驶离车位时花费的时间会更长，虽然他们自己并没有打算拖延时间。车位一旦被别人盯上，似乎突然就升值了。严格来说，事实的确如此，但对于驶离车位的人而言，它已经失去了内在价值。这种对损失的敏感或许也有助于解释序言中提到的晚并线的困境。变更车道的真正诱因，并非司机对未饱和的交通承载能力做出了冷静、理性的评估，而是因为早变道的人一直停滞不前，不断被身边的人超车。晚变道司机的收益被看作是早变道司机的损失。

但不管怎样，仅仅变更一下车道会有什么损失呢？美国国家公路交通安全管理局（National Highway Traffic Safety Administration）的一项研究发现，约10%的撞车事故与变更车道有关。这其中有多少次变道是必需的，又有多少次是司机自主决定的？我们真的明白自己的选择意义何在吗？这就是雷德梅尔和蒂施莱尼的车道变更研究所探讨的最后一个问题，也是此项研究的核心。雷德梅尔这位和气、冷静的医生，一生中1/3的时间都在多伦多的新宁保健科学中心出诊。对于我们的驾车决定带来的后果，他有自己独特的视角。

“我的病人往往都在撞车事故中遭受了重创，”他在办公室对我说，“他们之中大部分人的人生就此彻底毁灭，而大部分人也感到极度懊恼和委屈——你知道，假如当时稍稍留心，他们绝对不至于进了医院。撞车之后的确会出现一种假设思维。胰腺癌患者非常痛苦，但他们通常不会事后诸葛亮，不会假设如果当时没那么做，也许就能避免这种可怕的境遇；而对于机动车撞车事故而言，这却是个挥之不去的主题。我因此开始思考驾驶行为的复杂性。”

马路上种种行为的动机，也许连我们自己都不清楚。然而，我们该如何抵抗“旁边的车道更快”这样的错觉呢？雷德梅尔认为，多看看后视镜虽然起不了多少实际作用，但至少能让我们感觉好一些。另外，我们还可以学习香港邮局那些排队的人，做一做“向下比较”，聊以慰藉。不过，我们也可能会和前车相撞，那样的话，旁边车道的车就真的会跑得更快了。驾驶就是在无尽的队列中持续行进，这一本质令我们束手无策。交通以一种矛盾的方式，不可思议地把我们弄得晕头转向。我们的行为太过人性化，但又不够人性化。

变道并线的秘密

洛杉矶的人不敢在公路上并线。

——布莱特·伊斯顿·埃利斯（Bret Easton Ellis），

《零下的激情》（*Less Than Zero*）

人类有许多伟大的成就。我们解开了人类基因序列的谜题，将太空探测器送入了太阳系的深处，甚至还成功冻结了光束。然而，还有一个科学问题一直未被人类征服。乍看起来这个问题非常普通，这使得它愈加令人不解：我们尚未发现一种方法，能让司机在公路上有效、安全地并线。

我在序言中讲到了我在新泽西公路上遇到的情形，这在交通工程学领域被称为“施工区并线”（work-zone merge）。事实证明，施工区是公路上最复杂、最危险的区域。虽然施工区常常设有告示牌，警告司机若撞伤工人将获重刑（或类似“减速慢行，我爸爸在这里工作”的标语），但实际上施工区对于过往司机的危险程度远高于过往司机对施工工人的危险程度——在施工区丧生的人中，约有85%是司机或乘客。原因不难想象：司机正以极快的速度行驶在畅通的路上，突然且毫无征兆地被告知前方需缓慢行进乃至停车，也许还需要变更车道。司机小心驶过一个狭窄的空间，那里满是工人，还有重型机械等各种令人眼花缭乱的物体。

接着，到了某个点上，两条道路不可避免地要合并成一条（或三条并为两条），这时早并线的人、晚并线的人，以及介于二者之间的那些人突然你来我往，这可有点棘手。虽然我们都在路上行驶（也许这就是原因），但司机对于互动并不全然感到自在；得克萨斯州交通研究所开展的一项调查发现，公路上给人们造成压力的一大主因就是“并线困难”。

交通工程师花了大量的时间和金钱研究这一问题，但问题不如你想象的那么简单。当车流量不大时，我在新泽西公路上经历的“常规并线”效果还不错。司机被提前告知需并入正确的车道，并在适宜的距离、以适宜的速度并入，避免和临近车道的司机“冲突”。然而，施工区意味着这里的车流量往往并不小。公路从两条车道变为一条（或车道数减少），通行能力至少降低了一半——如果司机还减速查看施工区里的情况，通行能力会下降得更多。由于不断涌入的车辆迅速让道路不堪重负，一支“队伍”很快便形成了。不可避免地，正常的车道上队伍总是更长一些，大概是因为司机在指示牌的指引下早早变换了车道。

这导致了更多的问题。队伍越来越长，可能会向后延伸到很远的地方——工程师称之为“上游”——甚至可能超过了标示道路即将封闭的指示牌。这意味着刚到达的司机对这个长队始料未及，他们不知道排队的原因，也不知道自己所在的车道即将封闭。等司机明白过来，他们就不得不强行插队，而排着队的司机会认为他们“作弊”了，无论这种插队是否合理。而当插队者减速或停车并线时，又会形成一支临时的队伍。队伍中十分沮丧的司机同样也可能强行并入车道。这个场景简直是为追尾事故量身定制的。而追尾恰巧是施工区频发的撞车事故之一。

为了改善交通现状，北美的工程师找到了两种方法。第一种是“早并线”。为了解决“被迫并线”的问题，“早并线”学派扩展了整个并线区域。在传统并线中，直到距并线地点 1 200 英尺[①]左右的地方才有指示牌，而早并线学派在距离“漏斗”好几英里远处就会设立标识，提示司机车道即将封闭。即将封闭的道路上常常设有“禁止超车路段”这类标识。从理论上来说，道路封闭提示越早出现，司机就会越早并线，从而减少“摩擦”(此处借用工程师文雅的说法)，突然看见一排汽车堵在前面时也不会那么惊讶。事实上，研究人员于 1997 年开展的一项研究显示，印第安纳州一个建筑工地采用了此系统，那里被迫并线的情况非常少，“交通冲突”和追尾事故也很少。

然而，早并线有一个重大缺陷——无法证明车辆能更快地通过施工区。一项模拟实验显示，早并线竟然使得车辆通过施工区的时间变长了，这也许是因为行驶速度较快的车辆被迫过早并线，被迫跟在慢速行驶的车辆之后，进而人为地形成了交通拥堵。早并线制度似乎也需要依靠某种积极的执法措施，以保证司机不会违背这一规定。我们都知道，公路上的警车在交通中自有其独特的作用。

第二种是“晚并线”。为了解决并线区域莽撞驾驶的问题，宾夕法尼亚州的交通工程师于 20 世纪 90 年代提出晚并线制度。根据这一制度，工程师从距道路封闭处 1.5 英里远的地方开始设置多个道路标识。首先设置“并线之前请使用两条车道”标识，接着设置一到两个“前方道路施工”标识，最后，在并线区域设置“在此处轮流并线”标识。

晚并线之美在于消除了司机选择车道时可能产生的焦虑感，也避免他们对过往的“作弊者”感到厌恶。晚并线将通常长达数千英尺的并线距离压缩成一个点。各条车道上的车流量及车速应该差不多，所以可能不会有

---

① 1 英尺约合 0.305 米。——译者注

变道和插队行为——发生追尾事故的可能性也降低了。而由于在到达终点前两条车道都可以使用，队伍也就变成原来的一半。

晚并线理论最令人惊讶的部分在于，与传统并线制度相比，它在缓解交通拥堵方面的效率提高了15%。事实证明“不自由，毋宁死”派是正确的。晚并线这一所谓的个人贪婪之象征，实际上对每个人都有好处。正如一名“不自由，毋宁死”派简明扼要的总结：最好的办法是让两条车道都饱和，直到最后一刻，然后轮流并线。难道这还不够明显？因为这让道路使用率最大化，并且对每个人都公平，而不是一堆人早早并线，在尚不必要之时就人为地形成一条单行道。(注意：这并不适用于在高速公路出口匝道等处晚并线的人，因为这些人此时插队可能会使原本顺畅的车流暂时变得拥堵，而且会极大地惹恼排队的司机。)

并非只有北美人民备受并线问题的困扰。英国交通研究实验室的一份内部报告就探讨了施工区并线的新措施，报告中提到“并线车道在封闭之前的利用率很低”，原因主要是“车辆故意阻断该车道，以防其他人‘插队’”。20世纪90年代，英国的道路管理部门开始试行新的标识，采用德国20世纪70年代使用的名为“拉链式并线”(zipper merge)的策略。交通标识不仅警告司机前方道路封闭，还从距离并线区域很远处起就建议司机“排队时请使用两条车道并轮流并线”。然而，交通研究实验室针对苏格兰高速公路开展了一项实验，发现这一系统虽缩短了队列的长度，但并未使车流更顺畅地通过施工区。(部分原因可能在于司机仍不清楚究竟该去何处并线：是在并线标识出现的地方，还是在两条车道交汇的地方，抑或是在二者之间的某处？)大部分欧洲交通工程师会通过减少并线的需求，来尽力避免并线问题。他们没有采用减少车道的方法，而是让原有的车道变窄，进而开辟出一条新的车道；这不仅保留了多车道，还迫使司机减速，因此也更安全。

关于晚并线有一个重要的说明：在交通拥堵的状态下，晚并线的效果最好——显然，这也是施工区并线问题变得棘手的时候。路况顺畅时以75英里的时速一路开到底，然后在最后时刻“轮流并线”，这显然存在明显的逻辑问题。因此交通工程师着手完善这一系统，设计了“动态晚并线制”。这一制度采用了“可变信号牌”，当交通流量达到一定程度时，便会有闪烁的信号灯提示人们晚并线；而当车辆稀少时，则亮起传统并线的信号灯。

2003年夏，明尼苏达州交通部门在第35号州际公路上试行动态晚并线制，然而，交通工程师提倡的优秀计划却因司机行为而搁浅。实验结果显示，这一制度虽然成功将队伍长度缩短了35%，但通过并线区域的车流量却减少了。

这是怎么回事?似乎是因为许多司机没有明白“使用两条车道”是什么意思，或者直接无视它的存在。在即将封闭的车道上，只有少数司机真正按照标识直截了当的要求——“请在这里并线”——行驶。一些车辆早早并入了“正常通行的车道”，其他人则被卡车和其他横在马路中间的“维持交通秩序的汽车”挡住了去路，这些司机无视告示牌，似乎倾向于维持单列队伍——甚至常常蛮横地穿梭其中，阻碍车辆通过。卡车司机往往倾向于维持单列队伍，也许是因为他们在施工区比其他车辆更难加速和并线。我们在即将封闭的车道上还观察到，一些司机会尽量让自己与邻近的车辆“步调一致”，似乎他们认为速度太快很不礼貌（这里毕竟是明尼苏达，是“明尼苏达式友善”的家乡）。当这种情况出现时，后面的司机往往会直接放弃并线道，早早并入邻近车道。这可不是明尼苏达交通部门的初衷，该部门在一份报告中抱怨道:“多个并线地点给交通造成了不必要的干扰，降低了车速，制造了更多无谓的走走停停现象。”

结果，不论是出于礼貌还是社会正义，司机都自认为行事正确。而事实上，他们降低了所有人的速度。假如这么做可以确保施工区的通行安全或减少压力，浪费时间尚情有可原，但事实并非如此，司机不听指挥，或试图威胁遵守交通规则的人，反而制造了混乱。明尼苏达州交通部门似乎也很迷惑：“一小部分司机不愿意改变旧的驾驶习惯，原因未知。”随着时间推移，情况会有所改善，但到了那个时候，施工项目也结束了。

除了简单的工程学意义之外，我们尝试过的每一种并线策略，似乎都体现了一个完整的世界观。早期并线策略基于“人性本善”，认为人们试图做正确的事，希望尽早并线，且尽可能地少交流。他们会为了集体的利益克制自己。队伍虽然有点长，但在共同利益面前，这只是小事一桩。晚并线策略认为人类并没有那么善良，或者说只有在特定的环境里才会表现出善良。晚并线不让人们自主选择并线的时间和地点，而是为人们指定了地点和规则。晚并线还断定交通畅通的区域对于普通人而言太过诱惑，于是便干脆将其去掉。而我们大部分人每天都会经历的传统并线又如何呢?传统并线是完全的放任自流，它只给人们一个场景和一个模糊的行事指令，随后就由人们来自主决定了。这使得晚并线者和早并线者的观点、期待和行动陷入了彼此冲突的骚乱之中。传统并线的效果最差，这大概并不令人惊讶。

我的建议如下：下次当你驾车行驶在拥堵的四车道上时，发现前方不得不并线，不要惊慌。不要停车，不要突然变道。继续行驶在你的车道上就行——如果车不多，那么各条车道的车流分布大体一致——直到并线区域。正常车道里的人应该会允许其他车辆从即将封闭的车道里插进来，然后继续行驶（其他人也会像这样轮流并线）。通过互助合作，摒弃个人偏好和对他人行为的不信任，推崇一套简单的客观规则，我们能让所有人的生活更美好。

第二章

为什么每个人都自以为开车技术比别人好？

机器人能取代司机吗?

如你所愿，奈特先生。不过，我觉察到疲惫给我们带来了一些烦躁的情绪……为了安全起见，我建议您将车调到自动驾驶模式。

——霹雳车基特，电影《霹雳游侠》

我们不是脑外科医生，所以对于我们来说，开车大概是日常生活中最复杂的一件事。这一技能包含了至少 1 500 种“次级技能”。我们随时都在驱车穿越各种地形，审视周围环境是否有危险，收集信息，判断车速，保持自己在道路上的位置，做决定（根据一项研究显示，大约每英里 20 次），评估风险，调节仪器，预判他人的行为，甚至还会喝一口拿铁咖啡，回想一下昨晚《美国偶像》的剧情，安抚婴儿，查阅语音邮箱。研究人员针对马里兰州的一段道路开展了一项研究，结果发现，我们每隔两英尺就要处理一条信息，也就是说，按照 30 英里的时速计算，这意味着司机每分钟可接收到 1 320 条信息，即大约 440 个词。这相当于阅读了 3 段像本段这么长的文字，同时还欣赏了许多美景，更别说还要做上述各种事情了——并且，每分钟都重复一次。

我们做这些动作易如反掌，因此往往不会细想。驾驶成了像呼吸般自然而然的行为。我们就这么做了，事情就这么发生了。然而，有必要重新思考人类这一相当惊人的能力，我们也应当停下来想想，若想让一个非人类的物体开车，究竟需要怎么做。斯坦福大学人工智能实验室主任塞巴斯蒂安 · 特龙（Sebastian Thrun）及其团队最近几年一直致力于研究这一问题。2005年，特龙及同事在国防部高级研究计划署（Defense Advanced Research Projects Agency, DARPA）举办的挑战赛中赢得胜利。这是一场在崎岖的莫哈维沙漠举行的长达132英里的无人驾驶比赛。他们比赛用的“无人驾驶汽车”是一辆名为“斯坦利”的大众途锐。仅用全球定位系统、摄像头及多个传感器协作，斯坦利在7小时内就驶完全程，平均时速达19.1英里，成绩相当不错。

斯坦利的胜利归功于特龙及其团队在历经多次失败后对驾驶指令方式的更改。“我们在教学过程中倾向于将斯坦利看作学徒而非计算机，”特龙告诉我，“我们不会告诉斯坦利‘如果出现以下情形，便采取如下行动’，我们会给他一个范例，并训练它。”例如，如果单纯地告诉斯坦利要遵循一定的限速，这是行不通的。“遇上车辙时，司机会减速，”特龙说，“但机器人却没那么聪明。它会保持30英里的时速继续行驶，直到报废。”相反，特龙坐上驾驶座，让斯坦利记录他的驾驶方式、行驶速度，以及车辆受到的冲击。斯坦利观察了塞巴斯蒂安在道路变窄时的反应，以及当底盘受到的冲击超过临界值时他所采取的措施。

斯坦利学习开车的方式和我们大多数人一样，不是死记硬背课堂里学到的交通规则或观看血腥的交通安全电影，而是坐在父母的车后座上，观察他们怎么开车。对特龙而言，这一过程让他开始质疑“规则究竟是什么”。基本规则很简单：在某条路上按某个限速从这里行驶到那里。但过于死板的规则会使得斯坦利过度反应，就像电影《雨人》（*Rain Man*）里达斯汀·霍夫曼（Dustin Hoffman）饰演的那个患自闭症的主人公，过马路时突然停了下来，因为信号灯显示“禁止通行”。当规则被打破时（在交通中时有发生）情况又如何呢？“没人规定风滚草必须长在车道之外。”特龙解释道。换言之，马路上总有意外发生。不确定性（“杂音”）有千千万万。我们需要判断闪着警灯的警车是否拦下了某辆车，斯坦利也需要以同样的方式来解读这个复杂的道路世界：马路中间是一块石头还是一个纸袋?路上那个物体是一条减速带还是有人从自行车上摔了下来?单是纽约市的“禁止泊车”标识就足以使斯坦利屈服了。

这已经够复杂了,现在想象一下,让斯坦利在我们平常的行车环境中完成这些动作:不是独自行驶在沙漠里,而是行驶在繁华的城市和郊区道路上。当我找到特龙时,他正在思考这个问题,当时他正在为国防部高级研究计划署的下一场比赛——“城市挑战赛”做测试。这一次的比赛场地将设置在城市环境中,越野车斯坦利退役了,取代它的是灵敏度较高的“朱尼尔”——它由一辆2006年生产的大众帕萨特改装而成。计划署提出,比赛目标是“安全且准确地实现时速20英里的自动驾驶”,包括“并入车流,驶过交通环岛,通过拥挤的十字路口,以及躲避障碍物”。

虽然不是每次都能做好,但大多数司机每天都能轻松完成这些动作,而教机器做这些事则会出现一些小问题。对于机器来说,单是分析随机的交通场景就是一项巨大的工程,不仅需要识别物体,还需要理解它们在当下以及未来彼此有何关联。特龙举了个例子,比较了司机遇见环岛和遇见一辆静止的汽车时的情形。“如果前面停着一辆车,你的做法就完全不同了,你会排在它后面,”他说,“但如果是个环岛,你就会绕过它。我们看一眼就能分辨出来,这对于人类来说是理所当然的事。而要想通过摄像头采集到的图像数据来辨识环岛,这样的技术还不存在。”特龙说,朱尼尔在40米远的地方无法分辨出前方的障碍物是什么,它只知道那是个障碍物。

在某些方面,朱尼尔比人类有优势,也正因此,有一些类似自适应巡航控制系统(该系统通过激光感应到前车的距离,并做出相应的调整)的机器设备开始出现在汽车中。和自适应巡航控制系统一样,朱尼尔计算自己与前车的距离时,比我们的计算结果更精确——根据斯坦福研究员迈克尔·蒙特梅洛(Michael Montemerlo)的研究,精确度可达到一米以内。人们总是会问:“朱尼尔是否可以感应到其他人的刹车灯?”蒙特梅洛说:

"我们的答案是，没这个必要。比起刹车灯告诉你的'我正在减速'这么点儿信息，你能测出车辆的实际速度，并由此判断出前车是否正在刹车。这大大超出普通人能获取的信息量。"

驾驶不仅关乎实际感知，还关乎如何处理信息。对斯坦利而言，这一任务就相对简单了。"它就是一个独自身处沙漠的机器人，"蒙特梅洛说，"斯坦利对世界的认知非常简单，事实上它把周围的世界理解成不同的几何体。它的目的仅仅是选择合适的地形，避开崎岖的道路。只靠对世界有限的认知是无法在城市环境中行驶的。你需要接收信息，并处理信息，这需要更高层次的理解力。"例如，当我们临近信号灯，发现黄灯刚刚亮起，这时我们便陷入了复杂的即时处理和决定的思考过程：黄灯会持续多久？我有时间（或空间）刹车吗？如果我加速，能赶得上吗？需要开多快才能赶上呢？如果我猛踩刹车，会被紧跟在后面的车追尾吗？这里有闯红灯摄像头吗？道路是否湿滑？我会不会被堵在十字路口，刚好挡在路中央？

有时我们离黄灯太近以至于不愿意刹车，但有时距离黄灯又太远以至于担心开到中途会亮起红灯，这样的情形被工程师称为"两难区间"（dilemma zone）。司机在其中两面为难。从撞车率来判断，如果司机试图在信号灯前停车，被后车追尾的可能性更大；但如果继续加速行驶，则可能被驶入交叉口的车辆从侧面撞上，容易发生严重的交通事故。其中一种情况的发生概率较大但伤害较小，而另一种情况的发生概率较小但伤害较大，你选哪一种？工程师可以延长黄灯时间，但交叉口的通行能力会因此受到影响，并且一旦人们都知道此处信号灯时间长，可能会刺激更多的司机加速通过。

一些人甚至提议设置一种信号灯，提前提示司机黄灯即将亮起，类似"双重警示"，从而增大所谓的"犹豫区间"。但澳大利亚研究人员做了一项研究，观察了黄灯亮起之前绿灯会短暂闪烁的十字路口。研究结论比较复杂：与没有绿灯闪烁的交叉口相比，此类路口选择加速通过的司机减少了，但停车过早的司机却增多了。一项针对以色列十字路口的研究证实了这一系统存在的危险，在引入了“绿灯闪烁预警”系统的十字路口，发生追尾事故的概率比没有设置该系统的路口更大。犹豫区间越大，处于该区间的车越多，需要做出继续行驶还是停车决定的人也越多，因此撞车的可能性越大。

此类“两难区间”在交通中经常出现。参加挑战赛时路上没有行人（“谢天谢地，”蒙特梅洛说），行人对朱尼尔来说是个极大的挑战。“我仔细思考过，让朱尼尔在现实世界里自由行动情况会如何。”蒙特梅洛说。朱尼尔在斯坦福大学驾驶时相对比较平静，但如果路边一名行人正好站在人行道的路边石上呢？由于行人没有站在马路上，因此不被视为障碍物，但行人是正等着过街还是仅仅站在那里而已？想了解这一点，机器人需要解读行人的肢体语言，或通过接受训练，学会分析眼神交流或面部表情。即使无人驾驶的汽车停下来，行人也许还需要进一步的信号。“有时即使汽车停下了，行人从车前经过时仍会很谨慎，”蒙特梅洛说，“他们常常会等司机挥手说‘你先走’。”你能够安心地从一辆无人驾驶汽车面前走过吗？

然而，在某些情况下，城市环境实际上比尘土飞扬的沙漠路段更简单。“在城市驾车确实非常受限制，你没有多少事可做，”蒙特梅洛说（他显然没在纽约的罗斯福东河公园大道开过车），“实际上这正是我们能够驾车的原因。我们通过道路规则和道路标识来推测即将发生的事。”

交通中充满了此类推测：我们全速通过绿灯路口，因为我们预测其他司机会停车；我们不会每次都担心和迎面驶来的汽车相撞；我们会加速爬过上坡路的坡顶，因为我们认为坡的另一边不会停着一辆油罐车。“如果我们不做这些推测，就会开得更快。”蒙特梅洛说。斯坦福团队的做法是将这些推测写入构成朱尼尔大脑的约10万行代码之中，但这些代码也不能太死板，以免朱尼尔一遇见奇怪的情况就呆住不动。

而交通中奇怪的事情层出不穷。比如信号灯坏了。戴维·莱特曼（David Letterman）曾经开玩笑说，纽约市的信号灯“只能当作参考”，每个人都曾在开车时遇到过红灯始终不变的情况。你可能会犹豫一番，然后非常小心地闯过红灯。也可能你前方的车熄火了，想绕过它你就得压到双黄线，我们都知道这是违规行为，但你仍然这样做了，而交通规则往往会对例外情况做出解释。但是关于在十字路口谁先行的问题又该怎么解决呢？有时人们不太确定是谁先到达路口，于是在十字路口处会出现一个短暂的僵局。想象一下，4 辆无人驾驶汽车恰好同时到达路口，按照程序指令，它们应该让先抵达的人先行，那么就可能出现两种情况：它们可能会同时先行，然后撞在一起，或者同时停着不动，上演一场十字路口处的“死机”。因此斯坦福团队采用了复杂的算法，让朱尼尔二进制的逻辑变得更人性化一些。“朱尼尔会尝试估计最恰当的通行时间，并排队等候，”蒙特梅洛说，“但如果有其他人插队且等候时间过久，朱尼尔就会插队先开走。”

斯坦福团队发现，斯坦利和朱尼尔学习驾驶的最佳方式，是研习人类如何驾驶。但机器人是否有值得我们学习的地方呢？蒙特梅洛说，在第一次挑战赛中，特龙“总是抱怨机器人在弯道减速次数过多”。然而，一名研究生对比赛结果进行了分析，他得出的结论是：机器人虽然“转弯时像法拉利一般”，但在 7 小时的比赛中却只节省了几分钟，同时还增大了撞车的风险。原因在于道路大部分是直道。在直道上保持最高平均速度，要比尽可能以最快速度通过为数不多的弯道（弯道是道路上最危险的路段）更重要。

蒙特梅洛称之为“智能驾驶”。他在准备城市挑战赛时花了很多精力思考这一点。“最初你也许会想，‘我要记录朱尼尔的一切行动，让它的速度尽量快。我要让它从停车标识处就尽快加速，我要让它停车时的等待时间尽可能缩短。’结果用处并不大。我们都能从驾驶过程中明白这个道理。

一个人加速超过了你，接着你又看见了他——到下一处红灯时，你距他只有一辆车的距离。马路的随机性让这些小细节相形见绌。同时，在这些所谓的最优选择之中，有一些做法会给所有人带来麻烦，比如在十字路口处抢先一步。这些行为减慢了所有人的行车速度。”

机器人研究领域的一些世界顶尖研究员花了数年时间，研发出了聪明且能熟练完成特定驾驶动作的无人驾驶汽车，可一旦驶进现实的道路，它便会即刻失控。这既证明了开车是一项非凡的人类技能，也警示我们不应将这一行为视作理所当然。从长远来看，机器人的优势在于硬件和软件会不断得到改善。人类必须用好我们天生的能力。教斯坦利和朱尼尔开车的经验告诉我们，人类的认知机制的确很强大。不过我们随后会看到，这一机制并非毫无缺陷，并且这些缺陷在我们的升级改造过程中也无法得到修正。

自负司机的真实能力

有两件事谁都不会承认自己技不如人：开车和做爱。

——斯特林·莫斯（Stirling Moss），冠军赛车手

在线拍卖网站eBay（易贝）有一则惹人注目的电视广告，标语很简单：“人性本善”。有趣的是，广告的一些画面中加入了交通元素：一个场景中，人们合力将一辆陷在雪地里的车推出来；另一个场景中，司机减速并同时挥手示意，让另一个司机并入车道。eBay希望借助这些互利行为来强调其运营理念：你可以从来自另一个半球、素未谋面的人那里买东西，并且相信真的能收到货物。根据eBay发言人的描述，这种“日常信

任”“促使数百万陌生人彼此开展交易，且交易过程惊人地顺利”。交通中的情况也大致如此。

然而，人未必总是善良的。eBay上似乎每个月都会出现新的诈骗形式，公司也会及时展开调查，比如使用复杂的软件发现可疑的出价模式。然而，网站的运转靠的不是英勇超凡的防诈骗团队——他们时间有限，只能监控到每日数百万次交易中的很小一部分——而是依靠一种更简单的机制：反馈。任何在该网站买过或卖过东西的人都知道，获得正面的反馈，避免负面的反馈，在交易体验中至关重要。这或许与人们希望获得良好体验无关，而是如一项研究结果所显示的，口碑好的卖家收入会高出8%。总之，反馈（前提是它真实可靠）是维系eBay发展的社会黏合剂。

如果交通中也设置一个类似eBay的“口碑管理”系统会如何呢？芝加哥大家法学教授利奥尔 · J. 斯特拉希列维茨（Lior J. Strahilevitz）在一篇颇具启发性的论文中提出了这一问题。他写道：“现代化的城市高速公路和eBay非常类似，不同的是公路缺少信用评分记录。高速公路上的大多数司机驾驶技能都相当熟练，且在条件允许时愿意与身边的司机合作，然而也有一部分人会给司机添麻烦，如交通事故、拖延、压力、无礼行为等，并导致保险费用上升。”

商业车队保险杠上的车贴“我车技如何？”启发了利奥尔。每辆车的保险杠或车牌上必须贴有识别码，如果司机看见危险或违规的驾驶行为，可以记下识别码，致电呼叫中心投诉。也可以致电呼叫中心表扬优秀的司机。这些评价会被记录下来，月末时司机会收到一张“账单”，列有收到的正面或负面评价。不合格的司机会受到某种形式的处罚，如支付更高的保险费用或被吊销驾照。斯特拉希列维茨认为，这一系统比不定时的执法更有效，因为后者只能监控到交通中的一小部分车流。交警往往只能对明显的违规行为（例如超速）开罚单，且从本质上看，交警对于更加细微的粗鲁行为和我们遇见的危险情况往往无能为力——你每次都希望能有交警来抓住那些做出危险行为的人，比如恶意追尾或边开车边用黑莓手机发短信，但这一切都是徒劳。信用管理制度能帮助保险公司更有效地设定保费率，还能让沮丧的司机有一个更安全、更有效的途径宣泄不满，获得一种正义感，而不是以攻击性的驾驶行为来回应那些违规之人。

但如果收到虚假或带有偏见的反馈怎么办？如果你家狂吠的狗惹恼了邻居，他打电话投诉你在收费的高速公路上疯狂驾驶，这怎么办？斯特拉希列维茨指出，eBay采用的类似软件能找出可疑的行为——即“异常情况”，如众多好评中的一个差评，或同一个人反复给出差评。隐私问题又如何解决呢？这正是问题的关键之处：人们之所以能在公路上随意恐吓他人，是因为他们的身份在很大程度是受到保护的。公路并非私人场所，超速也并非个人行为。正如斯特拉希列维茨所说：“我们应该且只应在有助于促进社会福祉的情况下保护隐私。”

官方也进行过一些力不从心的实践。Platewire.com网站的创始人说，网站的宗旨是“让人们以这样或那样的形式，对自己在公路上的行为更负责”。该网站为司机提供了一处投诉平台，司机可以在此表达对行为不良司机的不满，并写下这些司机的车牌号；有人发帖谴责加利福尼亚的司机“忙着梳头”，批评新泽西的司机“是个开奥迪的混蛋”。而褒奖好司机的帖子则少得多。

这类网站的缺陷非常明显，不论它们的初衷何等高尚。第一，在本书撰写之时，Platewire网站的会员人数是6万多，只代表了驾驶人群中极小的一部分，所以网站上的抱怨帖只有少数人会看见。第二，考虑到公路驾驶的绝对随机性，我在路上遇见挂着新泽西VR347N牌照汽车的概率相当小——也许比那辆车的司机读我这本书的概率还小——而且我也不太可能记得他就是Platewire网站用户所说的边开车边看报纸的那个人！最后，除了这一小部分读者的唏嘘，Platewire网站上的这些抱怨贴没有产生多少真正的效果。

建立呼叫中心这一想法的目的是消除交通中无处不在的匿名性，并遏制由此滋生的种种恶习，但这也许还有助于解决交通中的另一个问题：缺乏反馈。我们早先讨论过，我们目睹了众多司机的不良驾驶行为，而对自身驾驶行为的关注则相对较少。研究结果显示，当我们自问“我的车技如何”时，不论实际的驾驶记录如何，人们都会给自己竖起大拇指。

从美国到法国再到新西兰，研究人员通过多次研究发现，当要求一组司机将自己与“一般水平的司机”进行比较时，大部分人都不可避免地认为自己“水平更高”。显然，这在统计学上是不大可能发生的事，就像喜剧《巨蟒》(*Monty Python*)中的一个小速写:“我们全都高于平均水平！”心理学家称这种现象为“乐观偏见”(或“优于平均效应”)，至于我们为什么这样做，目前还是个谜。也许我们希望通过某种比较让自己显得比他人更好，正如第一章中排队的人通过转头查看队尾的情况来评估自己所处的境况。也可能我们需要某种精神支柱，以便更加自信地面对开车这件大部分人都做过的最危险的事。

不论原因是什么，都有确凿的证据表明我们在生活的方方面面都倾向于自我放大，而且这对于我们而言往往是有害的。投资者总是宣称自己在选股票方面比普通投资者更在行，但有关经纪账户的研究不止一次表明，最活跃的交易者(想必存在于最自信的人群之中)获得的回报最少。驾驶也许最易受到优于平均效应的影响。因为心理学家发现，乐观偏见在我们可以掌控的情境中似乎更明显。一项研究发现，当被要求评估自己发生交通事故的可能性时，司机比乘客表现得更乐观。

优于平均效应有助于解释人们为什么抗拒新的交通安全措施(至少在早期阶段的确如此)，比如要求系安全带和限制使用手机。例如，调查结果显示，大部分司机都希望法规禁止开车发短信的行为，但调查结果也显示，大部分人在开车时都发过短信。我们过高地估计了别人对社会造成的危害，而低估了我们自身造成的危害。我们认为需要受到约束的是别人的行为，而不是我们自己的行为，出于这一逻辑，虽然技术进步了，但社会秩序和交通规则之间的鸿沟仍长期存在。我们认为更严格的法律是专门为需要它的人而准备的。

研究结果显示，我们对自身看法存在的另一个问题是，当我们认为谈及的动作相对简单（比如开车）、不会特别复杂（比如同时拿几件东西玩杂耍）时，我们就倾向于自我评价过高。心理学家认为，如果谈及的技能较不明确，“乌比冈湖效应”（Lake Wobegon Effect，即人们总是过高评价自己）会更明显。奥运会撑竿跳选手通过自己需要跳过的横杆高度，能够清晰地知道自己比他人优秀多少。而对于下班后平安开车回家的司机而言，他们的表现如何呢？如果满分为 10 分，可以打 9.1 分吗？

最重要的是，我们之所以高估了自己的驾驶能力，也许仅仅是因为我们无法做出准确的判断。我们或许缺乏一种所谓的“元认知”（metacognition）能力。按照康奈尔大学心理学家贾斯汀·克鲁格（Justin Kruger）和戴维·邓宁（David Dunning）的解释，这句话的意思是我们“明明不熟练，却没有意识到这一点”。两位心理学家举了一个例子：这好比一个不精通英语语法规则的人，不太容易判断语法是否正确；同理，一个没有充分了解追尾的危险和交通规则的司机，也很难恰当地评估自己相对于他人的危险程度有多高。一项反应测试的结果显示，与表现不佳或曾遭遇撞车事故的司机相比，那些记录良好（更安全）的司机对自己测试结果的评估更准确。然而我们之前也提过，人们在评估自己的驾驶水平时，似乎很容易忽视自己的驾驶记录。

因此，不论我们是因为内心恐惧而用狂妄自大来遮掩，还是仅仅因为对驾驶一无所知，马路上到处是自认为“高于平均水平”的司机（尤以男性居多），每个人似乎都一心一意要保持这种优越感。有一个事实或许能解释（至少在美国如此）为什么接受调查的司机似乎都认为马路的文明程度连年下降。1982 年的一项调查显示，大多数司机认为路上的大部分人都是“彬彬有礼”的。而1998年研究人员重复该项调查时发现，粗野的司机数量超过了礼貌的司机。

这与自我膨胀有何关联？心理学家认为，比起由不安全感导致的自卑，自恋更易促成野蛮驾驶行为。正如调查数据所显示，当男性和女性被问及拥有的性伴侣数量时，他们给出的答案与数学统计的结果并不相符。同样，针对野蛮驾驶行为的调查发现，看到野蛮驾驶行为的人数，总是多于承认自己也有此类行为的人数。一定有人高估了自己，于是自恋行为和道路上的恶劣行径一样，似乎都增多了。一项名为“自恋型人格测试”的调查对过去几十年人们的“自恋指数”进行评估（例如，评估人们对“如果我统治世界，世界会更美好”等类似陈述的反应），心理学家针对这一调查进行了分析，发现在2006年2/3的受访人分数高于1982年。“对自我估计过高”的人数日益增多，而且如果调查结果可信的话，在自恋行为增长的同一时期，道路环境也日益令人不愉快。交通是一个需要服从与合作才能实现功能最大化的系统，然而，路上的人却有一个共同的想法：“如果由我统治马路，马路的情况会更美好。”

当我们在路上收到了负面反馈时，我们倾向于找理由为自己开脱，或迅速将其抛到九霄云外。在偶尔被开罚单的时候，人们则会嘟囔着将其归因于警察不得不“完成指标”；被其他司机鸣笛是令你愤怒的导火索，而非令你感到羞耻或懊恼之事；撞车通常被认为纯属运气不佳。但通常情况下，大部分人都没有收到过负面反馈，人们几乎收不到任何反馈。每天开车的我们，大部分时间里都不会发生交通事故，而我们每天都觉得自己的车技比平均水平又高了一点。艾奥瓦大学认知系统实验室主任约翰·李（John Lee）解释道：“作为一名普通的司机，在大部分麻烦到来之前，你就能够将其摆脱了。这正是问题所在。驾驶过程中没有反馈循环，可能你多年来一直车技很差，但自己并没有意识到，因为没有人向你反馈这一信息。多年来你一直边打电话边开车，你说：‘开车打电话怎么会有危险呢？我每天都打两个小时电话，什么事也没发生呀。’那是因为你一直运气好。”

事故来临前的时刻不但是对我们车技的证明，也是对安全带的考验。心理学家詹姆斯·里森（James Reason）在《人为错误》(*Human Error*)一书中写道:“对于避免事故而言，经验是把双刃剑。”问题在于，我们正是通过避免事故（而非身陷事故之中）来学习如何避免事故的。不过，根据里森的描述，侥幸脱险既包含初始犯错（initial error），也包含错误补救(error recovery)。这带来了一些疑问：侥幸脱险究竟是教会了我们如何避免事故，还是教会了我们如何从一开始就避免犯那些让我们陷入这一困境的错误？避免了一次小事故是否可以使我们将来能够避免更严重的事故？我们如何从错误中学习？又能从中学到些什么？

我们从错误中学到了什么？坐落于圣迭戈郊区办公园区的驾驶员风险管理公司DriveCam也提出了这一问题。我在DriveCam花了一天的时间观看监控录像，内容包括撞车事故、险些撞车的情况以及极为粗心的驾驶行为。录制视频所需要的条件很简单：将一个小型摄像头装在后视镜旁，实时记录车外环境和司机影像（类似于使用数字录像机TiVo录制电视节目）。传感器监控着车辆受到的各种外力。当司机猛踩刹车或突然转弯时，摄像头会记录下前后10秒的情景，用作背景信息。影像随后被传送至DriveCam的分析师，分析师据此做出分析报告，如有需要，还会为司机提供一些“指导”。

DriveCam公司的口号是“消除驾驶风险”，从时代华纳有限公司的卡车，到拉斯维加斯的出租车，再到租车公司的机场摆渡车，DriceCam在各种车里都安装有此类摄像头。安装了DriveCam摄像头的公司发现，司机的撞车率下降了30%~50%。该公司认为，与试图提高商用车队驾驶安全性的传统方式相比，DriveCam有几个优势。DriveCam公司总裁布鲁斯·穆勒（Bruce Moeller）告诉我，他们早年曾采取了一项措施，即向司机提供现场安全演练。“他们会来参加实地演练。每个人都兴奋地想：‘我要好好开。’但过了一段时间，他就开始越过底线。他没撞到人，也没人朝他喊。很好，他侥幸逃脱了惩罚，很快他便又重拾以前的驾驶习惯了。”公司副总裁德尔·里斯克（Del Lisk）说，采用20世纪80年代盛行的“我车技如何”的电话调查方法，可以获得持续的反馈，但往往反馈较慢且质量有待商榷。“顾客打进来的投诉电话，内容可能会非常主观，”他说，“比如我对话费账单不满意，我就想打电话投诉美国电信公司的那个人。”

统计数据显示，公司车辆对员工来说是最危险的环境，因此不难理解DriveCam公司背后的理念是受到了H. W. 海因里希（H. W. Heinrich）作品的启发。海因里希是旅行者保险公司的一名保险调查员，写过一本具有开创性的书：《工伤事故预防：一种科学的方法》（*Industrial Accident Prevention: A Scientific Approach*）。在调查了成千上万起工伤事故后，他总结出，每一个致死或严重伤害事故的背后必然有29起小事故和300个没有造成伤害的“侥幸脱险”事件。他提出“海因里希事故金字塔”，并提出要想避免发生位于金字塔顶端的事故，关键在于处理好金字塔底部的诸多小事件。

在我与穆勒一番介绍性的寒暄过后，他告诉我的第一件事就是：“如果我们在完全不了解你的情况下，在你的车里装一个DriveCam摄像头，我向你保证，一定会拍到一些你自己没注意到的驾驶习惯，有的驾驶习惯很可能会引发事故。”他指着白板上画着的海因里希金字塔说道，“你知道29∶1法则（每起致死事故的背后必有29起撞车事故），因为有确凿的证据证明有人丧命，有人撞车，而我们向你展示的，是通过DriveCam全天候监控所发现的不安全的驾驶行为。这些行为可能会引发事故，除非你走运。”

根据里斯克的观点，若想减少DriveCam公司所谓的“可预防的事故”，关键在于金字塔底部那些暗藏的、被忽视的险些发生的事故。“大多数人看着这个金字塔，会用最上面两层来衡量自己是否是个优秀的司机。

而事实上，底层才是真正的衡量指标。”换言之，司机往往通过撞车事故和收到的罚单来衡量自己的表现。与司机同行的人看到的则是另一番景象。“作为乘客，”里斯克说，“我们所有人都会从金字塔的底层去评估同行的司机，我们紧紧地抓住座椅扶手，双脚用力踩在地板上。”

当我在DriveCam录制的一些视频中扮演乘客时，一件令人不安的事引起了我的注意。粗心驾驶的情况的确很多，在一段视频中，一个人双手离开方向盘，猛击挂在内后视镜上的拳击沙袋。许多视频片段中的司机都在努力睁开困倦的双眼，把摇摇晃晃的头摆正。“在一段视频里，一个人开着一辆满载的油罐车，有整整 8 秒钟的时间似乎睡着了。”穆勒说。（洛杉矶高速公路上一处路面陡降触发摄像头记录下了这幅画面。）

然而在诸多视频中，最令人不安的并不是驾驶行为本身以及镜头中的事物，而是镜头之外的场景。在一段视频中，一名男司机一边开车穿过住宅区的街道，一边低头拨打手机。在视频记录下的 9 秒钟里，他大部分时间都没在看路面，小货车也开始偏离路面，路缘石引得车身一震，吓了他一跳，赶忙将车开回路面，半是震惊半是宽慰地做了个鬼脸。然而，仔细观看画面，你会发现在距事发地点仅十几英尺远的地方，有一个孩子正在骑自行车，路边还站着另一个孩子。“你以为他真的看见那两个孩子了吗？”里斯克问道，“纯属走运。这就是那个金字塔的例证。”

司机不仅没有意识到他将自己和他人都置于了真正的危险境地，甚至对自己的无意识状态浑然不觉。“他或许人品非常好，是个顾家的好男人，一个好员工，”里斯克说，“他甚至不知道这一切正在发生。如果我们告诉他实情，给他一个黑匣子之类的东西，他甚至不会相信。”若没有录像，司机不会意识到他行为中潜在的隐患。“我没有撞到孩子，而且日复一日，我的自我感觉也得到了强化，这是因为我没看见录像，”穆勒说，“我自我感觉良好，以为我能做到。我能低头看黑莓手机，我能拨打电话，我能喝酒。我们的自我感觉都以错误的方式被巩固了。”

直到有一天我们没有做到，当然，事故也就发生了。我们通常称这些瞬间为“意外”（accident），意即无心之举或预料之外的事。意外适合于描述诸如机警的司机无法躲开一棵突然倒在路中间的树这类事件。不过想一想圣路易斯红雀队投手乔什·汉考克（Josh Hancock）的事故。2007 年，汉考克开着租来的越野车撞上了一辆停在高速公路上、闪着信号灯的牵引车，那里此前刚发生过撞车事故，汉考克不幸身亡。调查员发现，汉考克（几天前刚把自己的越野车撞了）血液里的酒精浓度几乎超过了法定值的两倍，他超速，没系安全带，发生致命撞击之时还在打电话。

虽然这起事故具备了早已被公认的危险因素，但媒体报道仍按常规称这是一次“意外”。发生在南达科他州议员比尔·詹克洛（Bill Janklow）身上的事也是如此。他喜欢超速驾驶，且臭名昭著，曾在 4 年间收到过 12 张罚单，还在一张宣传海报上吹嘘自己喜欢“快车道”上的生活。2003 年，詹克洛风驰电掣地闯过红灯，撞死了一名摩托车手，但媒体反复称之为“意外”。

2001 年，《英国医学期刊》（*British Medical Journal*）宣布将不再使用“accident”一词。该杂志指出，这个词的问题在于，“意外”常被理解为是无法预测的，因而是无法避免的。汉考克和詹克洛的撞车事故真的无法预测或无法避免吗？这两起事故显然是无意为之，但难道“某些撞车事故会比其他事故更无心吗”？它们是“就这样发生了”，还是原本有措施可以阻止其发生，或至少可以减少其发生的概率？人类毕竟有局限，总会犯错，纯属走霉运的情况也确实存在。心理学家也讨论过，人们倾向于事后夸大事情的可预见性（“后见之明的偏见”，the hindsight bias）。然而，“意外”一词却被滥用，有时甚至为最糟糕、最马虎的驾驶行为提供了掩护。这反过来也暗示我们，道路上每天发生的悲剧神秘莫测，不可掌控，只有多安装几个安全气囊，才能阻止或减少它的发生（遗憾的是，行人无法采用这一安全措施）。

大部分事故与违反交通规则有关，不论是有意为之还是无心之举。然而，就连“无心”和“有意”的概念都被模糊了。2006年，芝加哥的一名司机开车时伸手去拿手机，使得越野车失控，导致另一辆车中的一名乘客死亡。受害者家属称：“如果他没有饮酒或嗑药，那就是一场意外。”这听上去荒谬极了，因为是司机主观违反了交通规则，而最后的判决仅以处罚200美元而收场。针对“清醒的超速者”的判决同样是如此不可思议。而在致死事故中，针对血液中酒精含量超标的司机和车速远超限速的司机，法律的定罪量刑有着巨大的差别。

新闻报道中还暗藏一个类似的偏见。在报道致命的撞车事故时，“没有饮酒或嗑药的迹象”这类描述，微妙地将司机从全责之中赦免——即使司机明目张胆地超速了。汽车公司若是在广告中体现了边饮酒边驾车的乐趣，势必受到严惩。然而，加拿大一组研究员针对北美汽车广告展开的调查结果显示，如果广告中的司机未饮酒，即使观众认为其驾驶方式较危险，受访者也认为这种广告是可以接受的。大部分研究人员认为，在公开放映的200余则广告中（全都带有谨慎乃至狡猾的免责声明），近一半的广告都有“不安全驾驶行为”的镜头，通常以超速为标志。越野车的广告情况尤为严重，且在所有车型的广告中，司机大多为男性。

DriveCam的视频资料所展示的，不是马路上意外事故的无常，而是人们经常做一些事使得撞车“无法避免”。如果货车司机撞了街边的孩童，或许可称之为“意外”，因为他并非有意为之。也许这就是“走霉运”？心理学家理查德·怀斯曼（Richard Wiseman）的实验结果揭示，人们常能给自己创造“运气”。比如说，广交朋友的人比朋友较少的人更容易发生“世界真小”的偶遇（而那些没那么多偶遇机会的人更容易自认为“不走运”）。

我们无法完全防止“霉运”降临到自家门前，但DriveCam视频中那个拨打手机、差点撞着孩子的货车司机，几乎房门大开，将“霉运”邀入屋里。DriveCam的后见之明的确能更醒目地展示司机的错误行为。问题是他们为何这样做？人们为什么会做出置自己和他人于不必要的危险境地之事？是他们太粗心、无知、自负、太过愚蠢，抑或这就是人性？我们能否在事故真正发生之前，从错误中有所获益呢？

心理学家发现，如你所料，我们的记忆更喜欢近期的事件。我们也倾向于强调事情的结尾。比如，当别人告诉你一系列的事情后，要求你复述整个过程，我们总是对后面的事情记得更清楚。研究结果已经证实，人们不容易记住交通事故发生之前的事。同样，撞车或险些撞车的瞬间也可能比它的诱因更加令人难忘。DriveCam消费者部门经理鲁斯提·魏斯（Rusty Weiss）解释说："差点追尾的画面会留在你的脑海中，但要想将它定格并记住，代价就是忘记它的诱因。"时间也会对此产生影响。英国诺丁汉大学的彼得·查普曼（Peter Chapman）和杰夫·安德伍德（Geoff Underwood）通过研究发现，两周后（而非事发当天），司机对险些发生的事故遗忘了80%。这正是DriveCam的重要作用：不会让你忘记马路的危险本质。

魏斯加盟DriveCam之前，在明尼苏达州启动了一个试验项目：在青少年司机的车里安装摄像头。他认为，这种对于事故诱因的记忆缺失对我们都有影响，新手司机尤其感到困扰。讽刺的是，正是这些青少年常常将自身置于危险之中。"这些孩子应该学得很快，"他说，"学习的机会很多，但他们反复犯错。他们当下不会承认是自己的错，但看了视频之后他们会惊呼'我的天'。这好比通过视频来获得高尔夫挥杆动作的反馈，能让你注意到一些你在当下没意识到的事。"

问题可能在于他们忘记了那些应该从中吸取教训的时刻。查普曼和安德伍德展开的另一项研究显示，当司机看到自己的危险驾驶视频时，与熟练的司机相比，新手司机更不容易记住事件的细节。

原因之一或许是新手司机的关注点不对。研究人员早已发现，新手司机的"视觉探索"模式与熟练司机大为不同。他们倾向于关注距离车前部非常近的地方以及道路边线。他们往往不经常观察左右后视镜，就连做变更车道之类的动作时也如此。了解应该看向何处——并记住所见事物——意味着经验丰富、技术专业。眼动追踪研究显示，艺术家观察画作的方式与普通人有显著差异（后者倾向于瞄准面部之类的事物，而艺术家会浏览整幅画作）。与此类似，驾驶行为方面的研究人员往往通过司机的眼动情况，就能判断司机是否有经验。

从多个方面来看，青少年司机应成为DriveCam下一阶段完美的关注目标。青少年与商用车队的司机一样，经常驾驶他人的车辆，且开车时受到更有权威的人监督——对青少年而言，就是他们的父母。在艾奥瓦州开展的一次实验中，25名高中生在车里安装了DriveCam摄像头，实验时间持续了18周。研究人员将事件资料传给青少年的父母，并（匿名）公布分数，这些孩子可以由此判断自己在同龄人中的相对水平。艾奥瓦大学公共政策中心“人类因素及车辆安全研究项目”主任、本次实验的负责人丹尼尔·麦吉（Daniel McGehee）指出，由于艾奥瓦州的农业发达，该州的青少年14岁起就能开车上学。“撞车率绝对高得惊人。”他说。艾奥瓦州的青少年也经常开车，这25位司机在13个月里共行驶约36万英里，而且多数都是危险的乡村地区两车道公路。

麦吉给我们播放的早期视频资料的确令人不安：司机无所顾忌地闯红灯，或唱着歌、心不在焉地东张西望，接着迅速驶过坡道，开进玉米地里。不得不说，窥探这些被汽车包裹起来的隐私，触及那些原始的、未经过滤的情绪，让我有些不安。而在这个真人秀大行其道的年代，青少年显然不太害羞。摄像头有一个按钮，司机可以在事件触发时按下按钮对事件加以评论。一些青少年把它当作语音日记，类似于在仪表盘前坦陈自己在汽车之外的生活。麦吉告诉我，开车也为我们打开了一扇独特的窗，帮助我们了解青少年的社交生活：“如果某人的驾驶方式格外野蛮，并急于向旁人炫耀，我们就能判断出此人新交了女朋友或男朋友。”

然而，研究人员感兴趣的不是视频中的自白或约会习惯，而是DriveCam可以产生的安全效果。当我再次与麦吉交流时，他的研究正进行到第16周。“在最爱冒险的司机中，危险行为减少了76%，”他说，“随着实验的深入，冒险行为逐渐消失了。”麦吉说，过去司机每天会将摄像头触发10次，而现在一周内只会触发一两次。“就连这些触发摄像头的行为的危险程度与过去相比也低了不少，”他注意到，“他们依然会在转弯时速度过快，但仅仅是刚超过临界值而已。”

这些青少年的身上究竟发生了什么？他们是害怕父母知道后来找麻烦吗？还是仅仅因为这是他们第一次看见自己犯的错误？抑或是他们只是在与系统博弈，试图像摸清SAT（美国学术能力评估测试）答题规律一样破解系统的工作原理？“我认为，在这一纯粹的行为心理学循环中，司机自身成了传感器，能意识到自己犯的错误，”麦吉说，“有了这个小小的速度计，他们逐渐开始对限速有了把握。”正如DriveCam的魏斯所言：“一个孩子说‘我知道怎样避开系统了。只要注意看前方的路，预测车流，转弯时减速，就能一个月都不触发它’。”他的这些行为正是好司机的表现，不论他是否意识到了这一点。

而拆掉摄像头之后情况如何呢？穆勒曾说：“DriveCam是一个外部的激励系统，除此之外，我不会谎称它有其他的功效。”他承认，在实验的初期，仅仅安装摄像头，就足以约束司机的行为。这是著名的“霍桑效应”（Hawthorne Effect）的表现形式。霍桑效应的意思是，人们在实验中对行为做出改变，仅仅是因为他们知道自己身处实验之中。如果没有任何后续的指导，没有关闭“反馈循环”，效果会慢慢被削弱。“司机开始觉得摄像头完全没有指导意义，什么都不会发生，摄像头的作用只是撞车时能记录是谁的错，”穆勒说，“一旦加入了指导环节，他就会意识到自己的危险驾驶行为会引起直接且确切的后果。摄像头会暴露司机的隐私，对大部分人而言，暴露20秒的隐私已经足够对司机产生约束作用了。”

DriveCam的工作人员给予司机的指导往往不涉及任何驾驶技巧，如转弯或躲避障碍物的窍门，他们会时刻提醒司机因过度自信而犯下的错误。其中最令人震惊的例子出自魏斯针对一家救护车的窍门公司所做的一次实验。当时他供职于明尼苏达州的马约诊所（Mayo Clinic），而该救护车公司试图改善病人的“乘车体验”。人们也许会认为，在紧急情况下，救护车开着警灯和警笛，司机火速把病人送至医院，其间一定会有急转弯、闯红灯等情况发生，此时DriveCam应该会被频繁触发，但事实并非如此。“事实证明，开着警灯和警笛时行车更顺畅了。”魏斯解释道。反而在正常情况下，触发摄像头的次数更多——急转弯和不规范的驾驶行为频发。魏斯曾做过救护车司机兼急救人员，他认为自己或许猜到了原因。“闪灯鸣笛让司机的注意力比平时更集中。如果有人没看见他们，他们会注意到危险，并提前减速。当你开着警灯和警笛时，行车更顺畅，这意味着速度更快。”

大多数人没有警笛和警灯，因此日常的驾驶行为各式各样。随着习惯逐渐养成，我们开始试探各种可能性，比如离前车的距离能有多远、拐弯时的速度能有多快，并逐渐适应了新情况。我们忘记了斯坦福研究员在尝试教机器人开车时学到的那些东西：开车看起来简单，实则不然。里斯克那天上午查阅了一系列撞车报告，他说：“大部分事故都是因车距太小或司机不够专注而发生。其中一个很重要的因素是司机缺乏良好、基本的驾驶技能。”

里斯克播放了一段视频：一辆车在一条空荡荡的车道上快速向收费站驶去，而两旁的车都排着队。“司机以为这条车道畅通无阻，这是典型的‘橄榄球思维’——有球员帮我拦网了，我可以前进。”里斯克说。司机似乎想象自己已经把一辆辆汽车甩在了身后，并通过了收费站，但此处有一个问题：其他司机也都觊觎那条顺畅的车道。“由于他们已经排着队了，因此需要以一个相当大的转弯慢速转进去，”里斯克说，“而顺畅车道上的司机在靠近高危的车道开放区时减速不够，由此引起的撞车事故我们见得太多了。”

这或许有助于解释为什么收费站的电子收费通道理论上应有助于减少高危区域的撞车事故（司机不必再手忙脚乱地找零钱了），反而却提高了事故率。电子收费系统让司机可以速度更快且不受限制地通过收费站，而与此同时，其他车发现自己排错了车道，也正急忙换车道。比起队伍冗长的旧交通系统，新系统缩短了司机排队等候的时间，司机更换车道的频率也更高。

每个月，DriveCam 都会收到 5 万多条这类视频片段。穆勒说，这让公司成了世界上最大的“危险驾驶行为资料库”。摄像技术让我们得以一窥自诞生以来一直处于封闭状态的车内世界，了解司机的内心生活。

人们曾试图通过驾驶模拟器、测试车道等方式分析“司机行为”，甚至让一名研究员手持写字板坐在车里观察并记录司机的行为举止，但这些都与现实中的驾驶模式大不相同。人们也可以通过摄像头或安排实验室助手站在天桥上观察过往车辆，但无法从中了解车内司机的行为。事故研究大多基于警方的调查和目击者的报告，而这二者都容易失真，后者尤其如此。

研究结果显示，当发生严重交通事故时，人们更倾向于将责任怪罪到某个人的头上。在另一项研究中，一组人观看了汽车相撞的视频。一周后，研究人员要求受试者估计视频中各种车辆的车速，当研究人员使用“撞毁”一词时，受试者估计的车速比研究人员使用“碰擦”和“接触”这类字眼时的更快。当使用“撞毁”一词时，更多的受试者表示他们记得在视频中看到玻璃碎了，虽然事实并非如此。司机本人的记忆则常常被为自己开脱责任的愿望所蒙蔽（也许是为了避免与自我良好的感觉发生冲突，或企图免于承担法律责任）。“贝克定律”（Baker’s Law）得名于车祸重建专家J. 斯坦纳德·贝克（J. Stannard Baker）。定律指出，司机在解释与自己有关的交通事故时，倾向于在真实可信的前提下，报告自己的最小过失——即能让他们免于惩罚的最可信的细节。

在DriveCam这类设备出现之前，那些险些发生的撞车事故最难以捉摸。人们无从确定事故为什么险些发生（或没发生）以及为何没有发生，也无法确知这些险些发生的事故频率有多高。如果说金字塔的顶层神秘莫测，那么底层则如同大洋最深处，是一个巨大的不解之谜。

如今情况已得到了改善，使用DriveCam等技术展开的大规模研究，为我们研究司机的行为提供了新的线索，而最重要的是，这些研究以崭新的洞见解释了我们为什么会在路上遇到麻烦。答案并不完全在于道路标识警示我们的种种情况——桥上有疾风或公路上有鹿群穿过，也不总是轮胎漏气、刹车失灵或迫使汽车制造商不得不召回车辆的机械故障（据说90%的撞车事故与“人为因素”有关），似乎也不关乎“司机驾驶水平”或我们理解交通信号的能力。

除了自负以及驾驶中缺乏反馈之外，给我们带来最多麻烦的，恰恰是朱尼尔和斯坦利这两个笨重的机器人司机具有明显优势的两个方面。首先是我们感知和理解事物的方式。虽然感知过程不可思议，但我们并非总能做出正确的解读，而更重要的是，我们往往没有意识到这一点。其次是由于我们并非开车机器——这是将我们在马路上的行为与斯坦利和朱尼尔区分开来的第二个因素——我们无法始终保持警觉。一旦我们认为一切尽在掌控之中，行为方式就变得不同了。我们会看看窗外，打个电话。麻烦大部分源自认知的局限性以及无法专注，下一章将讨论这一问题。

第三章

眼睛和大脑的背叛

开车时的注意力分配

拥吻中尚能稳妥驾驶，此吻必定用情不深。

——阿尔伯特·爱因斯坦（Albert Einstein）

你应该经常会遇见这种情况：你行驶在一条空旷的高速公路上，或者是自家附近的安静街道上，你突然惊醒，发现自己正手握方向盘开着车。混杂着惊愕与恐惧，你已经不记得过去几分钟里做过的事了，也不清楚自己“游离”了多久。你也许会发现自己身处自家车道，自问：“我是怎么来到这里的？”就像传声头像（Talking Heads）乐队的那首歌里唱的，“How did I get here？”（我是怎么来到这里的？）

这一现象有许多不同的称呼，如“公路嗜睡现象”（highway hypnosis）和“时间间断经历”（time-gap experience）。虽然这种现象困扰交通研究人员已久，但至今仍未被完全理解。我们只知道它通常发生在相当单调或熟悉的驾驶情境中。一些科学家认为它与困倦有关，我们甚至会握着方向盘进入了所谓的“微睡眠”（microsleep）。

还有一件事我们尚不知晓，即当我们受公路嗜睡的魔咒控制，全然忘记那段时间里发生的一切时，我们的精力究竟有多少集中在马路上？你也许会好奇，为什么车没有偏离车道？这或许是因为你走运。研究人员做了一项研究，让受试者连续几小时（无聊地）在模拟器上开车，结果发现，每5个进入“无意识驾驶”状态的司机中大约就有1人——根据脑电图读数及眼球运动轨迹来判断——在1/3的时间里驶离了车道。你也许会好奇，如果在你无意识的状态下，车道上突然出现了一辆汽车（或是一辆自行车，或是一个孩童），你会怎样。你能及时采取措施吗？会不会在那段时间里差点发生事故，但事后你就忘了？

回想一下DriveCam监控到的司机茫然愣神儿的场面。开车时要想集中精力为何那么难？我们的眼睛和大脑在行驶过程中如何背叛了我们？为什么？

对于大多数人而言，驾驶正如心理学家所言，是一项“过度学习”的活动。我们对此太过熟稔于心，以至于做这件事时不必投入太多有意识的思考。我们的生活由此变得更容易了，我们也由此变得擅长做一些事。想想职业网球选手。发球是一个复杂的动作，包含许多不同的分解动作，随着球艺精进，我们对每个独立步骤的思考越来越少。这个例子是密歇根大学的心理学家及“人为因素”专家巴里·坎特威茨（Barry Kantowitz）提出的，他花费数年的时间研究人类与机器互动时最安全、最有效的方式，合作对象既有美国宇航局的宇航员，也有核电站的操作员。“关于学习和注意力有一个有趣的现象是，一旦某件事烂熟于心了，它就变成了一种自动反应，由一系列快速的动作来执行，”他说，“如果你试图集中注意力，你就会把事情搞砸了。”这就解释了为什么最好的棒球击球员不一定是最好的击球教练。教练需要能解释应该怎样做；传奇击球教练查理·劳（Charley Lau）是《打击率实现0.300的奥秘》(*The Art of Hitting .300*）一书的作者，但他自己却从未达到这个水平。

一项活动越是熟练，给我们带来的认知负荷就越少——研究显示，即使像换挡这样最平常的活动，也不可能完全自动化。这项活动总得消耗点什么。一方面，工作负担小是一件好事。如果驾驶时我们真的需要应对每一个潜在的危险，仔细分析每一个动作和决定，把每一个姿势都分解成一个个步骤，那么很快我们就会精疲力竭了。前文提到的受试者驾驶模拟器的实验中也存在这种情况。“我们不会让司机在开车时百分之百集中精力，否则下车时他们一定会大汗淋漓，”马萨诸塞大学的事故调查员及研究员杰弗里·穆塔特（Jeffrey Muttart）如是说，“你看那些人一走出模拟器，几乎都会首先深呼吸，让自己清醒一下，因为我让他们的大脑备受折磨。这是一次10分钟的驾驶体验，而他们都想好好表现。”

工作负担过小也有其自身问题。我们会感到厌烦，感到疲惫，我们会患上“公路嗜睡症”。我们也许会犯错。任何一个（像我这样）穿错袜子，或忘记给咖啡机加水或咖啡豆的人，都会意识到这一现象。动作过于轻松使得意识开了小差。根据经典心理学原理“耶基斯–多德森定律”（Yerkes-Dodson law）的假设，“动机”不足或过度都会损害学习能力。这对人类行为同样适用。在北达科他开车就像处在曲线的波谷，在德里开车就像处在曲线的波峰，而处于二者之间的某种状态想必最合适。

但那是一种什么状态呢？开车的大部分时间里都不需要我们全神贯注，所以我们开车时会听听广播，看看窗外，或者打电话、看短信（这样的行为越来越多）。在加利福尼亚发生的一起致命交通事故中，事故发生时，司机可能是在一边开车，一边使用笔记本电脑。我们或许也会改变驾驶方式，开车好像不太费神，于是我们就加快了速度。只要我们处于“耶基斯–多德森曲线”的中央，就是件好事。但问题在于，我们永远无法确切地知道情况何时会突变，那条空旷、怡人的道路看起来足够安全，可以打个电话，但它随时可能变得到处都是障碍。我们也不会意识到开车以外的次要活动需要消耗多少精力。

“比如说，你行驶在一条笔直平坦的公路上，这相对简单。我可以让你同时做算术题，你的驾驶行为并不会受到干扰，”坎特威茨说，“如果你行驶在曲折的公路上，尤其是急转弯的时候，你需要集中注意力，以便保证车辆能够在车道上安全行驶。如果我让你在拐弯的时候做算术题，你的做题速度就会更慢，并且做不好。你也可能把算术题做好了，却把开车这件事搞砸了。”丹麦的研究人员发现，在乡村道路上做算术题所需的时间比在高速公路上要长。

这就给我们提出了另一个问题：研究人员发现，做其他事情会影响安全驾驶，而研究结果也显示，驾驶之外的次要活动也会受到影响。我们不仅没把车开好，说话也不利索了。但凡听过司机在电话里走神儿、思绪被打断的人都明白这一点（在车里做采访效果非常糟糕，记者很清楚这一点）。正如坎特威茨所言，“世界上没有免费的午餐。”

“对这一领域做了40年的研究后，我的基本观点是，人们根本不能一心二用，”坎特威茨告诉我，“你只能流于表面，就像速读，你以为你能快速阅读，实际上却丧失了理解力。如果信息简单，你会产生一心二用的错觉，但总体而言，我们并不适合一心二用或多用。”想一想CNN（美国有线电视新闻网）等新闻电视台屏幕底部的滚动字幕，它让我们以为现在的人就是这么处理信息的，似乎我们基因突变，变得能同时处理多项工作了。然而研究结果显示，屏幕上信息越多，我们实际能记住的内容越少。

大部分时间里，驾驶过程都相对轻松，这误导我们自以为能同时做其他事。的确，当驾驶本身令人感到疲劳时，做点其他事，如听广播等，能帮我们提神。但是，正如电视新闻一样，我们在不了解自己究竟掌握了多少信息、遗漏了多少信息的情况下，就相信了一心多用的神话。当司机的心理活动逐渐清晰，我们也逐渐明白，精力不集中是驾驶过程中存在的主要问题，而且，我们并没有意识到精力不集中给自己带来了多大的干扰。

在弗吉尼亚科技运输学院与美国国家公路交通安全管理局的通力合作下，迄今为止有关我们真实驾驶方式的最大规模研究得以完成。研究人员在华盛顿特区和北弗吉尼亚地区的100辆汽车里安装了摄像头、全球定位系统（GPS）等监控设备，然后在长达一年的时间里着手收集“撞车事故发生前的自然驾驶数据”。在分析了4.3万个小时、近200万英里的驾驶数据后，研究人员发现，在大约80%的撞车事故和65%的险些发生事故中，司机在事故发生前至少有3秒钟的时间没有集中精力开车。

这段时间至关重要。“当人们把视线从前方道路上移开的时间达到2秒，麻烦就出现了，”弗吉尼亚科技运输学院研究员、该研究项目负责人希拉·查理·克劳尔（Sheila Charlie Klauer）说，“从那时开始，他们就弄不清眼前的情况了。”

严格地说，往窗外看2秒与保持车距的“2秒原则”并无关联，但这一对比具有指导意义。问题的关键在于2秒内可以发生许多事，比如撞上前方突然刹车或减速的车辆，但司机却预计前车不会停，因此就像被催眠了似的继续往前行驶，似乎当他们2秒后将视线转回路面时，路况并不会发生变化。他们以为开车就像看录像，可以随时暂停——你可以去冰箱里拿瓶啤酒，回来时的情况还和离开时一样，不会错过任何细节。克劳尔在对诸多事故进行分析后发现，“驾驶员的视线恰好在错误的时间移开了。如果他们没在那一秒看向别处，也许就不会发生事故了。”

研究人员认真地记录下车内令人分散精力的事物。据我们所知，普通司机开车时平均每小时调收音机7.4次，被婴儿分散注意力8.1次，找东西——太阳镜、薄荷糖、给收费站的零钱——10.8次。这项研究还进一步揭示了我们做这些事情时将视线移开路面的频率：一般而言，平均每3.4秒司机的视线就会离开道路一次，时间长达0.06秒。“针对老式的收音机而言，驾驶员给收音机换台平均需要看7（±3）次，”在密歇根沃伦市技术中心的一间会议室里，通用汽车公司的安全研究员琳达·安吉尔（Linda Angell）如是说，“现在的收音机情况稍好一些，它能自动跳转到可用的频道，以便你可以把视线集中在正确的区域。”安吉尔说，驾驶员视线离开路面的时间大部分不超过1.5秒。然而也有例外，比如，当“呈现信息过度”（特征信息太多）或你需要寻找一个很久没碰过的按钮时。而iPod再次修改了这个等式：研究结果显示，滚动屏幕查找一首歌时，视线移开的时间比暂停或跳过一首歌的用时长10%——这足以引发事故。

即使每次瞥视时长都不足2秒，但一连串短暂的瞥视仍会导致问题。研究人员提出一个“15秒原则”——即使司机一直看着路面（至少时不时地关注一下），操作车内任何设备的时间最长也不应超过15秒，不论是导航仪还是收音机。“我们认为执行任务的时长至关重要，”克劳尔说，“执行任务的时间越长，任务就越危险，撞车的风险也就越大。”因此，虽然司机短暂地查看设备的时间仅需15秒，但根据克劳尔的说法，司机每次移开视线，风险都在增加。

研究人员发现，司机在驾驶过程中拨打电话时的风险更大，而接听电话时的风险只略微高于正常驾驶。克劳尔说，“从风险比例可以看出，当司机接听电话时，通话过程中的任何时刻，他们发生事故的风险只略高于时刻保持警觉的司机。从统计数据上看，二者没什么区别。”这是否意味着开车时打电话很安全？也许我们只需要担心拨号对开车造成的影响？可是研究人员还发现，开车时接听电话引发的事故数量与开车拨打电话时一样多。“我们认为情况的确如此，虽然拨号这项任务对司机来说更加危险，但所用时间却相当短，”克劳尔告诉我，“而司机在电话中交谈的时间却往往较长。在这段时间里，发生事故或险些出事的可能性更大。随着通话时间变长，略微增加的事故风险便开始累积。”“开车时如果长时间聊天的司机越来越多，路况就会变得更加危险。”

我们之所以在开车时长时间接打电话，是因为我们对驾驶技术自视甚高，另外还与缺乏反馈有关——后者让我们高估了自己边开车边打电话的能力。手机用户意识不到这一风险，因为从表面上看，他们的驾驶似乎没受到什么影响。交通让我们产生了这些幻觉，直到幻觉破灭。正如百车调查的结果所显示的，“开车时接听手机存在安全隐患，因为你没注意到自己糟糕的表现，尤其在认知方面，”约翰·李评论说，“拨号时你会即刻收到反馈，因为按键时你有点偏离车道了。”拨完号，司机就又能把注意力集中在路面上了。车身不再摇摆，一切似乎尽在掌控。

司机或许会心安理得地假设，减慢车速或拉大与前车的距离足以抵消接打电话或用黑莓手机发短信带来的危险。然而，百车调查收集到的证据表明，事实正好相反。比如，你或许认为追尾事故的发生多是因为司机跟得太紧，但研究人员发现，在大部分追尾事故中，后车与前车相撞至少需要两秒。克劳尔说："人们心里会想，'这个电话我必须接，副驾驶座位上的文件我必须看。'为了弥补注意力分散造成的损失，他们把与前车的距离拉大一些，给自己留一点余地，然后就专注地做别的事去了。紧接着，意想不到的事发生了，他们遇上了麻烦。"

司机将工作重新进行分配。如果将更多的注意力分给了手机，他们可能需要更加努力才能保证不偏离车道；同样，车道越窄，要想把车开稳，就越消耗精力（我自己得出一个结论：转弯时打转向灯的司机日渐减少，部分原因是他们开车时在打电话）。开车紧随某辆车同样需要消耗更多的精力，开快车时也是如此。我们通常能感受到局势开始失控，于是采取一些措施，诸如离前车远一些，或降低车速。显然，我们所做的补偿并不够，并且有证据显示，我们在做出变更车道等行为时，几乎没有为接打电话造成的损失做出补偿。

新司机在公路上会遇到类似的情况：他们花了大量的精力来保持汽车不偏离车道，结果忽略了车速。此外，受影响的不仅是司机，如果你曾经走在打电话的人身后就会发现这一点。心理学家要求人们一边沿着跑道行走，一边记忆展示给他们的单词。研究人员发现，当思维任务加重时，受试者的行走速度降低了。与此类似，芬兰的研究人员发现，使用移动设备的行人步行速度更慢，更难与设备交互，并会时常停下来查看。但一项针对拉斯维加斯十字路口的研究结果显示，打电话的行人不会对环境进行应做的检查：打电话的人往往不太注意路况，而且过马路所用的时间更长。

有这样一个理论：我们的注意力会遭遇一个瓶颈，就像公路从三车道变为双车道后，只能承载一定的车流量。尝试向瓶颈里挤进更多的思维“汽车”，意味着我们需要降低它们的速度，拉大它们的间隔，或许也意味着某些“汽车”会驶离道路。百车调查结果显示，打电话的司机还存在另一种现象：他们开始注视前方，几乎目不斜视，比没打电话时显得更专注。从表面上看，他们是在“集中注意力”，但盯着道路看并不等同于关注道路情况。

想一想这个复杂得难以置信的问题：驾驶车辆时集中精力究竟意味着什么？如果我们愿意或脑力尚有富余，我们可以关注的事情无穷无尽。但通过训练和适应，我们学会了熟练地分析复杂的情形，选择性地关注所需要的信息，忽略其他信息。如我们所见，新司机紧盯车的前部，眼睛正视前方，而非利用眼角余光来帮助他们保持行车平稳。随着经验越来越丰富，司机将视线转移到更远的地方，几乎不去关注路面标线，他们自己甚至不会意识到这种改变。曾有实验人员在公路上拦下汽车司机，询问他们是否记得某些交通标识，结果他们仅能记起 20%。司机仅仅是没看见标识吗？一项研究发现，司机记住的不一定是最显眼的标识，而是他们认为最重要的标识（如限速标识）。这表明司机接收到完整的标识信息，并在潜意识层面处理这些信息，之后便忘记了其中的大多数。

我们一直在这样做，而且理由充分。记住交通标识无益于我们的生活。特拉华大学的心理学家史蒂文·莫斯特（Steven Most）将我们在日常生活中捕捉到的图像比作溪流，它们流入我们的脑中又流了出去，除非我们“舀出”一些溪水——通过注意力将其“捕获”。“有时，你专注于某事，意识到了它的存在，但并不一定对其进行了编码，”莫斯特告诉我，“虽然你知道它们的存在，但你并不记得自己知道。当注意力足够分散的时候，连我们是否有过短暂的‘意识’都值得怀疑。”

我们在驾驶过程中为什么会注意到交通标识之类的事物？原因不像表面看上去那么简单。如果你问司机他为什么看见了停车标识，他可能会回答“因为它就在那儿”，或“因为它是红色的，人类原本就更容易看见红色的事物”。但我们之所以看见标识，往往仅仅是因为我们知道该去哪里寻找。美国联邦公路管理局的视觉专家卡尔·安德森（Carl Andersen）解释了这一有趣的现象。一间实验室里摆满了吸引眼球的典型警示标识，采用的是大胆新奇的颜色，如“荧光粉”。安德森说，“如果司机身处自己熟悉的环境中，他们几乎不会注意到标识，因为他们知道标识就在那儿。”这被称为“自上而下的处理”（top-down processing）。我们之所以看见事物，是因为我们在主动找寻。若想看见在这之外的事物，例如预料之外的停车标识，则需要依靠“自下而上的处理”（bottom-up processing）。事物只有足够醒目，才能引起我们的注意。“如果你行驶在州际公路那种比较老的岔道上，你就不会预期中途需要停车，”安德森说，“所以我们最好提前设置标识并提醒司机减速，让人们做好准备。”

事实上，司机对大多数交通标识至少会看两遍：第一遍是为了“获取信息”，第二遍是为了“确认”。有趣的是，我们并不会真的去阅读停车标识一类的事物。“研究人员曾做过一个实验，将‘停车’（stop）这个词故意拼错，”安德森说，“每个人都停了车，然后继续前进。事后研究人员通过询问这些司机发现，绝大多数人并没注意到拼写错误。”（实际上，他们甚至可能没看见这个词；据估计，我们1/5的阅读时间会被眨眼和跳阅干扰，它们是眼睛的快速运动。正如一位专家所言，在此期间，我们“实际上成了盲人”。）其他一些在驾驶模拟器里进行的研究也做过类似的实验，如暂时将“禁止泊车”标识换为“停车”标识，之后再换回来。如果标识设置在十字路口处（停车标识经常出现的地方），司机更可能注意到这个变化。当标识突然出现在别处（如两个路口之间），司机几乎注意不到变化。尽管司机在十字路口确实看见标识从“禁止泊车”变成了“停车”，但他们却不会注意到标识又变回去了。研究人员指出，司机这时已经做出了停车的决定。

这与现实生活中的驾驶有何关联呢？毕竟生活中的交通标识不会随意变换。然而，交通中的许多事物确实会变化。我们能否注意到这些改变，并不取决于变化是否显著，而是取决于我们是否用心去寻找，以及我们有多少富余的精力来处理信息。在一个著名的心理学实验中，一组研究人员让受试者观看了一段视频：一群人围成一圈传运篮球，一半人穿白色上衣，另一半人则穿黑色上衣。研究人员要求受试者记录传球的次数，结果显示，至少一半的受试者没有注意到一个身着大猩猩道具服的人从一群篮球运动员的中间径直穿过。他们经历了所谓的“非注意盲视”（inattentional blindness）。

人们的双眼紧盯屏幕，却看不到一群篮球运动员之中有一只大猩猩。连如此醒目的事物都看不见，这表明注意力很不稳定且具有选择性，甚至连我们“全神贯注”时也是如此。“这个世界上的信息无穷无尽，但我们关注信息的能力却非常有限，”伊利诺伊大学心理学家丹尼尔·西蒙斯（Daniel Simons）解释道，“如果你能关注的事物数量有限，而注意力又是通往认知的入口，那么你所能意识到的只是纷繁信息中的一小部分。”

有人提出，在那些所谓的“看了但没注意到”的交通事故背后，都有“非注意盲视”在起作用。正如大猩猩实验中的受试者，司机注视着某个场景，却不知何故错过了一个关键的部分，也许因为他们在搜寻别的信息，又或许是因为出现的事物出乎他们的意料。举例来说，汽车常常与摩托车相撞，最常见的理由就是“没看见”。因为这类事故太过频繁，所以英格兰的摩托车司机称其为“SMIDSY”，即“对不起，伙计，我没看见你”（Sorry, Mate, I Didn’t See You）。

许多人认为，“没看见”是由于摩托车尺寸太小，只有一个前灯，这种设计并不容易使人察觉，但也可能是因为汽车司机在经过十字路口或在有车迎面驶来的情况下掉头时，只顾着留意其他汽车了。他们的视线可能从某种意义上“自动过滤”了摩托车，因为摩托车不符合他们脑中对于

“应当留意的目标”的想象。正因如此，道路安全宣传活动（如“注意摩托车”活动或英国的“多花点时间留意自行车”项目）才会强调，司机应当意识到道路上有摩托车出没。“通常情况下，我们的直觉是先看见世界上的事物，然后诠释眼前的场景，”莫斯特说道，“这项研究工作告诉我们，或许在你感知到事物之前，你的大脑中就存在某种认知，并且这种认知会影响你看见的事物。我们的预期以及对于场景中事物的认知，影响了我们在场景中的所见。”

这些预期或许也有助于解释一个令人困惑的事实：公路上有大量的救护车被撞，虽然它们都开着闪烁的急救灯（且大部分地区都有法律规定，司机遇上救护车时需更换车道或减速）。这类事故太过频繁，以至于催生了一个术语“飞蛾效应”（Moth Effect），意思是司机受急救灯的灯光吸引，好比飞蛾扑火。

“飞蛾效应”是由什么引起的呢？这方面的理论很多。有的观点称，我们倾向于朝我们的视线方向转向。（这引出了一个问题：为什么我们不会一看见有趣的事物就驶离道路？）也有观点认为，人类会本能地看向光源（问题同上）。其他研究人员认为，司机将注意力集中在路边的救护车上，使得司机不易判断自己在车道上所处的位置。“飞蛾式”的撞车事故多涉及酒后驾车，鉴于研究结果已表明，酒精会严重影响人们运动时眼睛判断事物宽度和运动方向的能力，这一结果也许并不令人惊讶。

有一个解释最为简单：在路上看见一辆汽车时，大多数司机会认为它的速度与其他车一样，而且认为闪着警灯的汽车通常速度更快。研究人员在驾驶模拟器里做的一项研究显示，如果停下来的警车和即将到来的车流形成了一定角度，而不是与车流方向保持一致，则司机的反应更迅速。两种情况下警车都同样醒目，但与车流形成一定角度的警车却能够更早被看见，其原因与可视性关系不大，而与司机对所见事物的解读更为相关：司机很容易发现明显与车流方向不一致的车。（这一解读能力似乎是驾驶经验的副产品，因为新手司机在两种情况下的反应时间都很长。）

即使我们看见了始料未及的危险，但由于它处于我们的“注意范围”之外，我们的反应速度还是会稍慢。这就是所谓的“斯特鲁普效应”（Stroop Effect），在一项经典心理学测试中，这一效应得到了验证。实验人员向受试者展示一列色彩名称，有些词使用与之相符的颜色印刷，有些词却与其代表的颜色不符。当受试者按要求说出印刷字体的颜色时，结果显示，如果字体颜色与名称不符——即用红色印着“黄”字，而非“红”字——人们花的时间更长。有关这一现象的说法之一是，虽然阅读对我们而言是一项“无意识”行为，但分辨颜色却不是，所以一个无意识的行为阻碍了另一个无意识程度较小的行为（诸如第一章提到的刻板印象研究）。其他理论则认为这也与注意力有关。在单词本身“错误”的情况下我们仍能说出正确的颜色，意味着我们能训练自己将注意力集中在某些事物上；而辨认时间更长，表明我们并不总能筛选出未加注意的事物（比如单词本身）。

莫斯特及其同事罗伯特·阿斯特（Robert Astur）开展的一项研究强调了这一现象对交通的意义。司机通过操作计算机来驾驶模拟器，使其穿过一处模拟的城市场景，研究人员要求他们在每个路口处寻找指示转弯方向的箭头。一些司机看见的是黄色箭头，另一些司机看见的则是蓝色箭头。在某个十字路口处，一辆（蓝色或黄色的）摩托车突然出现在司机面前并停了下来。当摩托车的颜色与箭头颜色不符时，司机猛踩刹车的反应速度更慢，撞车率也更高。在自下而上的处理模式中，我们或许以为颜色不同的摩托车会清晰醒目；但由于我们此时正在以自上而下的视角审视场景，且摩托车与我们搜索目标的颜色不符，因而不太显眼。

这种注意力紊乱也有助于解释交通中的“人多势众”现象。这一现象由加利福尼亚公共卫生顾问皮特·林登·雅各布森（Peter Lyndon Jacobson）提出。你或许以为街上行人或自行车越多，他们就越容易被车撞。没错，纽约市死于撞车事故的行人比美国其他地区都多，但雅各布森发现，二者之间并非呈线性关系。换言之，随着行人或自行车数量上升，人均死亡率却开始下降。雅各布森指出，这并不是因为行人在身边有同伴的情况下会更小心。事实上，只要在纽约市沿着第五大道漫步，就会发现情况正好相反。原因在于司机的行为发生了变化，他们突然发现到处都是行人。通常而言，司机看见的行人越多，驾驶速度就越慢；而司机驾驶速度越慢，他们看见的行人就越多，因为行人在司机视野里停留的时间更长。这形成了一个巧妙的无限循环。

因此，考虑到行人数量之多，实际上纽约对行人而言是最安全的城市之一。（一项针对1997—1998年交通数据展开的研究发现，坦帕—圣彼得斯堡—克利尔沃特区域对行人而言最危险。）再举一个例子，荷兰骑车人每英里的死亡率比美国低。单从“能见度”的角度看，荷兰的骑车人不太可能比美国的骑车人更显眼；他们几乎不穿反光安全服，而是偏爱时髦的黑色外套，自行车上往往装着郁金香之类的物品，而且也不会使用频闪灯。荷兰人也不会像美国骑车人那样认真佩戴安全帽，实际情况恰恰相反。或许荷兰的自行车道更好，或者地形更平坦，方便司机看见骑车人。不过最令人叹服的观点是，骑车人人多势众，所以荷兰司机更容易看见他们，因此荷兰的骑车人更安全。虽说荷兰文化与美国文化大相径庭，但“人多势众”理论在美国国内同样适用。比如，佛罗里达州盖恩斯维尔市是一座大学城，这里的自行车使用率全州最高，而且事实上这里对骑车人而言是最安全的地方。这告诉我们，某事物数量越多，你越可能注意到它。

在前面提到的大猩猩实验中，当增加一个额外条件（任务难度提高）时，受试者更难发现大猩猩。受试者不仅要记下传球次数，还要记录传球的种类，是反弹传球还是空中传球。“注意力的任务加重了许多，耗尽了你剩余的精力，”西蒙斯说，“你便不大容易发现预料之外的事物了。”

或许你会反驳说，驾驶过程中我们不会去做记录传球数这样的事情。不过，有时你仍会因为专心寻找车位而没有注意到停车标识；或险些撞上意外出现的骑车人。还有另一种活动与记录传球数非常相似，并且我们在驾驶过程中经常沉浸其中，那就是接打电话。

让我来问你两个问题：今天回家走的是哪条线路？你的第一辆车是什么颜色？刚才发生了什么事？你的视线很有可能游离了书页。回忆的时候，人类倾向于看向别处，这也许是为了腾出大脑的资源。（的确，科学家认为移动视线能辅助记忆。）回忆行为越复杂，目光移开的时间越长。即便视线停留在纸上，你也可能短暂地陷入了思维的遐想。现在设想一下：假如你正开车穿过街道，同时用手机与某人通话，他们要求你回忆一些相对比较复杂的信息，比如给他们指路，或告诉他们备用钥匙放哪儿了。你的眼睛也许还看着路面，但你的心思还在路面上吗？

研究结果显示，人们在从事所谓的“视觉空间型任务”（visual spatial tasks）时，诸如在脑海中反复想着某个字母或形状，视线固定在某一处的时间比执行口头任务时更长。一般认为，目光停留的时间越长，我们为这项任务投入的精力越多，为其他事（比如驾驶）投入的精力就越少。转换任务这一行为，例如从只开车变为边打电话边开车，或者启动呼叫等待功能，转而和另一个人说话，增加了我们的思维负担。我们收到的语音信息（对话）与视觉信息（前方道路）来自不同的方向，这使得处理信息变得更难了。当手机信号不好时，我们会试图努力听清电话内容，这也会消耗更多的精力。

现在，将篮球实验中的大猩猩替换成一辆突然转弯的汽车或路边一个骑自行车的孩子。有多少人能注意到他们？“驾驶对注意力的要求已经相当高了，如果再加上接打电话时的认知需求，有限的资源就会被耗尽，于是你便不容易注意到出乎意料的事物。”西蒙斯说，“你在路上可以正常开车，也能和前车保持适当的距离，但如果某事让你始料未及，比如路上突然跑来一头小鹿，或许你就无法快速地做出反应了。”

当我们接打电话时可能会忽略意料之外的事物，对此，犹他大学的两名心理学家对一些受试者做了驾驶模拟器测试，绝佳地证实了这一现象。他们发现，与接打电话的司机相比，没有接打电话的司机在驾驶过程中能记住更多物体。这些物体与驾驶的相关程度不同，比如，研究人员认为限速标识与弯道警告比“认领一段公路”[①]的广告牌更重要。你或许会猜测，打电话的司机只是过滤了不相关的信息，但研究发现，重要的信息和司机记住的信息之间没有必然的联系。最令人震惊的是，打电话的司机看见的物体和不打电话的司机一样多，但记住的数量却更少。

百车调查结果显示，使用手机打电话的司机往往目不转睛地盯着前方，看上去似乎高度警惕的样子，但其实他们的目光很可能会空洞无物。在马萨诸塞大学阿默斯特分校的人类行为实验室，我参加过一次小样本实验，我在模拟器上模拟驾驶一辆 1995 年产的通用土星牌汽车。当我驱车行驶在一条四车道公路上时，开启了免提功能的手机开始传来一系列的句子。我的任务是，首先判断句子是否有意义（例如“奶牛跳过了月亮”），再重复句子的最后一个词[按研究人员的说法叫“跟读”（shadow）]。与此同时，安装在博诺（Bono）式太阳镜上的眼动追踪设备监控着我的视线变化（以及其他情况）。

后来我观看了记录我视线运动轨迹的视频，这令我感到非常吃惊。正常驾驶时，我的视线在屏幕附近跳动，观察交通标识、仪表盘、施工区的一队建筑工人和地形。当我接打电话、努力分辨句子是否有意义时，我的视线似乎盯着汽车前方不远处的一个点，并且极少移动。严格地说，我的确是在看向前方，我的眼睛“看着道路”，但视线所及之处并不能有效地让我意识到来自侧面的危险，甚至也无法帮我判断几百英尺开外的卡车会不会停车。正因如此，我撞了上去。杰弗里·穆塔特说我：“你开车时就像个 16 岁的少年。”

---

① 认领一段公路（Adopt-a-Highway），是北美地区的一个公益项目，旨在鼓励志愿者认领一段公路，保持它的清洁。——译者注

我们的眼睛和注意力是极为狡猾的一对，它们需要互相帮助方可发挥作用，但却并不总是平等地分担压力。有时我们让眼睛看向某处，注意力随后跟上；有时注意力已经先到了某处，等待眼睛跟过来。有时注意力并不认为眼睛所见的一切都值得自己花费时间和精力，而有时正当注意力集中在某些真正有趣的事情上时，眼睛又粗鲁地打断了它。一言以蔽之，我们的所见，或自以为的所见，并非总是真实的。“这就是为什么‘眼睛看着道路，手握方向盘，同时使用免提电话’这一想法相当愚蠢，”西蒙斯说，“除非你的注意力也集中在马路上，否则仅用眼睛看着马路是没有任何意义的。”

正如传球实验中的受试者没有看见大猩猩，司机（尤其是接打电话的司机）事后也会对于他们错过的事物大感震惊——即车内摄像头展示的那些事物。“人们错过的事物令人惊讶，”西蒙斯说，“在某种程度上，更让人吃惊的是我们的直觉错得离谱儿。大多数人坚信，如果有出乎意料的事物出现，自己一定会注意到，但这一想法大错特错。”

在最理想的状态下，人类的注意力也是一种善变且脆弱的存在，存在明显的缺陷、微妙的失真，也会遭到不想要的干扰。对注意力的要求越多，它的表现就越差。此事如果发生在心理学实验中，的确是一件趣事；但如果发生在现实交通中，则可能会致命。

眼见不一定为实

想象一下高速公路上划分车道的白线，猜猜它们有多长？两条线之间间距多少？我一开始猜的是 5 英尺长，间距可能是 15 英尺。你大概会猜 6 英尺或 7 英尺长。车道线的实际长度各地不一，美国的标准是 10 英尺，根据道路限速不同，也可能会有 12 或 14 英尺长。看一看俯拍的高速公路照片：大多数情况下，车道线与车身长度相等或更长（轿车平均长度为 12.8 英尺）。车道线之间的间距遵循的标准是 3∶1，即如果车道线长 12 英尺，车道间隔就是 36 英尺。

我常用这个简单的例子来说明：当车辆以异常快的速度行驶时，我们并不总是眼见为实。你可能会好奇，在人类的进化史上，我们从未以这么快的速度开过汽车或驾驶飞机，但我们究竟是如何做到的呢？博物学家罗伯特·温克勒（Robert Winkler）曾说过，老鹰一类的动物能以 100 多英里的时速在空中追踪地面的猎物，因为它们眼睛的“闪光融合临界频率”（flicker fusion rate）比人眼高得多。答案很简单，我们作弊了。我们尽可能地简化行驶环境：道路平坦、宽阔，大量的交通标识和白线被故意隔得很远，让我们误以为行驶速度并不快。这就像幼童眼里的世界：周围是巨大的、色彩明亮的景观，以及闪烁的灯光，当我们力所不及时，还有学步带和防护栏可以保护我们。

驾车时，我们看见的是一个被极度简化的世界。埃克塞特大学的研究员斯蒂芬·利（Stephen Lea）解释道，我们自身或其他物体的移动速度并不重要，重要的是图像在视网膜上的扩展速度。因此，我们可以轻松看清 3 码开外以 6 英里时速慢跑的人，同样，看清 30 码之外以时速 60 英里行驶的汽车也没有问题。因为它们在我们视网膜上的扩展速度是一样的。

开车时，我们前方的景象是较平稳的，其他车辆或物体都离我们很远，或者在以与我们相似的速度运动，因此在我们眼里，它们变化缓慢，直到它们突然急刹车闯入视野（你注意到它们的保险杠上贴着的小标语：“看见这行字，说明你靠得太近了”）。但是，想象一下我们在高速驾车时直视前方，眼前的景象当然是一片模糊。驾车时我们看到的仍然是真实的场景，但我们的肉眼却很难看得清楚。幸运的是，我们不一定非得把前方看清楚才能保证安全驾驶。不过，后面我们将会看到交通给我们的视觉系统带来的其他严峻考验。

交通的错觉在我们坐进汽车之前就产生了。你可能在电影或电视剧里看到过，汽车轮胎的辐条有时看起来好像是在往后转动。这种车轮效应之所以会在电影里出现，是因为电影是由一组闪烁的画面组成的（通常每秒 24 帧），但我们看到的画面是连贯而流畅的。电影的每一帧都记录了辐条转动的一个瞬间，就像舞池里光束短暂地打在舞者身上一样，使舞者看上去像是在做慢动作。如果轮胎转动的频率正好和影片图像闪烁的频率一致，那么轮胎看起来就像是静止的。[“我把车的顶灯换成闪光灯了，”喜剧演员史蒂文·赖特（Steven Wright）开玩笑说，“这样看上去好像路上就只有我在动了。”] 但当轮胎转动速度变快，且快于图像闪动的频率，那么每根辐条在每一帧上所处的位置就会不同（比如，我们可能会看到这一帧上的辐条在 12 点钟方向，下一帧上的辐条却在 11 点 45 分的位置），所以轮胎看上去就像是在向后转动了。

认知心理学家戴尔·珀维斯（Dale Purves）和蒂姆·安德鲁斯（Tim Andrews）指出，车轮效应在阳光充足、不存在电影频闪效应的现实生活中也会发生。他们认为，我们在日常生活中能看见这一效果，原因和电影一样——我们看到的事物并不是连贯的，而是由一系列独立有序的“帧”组成的。到了某一点上，轮胎的转动速度开始超出大脑的处理能力，就在我们努力跟上轮胎的运转速度时，已经分不清当前辐条带给我们的刺激和前一帧画面对我们产生的刺激了。汽车轮胎实际上并没有向后转。不过，对于道路上一些视觉趣事的解读，这一效应给我们提供了初步的线索。

在汽车出现之前，著名的高速公路错觉“运动视差”（motion parallax）就已困扰心理学家良久。从行驶中汽车的侧窗看出去，这一现象很常见（在许多别的地方也能见到）。车前的景色飞驰而过，稍远处的树木等物体移动的速度似乎要慢些，而更远处的事物，比如山脉，看上去像是和我们一同前进。显然，不论车开得多快，我们也不可能让山脉随我们移动。实际上，我们只是把视线固定在了画面中的某一个物体上，为了维持这种状态，眼镜就不得不朝着与前进方向相反的方向移动。在视线固定之前看到的物体会以相反的方向快速掠过我们的视网膜，而在视线固定之后看到的物体则会在视网膜上缓慢移动，并与我们自身的移动方向相同。（关于视差的小实验可参见注释。）

所有这些眼动以及我们看到的物体的相对运动，尽管有些令人困惑，却可以帮助我们判断物体离我们有多远。正如北达科他州立大学心理学家、运动视差专家马克·纳夫罗特（Mark Nawrot）所说，这就解释了为什么彼得·杰克逊（Peter Jackson）等电影导演喜欢在拍摄过程中频繁移动摄像机。我们坐在电影院里是静止不动的，因此无法获得运动时眼睛为我们提供的深度线索，杰克逊通过移动摄像机来代替观众的运动，使得电影影像更真实。虽然运动视差为我们提供了“深度线索”，但我们也为此付出了一定的代价，运动视差偶尔会让我们产生错觉，这些错觉你可能会意识到，也可能意识不到。当我们行驶在公路上，运动视差会让我们误以为某个物体在远处静止不动，而实际上它离你很近，并且处在运动中。

大脑可能会蒙蔽我们的双眼，但是运动视差提醒我们，驾车时的所见也可能会欺骗我们的大脑。感觉和认知之间就像隔着一条繁忙的双行道，信息在二者之间频繁往来。高速路上的白色车道线以及车道线之间的距离都是根据错觉原理精心设计的，可以让司机在高速行驶时感觉更舒适。如果缩短车道线及其间距，行车人会感到眩晕。事实上，在一些地方，工程师已在尝试利用这一现象，通过“错觉路面标识”使司机认为车速比实际上要快，以达到限制行驶速度的目的。在一项实验中，研究人员在高速公路出口匝道上绘制了一系列的箭头标识，而且标识之间的距离越来越小。他们推测：司机在行车过程中经过的箭头标识越多，越容易认为车速比实际速度更快，于是会放慢车速。研究人员在这次研究中确实发现了司机存在减速行为，但是其他实验得出的结果不同。司机也许会在刚开始的一两次减速慢行，这不过是因为道路上的标识有点陌生，然而他们可能很快就会适应这些标识。

这些实验集中选择在出口匝道展开，因为据统计，这里是高速公路上的危险地段。其中一个重要因素涉及我们在交通中的一种特定错觉："速度适应"（speed adaptation）。你是否曾注意到，从郊区高速公路开进限速的乡村小路时，感觉速度特别慢？而驶离乡村小路，重返高速公路时，行驶速度的变化会特别明显？我们在高速状态下行驶的时间越长，就越难以减慢速度。研究结果表明，司机以时速 70 英里行驶几分钟后，进入限速 30 英里的地段时，其行车时速比之前的行驶速度没那么快的司机要快 15 英里。

正如亚利桑那大学认知心理学家罗伯特·格雷（Rober Gray）向我解释的，这种现象可以称为"跑步机效应"（treadmill effect）。你在跑步机上奔跑一段时间停下后，会产生一种向后运动的错觉。格雷称驾车也是如此。一个人目视前方，以匀速行驶一段时间后，大脑中用来监测前进运动的神经元会疲劳。疲劳的前进运动神经元开始产生真正的负向"输出"。人一旦停下来（或者减速），监测后向运动的神经元实际上仍处于休眠状态，但是前进神经元的负向输出欺骗了你，使你误以为自己在向后运动——或者是，如果你从快速变为慢速状态，神经元会让你误以为此时的速度比实际速度要慢。这种错觉的误导是双向的，研究结果显示：减速时，我们会低估我们的速度；加速时，我们反而又高估了我们的速度。这就解释了为什么我们下高速公路时经常车速过快（因此才有了上述箭头实验中的情况），同样也可以解释为什么司机刚驶入高速公路时往往达不到应有的速度（这可苦了那些行驶在右侧车道上的司机，他们因被迫减速而感到懊恼）。

我们对速度的误判表现在很多方面。通常，如果我们确实在运动的话，我们对运动时的速度和方向的感知，很大程度上来自所谓的"全局光流”（global optical flow）。我们驾车（或行走）时，会以地平线上一个不动的点给自己定位，这就是我们的“目标参照物”。当我们运动时，我们试图与目标参照物形成一条直线，始终将其作为所谓的“延伸焦点”（focus of expansion）——即一个不动点，以该点为中心，视野中的景物似乎都在移动，呈放射状向我们靠近。想一想电影《星球大战》中“千年隼”号超速行驶时的场景，四周的星体模糊成一条条直线，以飞船运行轨迹为中心，向着相反的方向扩散。这种“运动流线”（locomotor flow line），在交通中就是我们所说的道路，是驾驶光流场中最重要的部分，而我们途经物体的“质地密度”（textural density）左右着我们对速度的感知。道路两旁的树木、墙壁等物体也会影响这种质地，正因为如此，司机在两旁有树的道路行驶时才会高估车速，这也解释了为什么设置隔音屏障的高速公路上车流速度较慢。途径物体的质地越细密，你会觉得车的速度越快。

道路质地的密度本身还受观察高度的影响。距离道路光流越近，我们感知到的“光流”越强烈。波音747首次投入使用时，心理学家克里斯托弗·威肯斯（Christopher Wickens）曾注意到，飞行员的滑行速度似乎过快，有几次甚至损坏了起落架。这是为什么？原来，新机型驾驶舱的高度是原先的两倍，这就意味着相同速度下，飞行员只感知到原先一半的光流。实际上，飞行员的实际速度比他们以为的要快。这种现象同样出现在公路上。研究显示，在看不到车速表的情况下，座位较高的司机比座位较矮的司机驾车速度更快。那些翻车风险原本就比较大的越野车和皮卡司机可能会将自己置于更加危险的境地，因为他们的实际车速要比他们以为的更快。研究结果也显示，越野车和皮卡司机的车速快于其他车型司机，这一点并不令人吃惊。

为什么车内需要装有车速表，并且你也应当关注车速？原因在于司机往往没有意识到自己的真实车速有多快，但他们却自以为知晓车速。新西兰的研究人员测量了司机开车经过玩球的儿童和等待过街的儿童时的车速。当被问及车速时，司机对实际时速至少低估了 12 英里（他们自认为时速为 18~25 英里，而实际时速为 31~37 英里）。有时我们似乎需要有人站在路边，提醒我们实际车速有多快，因此“测速仪”应运而生。这些电子装置摆在路边，快速显示你的车速。这些对良知的可悲诉求通常有效，至少在当下有效，能让司机略微减速——至于司机是否愿意每天都保持低速，则另当别论。测速仪之所以起作用，是因为它给了我们至关重要的反馈——上一章中提到过，我们在道路上常常缺乏反馈。针对不断增多（且往往致命）的追尾事故，一些公路管理部门曾试图直接在道路上提供反馈，以在路面上喷绘圆点的方式告知司机保持合适的车距（曾有机构在路面上画了一个“吃豆人”，提醒司机不要把前车“吃”掉）。路面上画了这些圆点后，司机的行车间距有所增大。声音也是一种反馈：如果道路噪声和风的声音增大，我们就会意识到车速变快了。速度越快，声音越大。但是，你可曾在收音机音量很大时突然意识到自己超速了？许多研究都显示，如果司机失去了听觉提示，便弄不清自己的车速了。

你可能会想到，机器人汽车朱尼尔不需要“看见”刹车灯，因为它能准确地知道与前车的距离。而对于人类，距离和速度一样，我们往往判断不准（因此才有了“吃豆人”）。很不幸，对我们而言，驾驶与距离和速度息息相关。想一下驾驶过程中一个常见而危险的动作：在两车道的路上尝试超车，而对面车道正好有车驶近。当汽车距离我们 20 或 30 英尺时，得益于“双眼视觉”（以及大脑基于双眼看到的不同 2D 图像来建构 3D 图像的能力），我们对距离的估计较为准确。超出这一范围，双眼看见的图像是平行的，于是情况变得有些复杂了。距离越远，情况越糟糕：对于一辆 20 英尺以外的车，我们的估计偏差大概在几英尺之内，但如果它距离我们 300 码远，估计偏差可能有 100 码之巨。考虑到以时速 55 英里行驶的汽车需要继续行驶 279 英尺才能停止（假设理想中司机的平均反应时间是 1.5

秒），你就会重视高估自己与对面车辆距离的问题了，尤其是当它们以55英里的时速朝你驶来时。

由于无法准确判断对面车辆的距离，我们可以借助空间线索来推测，例如这辆车与路旁建筑或我们前方车辆的相对位置。我们也可以用对面车辆的大小作为参考，我们之所以知道它在向我们靠近，是因为车辆尺寸在变大，在视网膜上隐约逼近。

不过关于这一点有一些问题。首先，在有车迎面驶来的情况下，径直观察物体并不能提供多少信息。想想外野手接高飞球的情形——这看似简单，但实际原理至今仍令科学家困惑（偶尔也令外野手费解）。密苏里大学心理学教授迈克·斯塔德勒（Mike Stadler）指出，人们普遍认同，径直朝外野手飞去的球比较难接。外野手往往难以估计距离和球的运行轨迹，于是需要稍微向前或向后移动，以获取更好的视角，做出更准确的判断；研究表明，如果让外野手站定不动，他们很难判断哪些球能被接到，哪些不能。观察前方向你驶来的一辆车或在你正前方行驶的一辆车——这是我们经常有的经历——就像看见篮球朝你迎面飞来，并不能为我们提供多少参考信息。

另一个问题是，当车辆的形象确实开始在视网膜上放大时，放大的形式也并不是线性、连续的。《司机的感知与反应的争议》（*Forensic Aspects of Driver Perception and Response*）一书举了一个例子：司机驶向一辆静止的车，当二者距离500英尺时，车在司机眼里的尺寸是距离1 000英尺时的两倍。这听上去没错，对吗？但当两车距离缩短为250英尺时，车辆尺寸又会扩大一倍，且在最后250英尺里还会继续扩大。这种变化是非线性的。换言之，虽然我们能看出与前方车辆的车距在减小——尽管这一过程本身也需要数秒的时间——却并不清楚它在以多快的速度向我们靠近。我们在车距减小时遇到的这一判断困难，也使得超越前车的风险更大；研究显示，10%的超车事故都与它有关。我们可以想象一下跳伞运动员，换个方式思考这一问题。在整个跳伞过程中，运动员向下看，大部分时间里他们感觉不到降落的速度，甚至感觉不到在自己降落。突然之间，距离地面的高度缩小到人类可以感知的范围，随着地形突然在视网膜上急速扩张，他们经历了所谓的“地面冲击”（ground rush）。

就算这些都不用担心，也还有一个问题有待考量：迎面而来的车辆的行驶速度。当远处的车辆以 20 英里的时速行驶时，不会给你超车造成麻烦，但如果它的时速是 80 英里，情况又如何呢？问题在于：直到距离已经足够近，我们才能准确地判断二者的区别。而彼时再根据信息采取行动也许就太晚了。研究人员考察了司机在双车道公路上做出超车决定的方式和时间。研究人员发现，在旁边车道迎面驶来的汽车时速为 60 英里和 30 英里时，司机超车的可能性相同。为什么？因为司机准备超车时，与旁边车道上的车距离约 1 000 英尺——从这么远的距离，我们难以判断对面车辆的速度。距离如此之远，我们甚至不能确定车辆是否正朝我们驶来；我们获得的唯一参考信息，无非就是车辆身处另一条反向车道或我们能看见它的车灯。

因此，到了必须做出决定的关键时刻，司机却没有掌握一个关键变量，即迎面向我们驶来的那辆车的速度。这就是为什么你突然被迫放弃超车，自觉回到原先的车道上来。我们时常这样“作弊”，只依赖我们感知到的车距，却不考虑对面那辆车的行驶速度。研究人员通过观察对面来车时司机的左转行为发现，当对面来车的速度加倍时，司机对安全距离的估值实际上只增加了 30%。但从理论上来说，这一估值也应该加倍。这些微小的差距正是导致撞车的诱因。

证据显示，我们有时会误以为事物的实际距离比看起来要远。（不仅仅是我们在后视镜里看到的逐渐逼近的事物！）研究表明，人们认为小型汽车与我们之间的距离会比实际距离远，这也许是因为我们认为汽车的体积应该大一些，又或者是因为小型汽车可见的部分更少。不过，大型物体同样会引发问题。有很多司机在穿越铁轨时丧生，但当时的环境往往能见度较高且有预警信号，研究人员对此一直困惑不已。这就提出了一个明显的问题：司机怎么可能看不见火车这么大（这么响）的物体呢？一种解释是司机或许在过去一年里穿越了300次铁轨，也没有见过一列火车开过来，虽然信号灯已经在闪烁了。他们是不是在第301次穿越铁轨时没料到火车会出现？他们是不是对火车“视而不见”？著名心理学家及视觉专家H. W. 莱博维茨（H. W. Leibowitz）在为人熟知的“莱博维茨假说”中提供了另一种可能的解释：司机的感知系统存在偏差。

大型物体看上去往往比小型物体移动得慢。在机场，当飞行速度相同时，小型私人飞机看上去似乎比波音767等大型客机飞得更快。这一错觉甚至能骗过知晓实际飞行速度的熟练飞行员。莱博维茨认为，原因在于有两套不同的子系统影响着我们眼球运动的方式。其中一个系统是“反射性”的，即我们的眼球无意识地运动，当看见物体的轮廓时触发这种反射。这一系统帮助我们在自身运动的同时可以持续看见物体。

我们也运用“跟踪性”眼动这个系统，并且用得更频繁。当我们静止不动时便通过这个系统观察运动中的物体。莱博维茨说，我们能通过“跟踪”眼动系统消耗的精力以及物体的大小，来判断物体的移动速度有多快。物体越大，我们跟踪系统的工作负荷越小，物体的运动速度看起来就越慢。

究竟慢了多少呢？加州大学伯克利分校的研究人员对莱博维茨假说进行了测试，根据测试结果来看，慢了不少。受试者看着计算机屏幕，一些大大小小的球体朝着他们运动，研究人员要求受试者估计这些球体的速度。虽然屏幕中的地面有静止的标杆和线条，受试者可以以此作为判断速度的有效参考信息，但研究人员发现，大部分人仍然认为小球的运动速度更快，即使大球的时速比小球快20英里。直到大球速度达到了小球的两倍时，受试者才确信大球速度更快。

这就是视觉错觉。有人认为人类视觉本身就是错觉，视觉错觉的问题在于，即使我们知道错觉存在，仍然会上当受骗。设想一下，如果你对自己的视觉缺陷一无所知会怎样？夜间开车时会发生这样的事：我们自以为视力不错，于是开车时自信满满，由于车辆行驶速度过快，当前灯照明范围内出现物体时，来不及及时刹车避让，更不用说照明范围之外的事物了。我们这样做的原因何在？莱博维茨的理论认为，当周围光线减弱时，我们眼球的某些功能会被极大地削弱，这就是所谓的“选择性退化”。我们的“周围环境视觉”，大部分存在于视网膜周围，可以帮助我们做出沿人行道行走或在车道上行驶之类的动作，这种功能在夜间减弱的程度较轻。正因如此，也因为路边及道路中线处被车前灯照得很亮（研究结果显示，我们在夜间查看边线和中线的次数更多），我们基本上会认为自己看清了所有物体。

然而，莱博维茨认为，眼球的另一个功能在夜间的表现则差得多：视网膜中央的焦点视觉。我们依靠这一视觉来分辨事物，这也是我们视觉中一个相对主动的部分。大部分时间里，我们在路上只看得见车辆的尾灯、道路标识（我们在夜间看见并记住的道路标识更多）、人行道标识，以及笼罩在车前灯光晕里的一段道路，除此之外空无一物。

然而，当一个未进入照射范围的物体闯进马路，比如一只动物、一辆抛锚的汽车、一块碎片或一个行人，我们也许会以为，我们能像看清其他事物那样，看见这一“不速之客”，但实际上我们看得并不清楚。我们对视觉盲区熟视无睹。下次走在路上时记得想想这一点。研究结果显示，行人认为司机会在远处看见自己，而实际上，司机只有在行人估计距离的 1/2 处才能发现行人。据专家得出的结论，如果我们要确保夜间驾驶时能够及时看见每一处潜在的危险并及时停车——法律上称为“安全距离”——那么车速可能需要低至每小时 20 英里。

雾天会带给我们另一种错觉。当浓雾滚滚袭来时，高速公路上往往会发生大型多车连环相撞事故。1998 年意大利帕多瓦附近发生的一起事故，是这一常见情形的一个极端案例，事故造成超过 250 辆汽车受损（并有 4 人死亡）。这类事件一定是能见度低引起的？难道不是吗？显然，雾天的能见度较低，但真正的问题或许在于能见度比我们的预期还要低。原因在于我们对速度的感知会受到对比度的影响。心理学家斯图尔特·安斯蒂斯（Stuart Anstis）巧妙地证明了这一点：将一对盒子中的一个涂成浅色，另一个涂成深色，当它们在黑白相间的背景上移动时，深色盒子在白色区域似乎移动速度更快，而浅色盒子在黑色区域似乎移动速度更快。反差越大，移动速度就显得越快。所以当它们以相同的速度在背景上移动时，看起来就像是在交错"前进"。

在雾天，车辆的对比度降低了，更不用说周围环境了。身边事物的移动速度似乎都低于实际速度，并且我们似乎也移动得更慢了。但我们并没有意识到这一差异，一些研究证实了这一点：虽然司机在雾天倾向于降低车速，但降速幅度并不足以保证他们的安全，即使路上设有特殊的临时警告标识，也没多大作用。讽刺的是，与前车距离近一些能让司机感到安全，这样就不会在雾天"跟丢了"。但考虑到知觉混淆，这恰恰是错误的举动。在白雪茫茫的环境中也有类似的情况，司机撞上闪着车灯的橘红色扫雪车的情形并不罕见。事故的元凶不是湿滑的道路，而是低对比度。司机也许能"及时"看见扫雪车的后部，但他们会高估扫雪车的车速，于是没有及时刹车。

每辆车上都有一个简单的物体，反映了我们在道路上所见和所想之间复杂的相互作用，它就是车身两侧的后视镜。侧后视镜本身就是一个奇特且被忽视的装置。我们或许认为它是一个重要的安全装置，但对于它究竟在多大程度上减少了事故的发生（如果真有此效果的话），我们并不清楚。此外，研究显示，许多司机在变更车道时——侧后视镜最能发挥作用的时候——并不使用侧后视镜，而是通过回头观察周围环境。那么，当我们查看侧后视镜时究竟看见了什么，这就是个问题了。在不同的国家，有时两边的后视镜都是凸面镜，有时仅有副驾驶一侧的后视镜是凸面镜。由于任何汽车后视镜都存在盲区，因此从 20 世纪 80 年代起，人们决定以牺牲司机对距离的准确判断为代价，采用凸面镜作为后视镜，以便使驾驶员能看到更大的区域。景象失真总比根本看不见要好，这就是为什么凸面镜往往附着一则熟悉的警告："镜子里的物体比看上去要远。"

但密歇根大学交通研究所的研究员迈克尔·弗拉纳根（Michael Flannagan）称，我们查看后视镜时会发生一些非常奇怪的事。任何类型的镜子都容易令人感到困惑。我们可以做一个简单的实验，在雾气弥漫的浴室镜子上画出你头部的轮廓。人们倾向于认为自己画的是头部的实际尺寸，而事实上，它只有真实尺寸的一半。凸面的后视镜呈现出一幅严重失真、被弗拉纳根称为"贫瘠"（impoverished）的视觉画面，其中许多我们赖以判断这个世界的典型视觉线索都或多或少隐形了。弗拉纳根说，唯一能可靠反映距离的依据，是我们所见的车辆在视网膜上生成图像的大小。但车的尺寸，如同我们眼中的整个"世界"，都被凸面镜缩小了。镜面的曲率拉近了镜中所有事物与观察者的距离，正因如此，我们对于实际物体比看上去更远这一事实感到困惑不已。

这还不是最棘手的。研究人员可以通过测量观察角度和镜子的几何结构，来预测镜子中图像的失真程度。（当司机观察副驾驶一侧的后视镜时，失真程度比从驾驶一侧来查看时要严重，因此，弗拉纳根指出，美国不允许在驾驶座一侧装凸面镜，这真是有些不明就里。）然而，弗拉纳根及同事在一系列的研究中发现，人们对物体距离的估计偏差不如模型预测的那么严重。"由于图像很小，你身后的车辆看起来并没有我们估计的距离那么远，似乎司机不自觉地做了一些修正，"他说，"人们并没有仅以视网膜上成像的大小作为依据，还有某些其他因素使得他们没那么容易受到失真的影响。"

这些困惑让弗拉纳根及其研究伙伴得出一个结论，这一结论或许更适合作为后视镜上的警示语:“镜中物体比看上去更复杂。”这句话对于形容驾驶以及我们的驾驶能力同样适用，或许也适用于我们自身。一切都比看上去更复杂。我们开车时最好牢记这一点。

第四章

蚂蚁比人类更懂交通

动物的合作交通

昆虫尚能遵守交通规则，人类为什么做不到?

——印度班加罗尔的路牌

你也许会觉得自己所处的交通环境是世界上最糟糕的：身处拥堵的车流之中寸步难行，轮流踩刹车和油门，好像实验室里一只无趣的猴子试图索要饼干，百无聊赖；驾驶技术不佳的司机处处妨碍你；你不情愿地提前45分钟出门，到公司时还是比老板能容忍的时间晚了10分钟，这逐渐消磨了你的心智。

虽然精神和肉体受到种种折磨，但在你每天上下班的过程中至少还有一件事让你欣慰：路上的同伴至少不会想要吃了你。

想一想摩门蟋蟀（mormon cricket，即盾背螽斯）短暂而凶残的一生。这一物种于1848年给犹他州的摩门定居者带来毁灭性的打击，这就是颇具传奇色彩的“蟋蟀之战”。体形硕大的、不会飞的蟋蟀成群结队地迁徙，队伍长达数英里，像“一条黑毯铺在沙漠上”，至今，美国西部仍然可见这一可怖的景观。它们爬行几十英里，啃噬庄稼和腐尸。它们占领路面，不但自己因此而丧命，也给其他物种带来困扰。移动的蟋蟀构成了一层厚实的垫子，汽车行驶在上面都会打滑，因此爱达荷州的公路上设有“前方有蟋蟀”的标识。这种昆虫实际上属于美洲大螽斯，不过无论叫什么名字，标识牌还是发挥了作用。

这群疾行的摩门蟋蟀，看上去似乎组织有序且配合默契，它们集体觅食，是一个能保证自身存续的完美群体。然而，2005年春，当一组研究人员近距离观察爱达荷州迁徙中的摩门蟋蟀群时，他们发现了一些更复杂的情况。“这看起来像是一次大型合作，”爱达荷研究组成员、牛津大学动物学系集体动物行为实验室研究员伊恩·库赞（Iain Couzin）说，“你几乎可以将它们想象成一队行军蚁，倾巢出动去寻找食物，但事实上我们发现，它们的集体觅食行为是由同类相食行为驱动的。”看似合作的行为，其实满是残酷的竞争。

蟋蟀根据自身当下的营养需求，仔细挑选食物，它们常常发现自己需要蛋白质和盐类食物。事实证明，蟋蟀最好的蛋白质和盐类来源，是自己的同伴。“它们越来越饿，就尝试吃掉同伴。”库赞在他的小办公室里如是说。他是一个和蔼的苏格兰人，身着一件褪色的T恤，上面印着“Death to the Pixies”（小精灵去死）的字样。“如果有同类要吃你，你最好尝试远离它们，同时朝你想吃掉的同类方向移动，并试图吃掉它们。”对于身处队伍后方的蟋蟀来说，它们经过的田地已经被前面的蟋蟀吃得颗粒不剩，因此它们眼里唯一的食物就是另一只蟋蟀。

这看上去像是无序的移动模式，而非协调一致的运动。这实际上就是所谓的“突现行为”（emergent behavior）现象，即简单的个体互动，形成了复杂的系统，比如蟋蟀群体，并且往往出乎意料且不可预见。如果将虫群作为一个整体来看，不太容易看出运动受到什么因素的驱使。单靠研究指引每只蟋蟀的那一套规则——吃掉同伴并且避免被同伴吃掉——也不一定能预料到这些个体行为最终会形成一个紧密的群体。

复杂系统若想按照这样的方式来运转，就需要全部成员或至少是许多成员都遵守规则。想一想橄榄球场上的“人浪”，研究显示，只需几十个人的力量就可以形成“人浪”；然而，谁都不知道究竟有多少人浪由于缺乏配合或弄错了方向而最终消退。如果一些蟋蟀厌倦了躲避同伴贪婪的追捕，决定离开群体呢？库赞的几个同事在一些蟋蟀身上连接了小型无线电发射器，然后将它们与大的群体分离。几天之内，大约一半的离群蟋蟀被捕食者捕杀了，那些带着发射器留在虫群里的蟋蟀无一死亡。所以，不论被同伴吃掉的危险有多大，不论这种经历是多么紧张而不愉快，比起独行，这仍然是个更好的选择。

关于这些系统的形成，最引人注目的是规则以及群体形态的变化极为迅速。库赞在牛津的实验室及毛里塔尼亚野外还研究过另外一种昆虫，即沙漠蝗虫（desert locust）。沙漠蝗虫有“双重性格”。当处于“独居”阶段时，它们是无害的，相当安静地散居在小群体中。“此时，它们是害羞、隐秘的蝗虫。”库赞说。但在特定环境下，例如干旱时期，为了觅食，昆虫世界的这些“杰基尔博士”被动结成了更紧密的关系，它们慢慢就会变成群居且四处攫食的“海德先生”[①]。“它们影响巨大，”库赞说，“成群的蝗虫能同时入侵地球多达20%的陆地，影响无数人的生活。”了解这些虫群为何以及如何形成，或许能帮助科学家预测它们形成的位置及时间。因此研究团队聚集了一大群牛津大学饲养的蝗虫，把它们置于封闭的空间中，使用定制的追踪软件监视蝗虫的一切活动。

当蝗虫数量较少时，它们各自独立，朝不同方向前进，“像是气体里的微粒。”库赞说。而一旦它们被迫聚集起来，比如在实验室里，或者在食物稀缺的野外，有趣的事便开始发生了。“闻到其他个体的气味，看到它们，或是碰到它们的后腿，会使蝗虫的行为发生变化，”库赞说，“它们不再彼此躲避，相反，它们开始彼此吸引，而且层层叠加，形成瀑布一样的景象。”突然，当聚集在一起的蝗虫达到一个“临界密度”，它们就开始自发地朝着同一个方向移动。

现在，你可能会问，这些与交通有什么关系呢？最明显的答案是，昆

① 杰基尔和海德是小说《化身博士》（*The Strange Case of Dr. Jekyll and Mr. Hyde*）中的人物，小说的作者为罗伯特·路易斯·史蒂文森，讲述杰基尔博士为了探索人性的善恶，发明了一种药，用药后便化身成为海德先生，在晚上四处作恶。——译者注

虫的行为看起来与交通非常相似，而我们在道路上的行为看起来与集体动物行为非常相似。在这两种情况中，简单的规则支配着社群的流动，且违反规则的代价可能会极高。（不妨将公路上的警车或事故想象成捕食者。）和人类一样，昆虫被迫不断前进以求生存。同样，如果不是迫于生计，许多人也许不会选择与其他人在同一个时间开车出行。和昆虫一样，我们认定集体行动——即便大多数人独处车中——意义最大。早在交通拥堵初现之时，就有人提出过错时上班的计划，从而避免所有人同时上路，但即便是在今天这个可以远程办公且工作时间灵活的年代，交通拥堵依然存在，因为人们还是认为大家拥有一个共同的、能轻松互动的时间段，才是工作的最佳方式。

在昆虫迁徙和人类社会的交通这两大模式之下有着各式各样隐蔽的互动。这些互动中的任何一个微妙变化都可能会对整个系统产生剧烈的影响。回想一下对早并线及晚并线的比较，如果每个司机都遵守同一个规则——只在车道封闭前的最后时刻并线，而不是一有机会就并线——并线系统就会发生极大的变化。人类的交通运动正如蝗虫的运动模式，往往倾向于在达到某一临界密度时发生改变。增加了一些蝗虫之后，虫群就从无序运动变为有序运动。与此相反，增加了一些车辆后，原本顺畅的路况就可能堵得一团糟。

库赞认为，蝗虫或蟋蟀冒险留在具有同类相食可能性的群体之中，这明显是在糟糕的情形中尽力而为。而我们在许多方面的行为都像蝗虫。表面上的合作眨眼之间可能就会转变为极端的竞争。有时我们是善良的杰基尔博士，一心管好自己，与前车保持安全距离，但到了某一个点上，环境发生变化，我们的人格也随之改变。我们成了海德先生，粗暴地紧逼前方那辆车的保险杠（试图“吃掉”他们），或者因为被后车跟得太紧，我们愤怒不已（努力避免被“吃掉”），希望能离开车流，但却明白这或许仍是回家的最佳路线。研究人员对加利福尼亚州的公路进行的一项研究显示，到了晚高峰时段，打进“路怒热线”的举报电话就会增加，很有规律且可预测。另一项研究表明，在一条公路的同一个路段，司机在周末时鸣笛的次数比工作日少（研究人员已经根据车辆数量的差异做了调整，仍得出相同的结论）。

在车流涌动的公路上还有另外一种生物，它们的行事方式颇为不同，这就是美洲的行军蚁（army ant），这些昆虫可能是世界上最棒的交通家。行军蚁群体就像移动中的城市，成员数超过100万，每到破晓，蚂蚁便出发谋生计。早高峰开始得有些混乱，但很快便调整了队形。“早上，你可以看见这些蚂蚁堆成一个移动的蚁球，最高达5英尺，它们可能生活在一棵树的裂缝当中，”在巴拿马地区研究过蚂蚁的库赞说道，“然后蚂蚁开始涌出蚁巢。起初，像一只巨大的变形虫，只能看见蚂蚁涌动的身体。一段时间后，它们似乎就开始朝着同一个方向前进。至于蚂蚁为什么会选择那个方向前进，原因不明。”

随着早晨的蚁群逐渐散开，最早出去的蚂蚁一旦收集到一些食物，便立即将其带回蚁穴。随着其他蚂蚁继续向森林推进，它们探索出一系列复杂的路径，就像树干的树枝，全都指向蚁穴。由于蚂蚁几乎没有视力，因此它们靠费洛蒙——这是一种化学物质，与路标和斑马线作用相同——来标记路线。这些路线可能又长又宽，就像超级高速公路，充斥着密集的、快速移动的蚂蚁。问题只有一个：这是一条双向线路，回巢的蚂蚁受食物的拖累，往往比出巢时移动得更慢，并且占据的空间更大。它们如何判断哪条路线通往何处？在它们刚刚修建起的“道路”上谁有先行权？

蚂蚁有可能建立起了“交通流动最优化规则”。库赞和他的一个同事对此很感兴趣，他们用视频详细记录了巴拿马行军蚁的一段行动路线。视频显示，蚂蚁修建了一条相对清晰的“三车道公路”，所依据的规则很明确：离巢蚂蚁使用外围两条道，回巢蚂蚁单独占有中间一条道。库赞说，这不仅仅是因为蚂蚁会神奇地各自遵循留有自己分泌的化学物质的线路

（毕竟其他种类的蚂蚁并不会修建“三车道”）。蚂蚁会受浓度最高的化学物质吸引，所以那里的蚂蚁密度也最大，而化学物质浓度最高的地方恰好是中间一条道。

“懦夫博弈”随之而来，出巢的蚂蚁面对回巢的蚂蚁，会努力保持住自己的地盘，直到最后一刻，才灵巧地避开迎面而来的蚁群。它们偶尔会发生碰撞，但库赞说，三车道结构有助于将碰撞导致的时间延误最小化。而蚂蚁最讨厌浪费时间。到了晚上，任务结束，蚂蚁在黄昏时刻回到家中。整个蚁群会在夜色的隐蔽之下移动到一个新的地点，第二天它们再重复这个循环。“这个物种在这种高密度‘交通’环境中进化了数千年，”库赞说，“它们在现实世界的交通组织方面登峰造极。”

行军蚁的出行效率高得出奇，秘密在于，与迁徙的蝗虫和人类不同，蚂蚁能够真正地合作。“它们真的想做最有益于整个蚁群的事。”库赞说。工蚁无法繁殖，于是完全为蚁后劳动。“从某种意义上来说，蚁群就是一个生殖单元，”库赞解释道，“打一个不算恰当的比喻，它就像你身体里的细胞，都为造福于你、传递你的基因而工作。”每只蚂蚁的进步对于整个蚁群的健康而言都不可或缺，这就解释了为什么蚂蚁的“交通”环境能运转良好。在路上，没有蚂蚁会试图吃掉同类，没有蚂蚁会阻碍同类通行，也没有蚂蚁会迫使同类停下等待。当一块食物需要多只蚂蚁共同运输时，它们便会不断加入搬运队，直到队伍能以合适的速度移动为止。蚂蚁甚至会用自己的身体搭建桥梁，并根据交通流量的需求，让桥面变宽或变窄。

后来，我在牛津大学贝利奥尔学院的餐厅询问库赞，变道的情况如何呢？蚂蚁能否胜任这项复杂的任务？“它们肯定会碰到并线的问题，”他笑着说道，“在两条线路的交叉点似乎有一些有趣的现象发生，我们很愿意对这方面做一些调查。”

被操控的洛杉矶司机

无论什么时候，路况要么很糟糕，要么正值高峰，要么能要了你的命。

——《偷天换日》(*2003*)

“抱歉，堵车了”这5个字堪比“你好”，是洛杉矶最流行的寒暄语。有时候，似乎城市的一半人口都在等另一半姗姗来迟的人。

只有一个夜晚绝对不能迟到。那一夜，全世界或者至少几亿人都希望人们在同一个时间到达同一个地方，这就是奥斯卡之夜，800多辆豪华轿车载着各路明星，列队来到好莱坞高地，在柯达剧场门口停下。红毯之上，媒体连珠炮似的提问：“你感觉如何？”“你穿的礼服是谁设计的？”但在奥斯卡之夜，永远没人问一个更有价值的问题：这800辆车是怎样成功按时抵达这场盛会的?

我们可以在洛杉矶市政厅那迷宫般的地下室里找到答案。那里有一个昏暗的、严格控制温度的房间，其中有一整面墙满是闪动的监控器，每块屏幕都极具策略性地显示着这座城市各个十字路口的实时路况。这里就是洛杉矶市自动交通监控中心。类似这样的交通中心对许多现代城市来说十分重要，从多伦多到伦敦，在各大城市都能看见此类机构（在墨西哥城，工程师笑着向我展示了超速司机朝自动测速摄像头竖中指的视频）。

洛杉矶的自动监控中心在星期天通常空无一人，只有伴着微弱蜂鸣声的计算机控制城市的交通信号灯——如果信号灯发生故障，自动监控室甚至可以自动通知维修人员。但因为这是奥斯卡之夜，一位名为卡提克·帕特尔（Kartik Patel）的工程师从早晨9点开始就一直待在监控中心，处理交通部的“奥斯卡特别程序”。另一个人安静地坐在桌边，不怎么说话。

几队工程师已经部署在现场重要的十字路口。一张桌子上的计算机旁摆着一个“呆伯特”[①]塑像，有人给塑像贴了一个标签：“洛杉矶自动控制室操作员”。

城市不能为了奥斯卡而关闭整个道路网络，所以这些豪华轿车必须根据一种复杂的供需体系，穿梭于洛杉矶的交通网。一般而言，功能强大的计算机会根据一个实时的反馈循环来计算道路需求，从而完成这项任务。借助埋在路面下、用于探测金属的“电磁感应圈”（如果你在沥青路面上看到薄薄的黑色柏油圈，那八成就是它了），我们可以知道主要的十字路口有多少车辆在等待。如果下午 3 点 30 分车辆突然变得和高峰期一样多，计算机就会启动“高峰模式”。这些区域性的模式能在短短 5 分钟内完成变更。（当响应速度较快时，它们能随着信号灯的变化周期而改变，不过这可能会引发过度反应，扰乱系统。）自动控制室在改变一个路口信号灯的同时，也在部署随后的行动，就像会下国际象棋的 IBM（美国国际商用机器公司）计算机“深蓝”，只不过它是交通版的“深蓝”。“它在计算交通需求，”帕特尔说，“但它需要有预见性，并知道‘到下一个信号灯需要多少时间’。”

久而久之，自动控制室积累起一份份档案，记录某个十字路口在某天某段时间里情况如何。帕特尔指着一块计算机屏幕，上面显示着交通信号灯和街道，但没有人，像是在运行粗糙版的《模拟城市》游戏。一个十字路口闪起了警示灯。“星期天 3 点 30 分的这个反馈对一整年来说都具有一定的历史价值，”帕特尔解释道，“今天它表现异常，因为通常这个时候的车流量没那么大，所以它会亮起警示灯，并将其作为可能发生的事故上报。”帕特尔说，它会尝试将问题解决。

但在这种情况下，工程师希望特定车流，即载有明星的豪华轿车能够

---

① 呆伯特（Dilbert）是漫画中的主人公，是一个不受异性和上司青睐的单身男性工程师，热爱科技发明。——译者注

不受自动控制室的限制，而又不至于使整个交通系统陷入混乱。到了下午晚些时候，颁奖典礼临近，我们就会发现做到这一点有多困难。那些位于十字路口的工程师开始从现场发回恼人的请求。“控制室，你能帮帮威尔考克斯吗？他堵在好莱坞大道了。”一个声音问道，帕特尔的对讲机里噼啪作响。帕特尔朝手机咆哮：“伙计，你注意过高地和日落大道的情况吗？那边往北的方向都排起长队了。”有时帕特尔一手拿着手机一手拿着对讲机，然后固定电话又响了起来。“明星车队开始堵车了，在快到圣莫尼卡大道的地方。”固定电话那头传来某人的呼喊。

帕特尔一会儿调整信号灯的周期，一会儿取消一段左转弯时间，他疯狂地敲击键盘，不禁让人联想到做一名交通工程师有点儿像在扮演上帝。按下一个按钮，不仅影响了一群人，还影响了整个城市。确切地说，这是因为系统产生的影响会发生连锁反应。这是洛杉矶式的混沌理论：圣莫尼卡大道一次红灯延时导致瓦茨街区堵起了车。

就在这时，似乎发生了一些奇怪的事。帕特尔似乎特别关心拉布雷亚大道与日落大道之间的十字路口。“啊，皮蒂，什么事？”他朝手机大喊，“那边有多少人？”然后，帕特尔承认，他所在的部门发生了“劳工纠纷”。约 300 名交通工程师集体罢工，在豪华轿车前往奥斯卡颁奖礼的路上示威抗议。还有比这更能引人注目的方式吗？还会有谁比他们更清楚该去哪条路抗议？帕特尔接到的电话中，有些是现场的工程师打来的，询问为什么轿车堵住了；另一些电话则是罢工的工程师打来的，询问他们该步行通过哪个路口。“告诉他们慢点儿走，他们走得太快了，真该死。”帕特尔对着电话说。有消息传来，说警察在催促抗议者赶快过马路，以免他们阻碍交通。“我的天，警察有什么权利催你走？你有过街的合法权利。任何没有信号灯的路口你都能走……继续过街，慢点儿走。”

帕特尔一边努力让明星车队顺利到达目的地，一边指导抗议者如何能最有效地干扰这一进程。这是否意味着他能给举着标语的工程师们创造更多的时间，从而使他们顺利地开展示威活动？帕特尔的脸上掠过一丝奇怪的笑容，但什么话也没说。之后他找个借口离开了，去后面的一间办公室里接电话。他是同谋吗？还是他作为交通工程师的一面战胜了作为劳工的团结意识？对此我们无法确知，但有趣的是，帕特尔和另一个工程师后来被起诉了，因为他们在这场劳工纠纷中肆意调整了 4 个关键路口的交通信号灯。这一案件引起了美国国土安全部的关注，在本书写作之时，此案已被提交至刑事法庭，被告人如被定罪，将面临数年监禁。

虽然有人示威，但明星豪华车队还是准时抵达了。讽刺的是，那次奥斯卡的最佳影片是《撞车》（*Crash*），这是一部从现实及隐喻层面描绘洛杉矶交通状况的影片。随后明星的轿车陆续驶离柯达剧院，重新汇入城市的车流，去往参加颁奖典礼之后的庆功派对。

奥斯卡颁奖典礼的那个下午虽不起眼，但却完美地呈现了人类交通与蚂蚁的世界相比有多么复杂。蚂蚁历经无数个世纪的演化，能够实现同步行进，非常和谐，这有益于整个蚁群。相反，利用代步工具出行的人类，在这件事情上仅积累了几代人的经验。他们不会朝着同一个目标一致地前进；相反，他们是依据自身的日程来行动（例如前往奥斯卡颁奖典礼、参加示威游行）。所有蚂蚁的移动速度几乎相同，而人类喜欢自己设定速度，有时遵守限速，有时则随心所欲。而且，蚂蚁就是作为蚂蚁在移动，这一点很关键，它们始终能感受到同伴的存在。人类不仅在空间上各自隔绝，还被划分为司机和行人两类，并且倾向于表现得不像同一个物种。

和所有城市一样，洛杉矶的交通是一个特别缺乏合作的网络。人们随心所欲地选择行为方式、目的地和时间，全然不顾旁人。交通工程师试图通过技术、交通标识和法律来创建一个合作的系统，努力让我们不要变得像蝗虫，而更像蚂蚁。

以交通信号灯为例。和其他地方一样，在洛杉矶经常会听见司机抱怨："为什么不能调整一下信号灯，让每个路口都是绿灯呢？"关于所谓的"信号灯同步”，一个明显的问题就是对面方向的司机也在问同样的问题。两个人在竞争同一个资源。十字路口成了人类交通世界的根本难题，是人类欲望碰撞的竞技场。洛杉矶交通部部长约翰·费舍尔（John Fisher）用高楼里的电梯类比：“你进入电梯，它每层都停，因为有人按了按钮，他们想进来或出去。现在，电梯每层都停，这究竟算不算同步了呢？而事实上，如果停的次数很多，那么到达目的地就总得多花点时间。信号灯也是如此。”

工程师可以使用复杂的模型，尽量压缩司机在交通网络中等待信号灯的时间，多给他们“开绿灯”。费舍尔说，20 世纪 70 年代他来到交通部，当时的工作就是调控交通线路，使信号灯在 1/4 英里内保持不变。通过这种方式，并将循环周期（绿、黄、红灯循环一次所需的时间）设定为 60 秒，时速 30 英里的车辆理论上就能“遇上绿灯”。

但随着时间推移，城市交通密度越来越大，信号灯的需求也日益增大。在一些地方，每个街区都有一个信号灯，这意味着每个街区都有潜在的过街需求。工程师被迫将循环周期延长到 90 秒——通常是城市交通信号灯循环周期的最大值。“假设你遇上的信号灯循环周期为 90 秒，”费舍尔说，“这意味着即使信号灯在 1/4 英里之内保持不变，你的行驶速度也不再是每小时 30 英里了，而是每小时 20 英里左右。如果进一步将情况复杂化，信号灯间隔为驶过一个街区或 1/16 英里所需的时间，那么你就不可能从一个绿灯顺利到达下一个绿灯，最好的情况只能是连续通过几个绿灯，然后停车，再连续通过几个绿灯，再停车，但前提是各个方向都可以通行。”“开绿灯”的方法适合主干道，因为这些主要街道上来自横向车道的交通需求较小。但在洛杉矶，费舍尔解释道，“车流来自四面八方，且各个方向流量基本相等。”正如费舍尔所说，一些路口处的交通需求量过大，以至于它们“过度饱和”，甚至自动控制室的计算机也无能为力。

而在洛杉矶也有很多行人，这让事情变得更复杂了。电影《洛杉矶故事》（*L.A. Story*）里有一个令人捧腹的场景，史蒂夫·马丁（Steve Martin）竟然开车去隔壁邻居家吃饭。但无论如何，洛杉矶人还是要走路的，并且不仅仅限于走向汽车和从车里走出来。从职业的角度，交通工程师以往倾向于将行人视为恼人的小沙砾，干扰平稳运转的交通网络。交通工程师将行人称作“弱势的道路使用者”，这略带居高临下的怜悯（在美国，每年在车内死亡的人数更多，这不禁让人好奇，究竟谁更弱势）。交通工程师会提及“行人阻抗”（pedestrian impedance）及“行人干扰”（pedestrian interference）一类的术语，听起来像是恶劣行径，而实际上是在说人们有时会厚颜无耻地步行穿过马路，影响了十字路口处转弯车辆的“饱和流动率”①。

从来没有工程师写过有关“车辆干扰”（vehicular interference）如何影响过街行人的“饱和流动率”的论文，这足以说明这一行业对行人的固有偏见。在纽约这样的城市里，虽然第五大道等街道上的行人数量远超汽车，但交通信号灯的设定依然偏向数量较少的汽车，而非数量较多的行人——有谁曾在第五大道漫步时没被打断、一路畅通无阻？纽约市行人众多，大部分过街按钮都不管用了（虽然没耐心的纽约人还是会禁不住去按一下按钮）。与纽约不同，洛杉矶的行人数量相对较少，这意味着过街按钮仍然完好无损。行人谦卑地向城市的“交通之神”寻求过街许可，一段时间之后，他们的祈求得到了回应。如果你不使用过街按钮，就得一直站在那里，直到因为神情恍惚被开了罚单。

有时，“交通之神”遇上了更高级的权威。洛杉矶交通有一个有趣的现象，从世纪城到汉考克公园，大约有75个信号灯，人们并不总是需要按下按钮才能通过。相反，这些十字路口的运作机制被称作“安息日计时法”。由于在犹太教的信仰里，从星期五日落到星期六日落这段时间以及一些节假日期间，遵守安息日规定的教徒不应操作机器或电子设备，因此

① 当交通信号灯变为绿灯时，原先等候在停车线后面的车流便开始向前移动，车辆逐一越过停车线，其流动率很快便由0增至一个稳定的数值，即饱和流动率（saturation flow rate）。——译者注

按过街按钮被视为对信条的违背。为了避免人们乱穿马路，洛杉矶的某些十字路口处设置了自动“通行”标志牌（即使没有行人，车辆通行也会受到干扰，费舍尔戏称其为对车流的“牺牲性干扰”）。“我们将希伯来历编入了控制程序。”费舍尔告诉我。

交通部曾建议安装一种“智能”装置，可以感应到斑马线旁是否有行人，如果有人，该装置便会启动闪光信号灯，行人即可通行，但这一提议被加州拉比理事会委婉地拒绝了。拉比理事会认为，通过感应到的信号来启动信号灯，即便是被动行为，也违背了安息日的规定。拉比理事会指出，如果行人未察觉自己的存在启动了装置，那么这种智能装置是可以接受的，但“人们很快就会意识到该设备的存在，并会避免在安息日通过安装有这种装置的街道”。

洛杉矶目前的交通流量大大超出预期，与这一事实相比，那些细枝末节就黯然失色了。“许多主干道，比如拉谢纳加大道和拉布雷亚大道，每天有 6 万辆车通行，”费舍尔说，“按照设计承载量，那些街道每天的通行量是 3 万辆。”多年前，交通工程师使用了一些为道路扩容的技巧，如在威尔夏大道和其他主要道路设置可变向车道，通过改变某一车道的正常行驶方向，疏导早晚进出高速公路的车流，使其快速通过。但这一方法现在已不再可行。“当车辆分流，一条车道有 65% 的车辆，另一条车道有 35% 的车辆时，可变向车道非常管用，”费舍尔说，“今天，洛杉矶很少会有那样的交通高峰了。”主干道也不例外，圣迭戈高速公路（即I–405 高速路）在 20 世纪 60 年代末完工时预计承载量是日 16 万辆，现在它每天的承载量几乎达到了 40 万辆，而且它与圣莫尼卡高速公路的交汇处是美国最拥堵的路段。圣莫尼卡曾经是一条传统的城市主干道，早高峰时进城车辆多，晚高峰时则相反。“现在早上出城车道的车流量常常比进城车道的车流量大。”费舍尔说道。

道恩·赫鲁（Dawn Helou）是加州交通局的工程师，他指出，“我们曾经有很多典型的低峰日，比如星期二、星期三和星期四，并且这几天最好不是节假日。不下雨，不是节假日，不是暑期，没有意外事件。现在这些典型的低峰日越来越少了。”

整个系统之所以没有崩溃，恰好是因为人类相对于蚂蚁拥有一个优势：能够看见并即刻指挥整个交通系统。交通工程师帮司机做各种决定，在供给和需求这种复杂的关系之间协调，从而改善城市交通状况。交通部几年前的一项研究显示，设有实时交通信号灯的区域，车辆行驶时间缩减了近13%，驾驶速度提高了12%，延时情况减少了21%，停车次数也少了31%。仅仅通过迅速向交通部报告信号灯故障，该系统就可以创造更高的效率。交通工程师所做的工作，是为无法再增加车道的城市交通网络增加“虚拟”的承载量。

信息的流动对于保持交通的流动性至关重要。因为承载能力有限，所以交通系统中的不正常现象需要及早得到诊断和处理。加州交通局的工程师说，根据经验法则，公路车道每堵塞一分钟，就会额外产生4~5分钟的延误。埋在公路路面下方的电磁感应圈能够测出交通模式的变化，的确有用，但感应圈的反馈不是实时的，从采集到处理信息可能需要的时间从几分钟到十几分钟不等。工程师确认某个路段出现问题时，常常需要借助摄像头提供的视频信息。而在这段时间里，一场严重的堵车也许会愈演愈烈。有时，公路某一路段的电磁感应圈发生故障，无法工作了（加州交通局的报告显示，在特定的一天里，覆盖全州的28 000处感应圈中，有65%~75%可以正常运转），或某路段根本没有设置感应圈。

这就是为什么洛杉矶每天都会上演一场“真相大搜查”，也就是交通报道。交通新闻记录着洛杉矶的日常生活，“交通提示信息报”和“大卡车翻车事故播报”在我们的意识边缘徘徊。维拉·吉梅内斯（Vera Jimenez）在KCAL电视台（哥伦比亚广播公司洛杉矶分公司）报道早间交通新闻，她说，有时候的确很有趣，“并不是路上有多么拥堵，而是，我的天，路况畅通得惊人。不是节假日，没什么重要活动，总之就是特别畅通。每个人都遵章驾驶，每个人都依序并线，场面就是如此美好，信不信由你。”

世界上没有哪座城市的交通报道和交通记者的数量比洛杉矶多，花时间和他们待在一起，你会以一种全新的方式审视这座城市和它的交通世界。某天清晨，我驱车前往位于奥兰治县郊区的塔斯廷，那里是Clear Channel（清晰频道公司）的子公司、美国最大交通新闻报道机构Airwatch（空中观察）的所在地。在一个堆满电视机、计算机显示器和无线电扫描仪的房间里，克里斯·休斯（Chris Hughes）已经对早高峰的路况做了数小时的报道。休斯配备了一台计时器，并喝咖啡来提神，他快速且准确地说出了一系列经过精心编排的标准化报道内容：“长滩今早交通拥堵，从北405号公路经由伍德拉夫到710号公路，再从110号高速公路到英格伍德……”

在不同的广播电台做报道时，休斯必须调整所报道信息的长度和报道方式。这个电台希望他的报道如谈话般轻松欢快；另一个电台则喜欢他在报道中采用机器人式的精准措辞，他们称之为“交通术语的堆砌”。有些电台还为胡特斯赌场（Hooters Casino）做广告，基督教电台则没有这些广告。有些电台居然还希望把他变成另一个人。“早上好，我是詹森·肯尼迪，这里是AM1150交通频道，正通过新西兰航空公司向您播报。”偶尔还会听到他这样说。“这些电台之间存在竞争关系，”他羞怯地解释道，“虽然两家电台都归我们所有。”

休斯对于洛杉矶的公路有着本能的理解，他看着公路地图上实时的车流，就能知道暴雨的移动方向。他知道星期五从东边出城时的路况会很糟糕。“所有人都要去拉斯维加斯，路会一直堵到晚上10点。”他知道人们在两侧设有隔音墙的公路上行驶的速度更慢。他知道早晨下大雨往往意味着傍晚的交通更通畅。“也许不少人都因为下雨而不出门了。”他说。他指出，虽然公众能轻易获得交通信息，但往往诡谲之处就在于如何解读这些信息。“这有点儿像电影《黑客帝国》，”他说，“你看着地图，就能看出哪里正常，哪里有问题。我现在可以看着地图说：‘嘿，101 公路出问题了。可能是高地那里的一辆卡车着火了。’”

影响洛杉矶公路车流的因素有很多。“你想知道什么物品掉落在公路上的次数最多吗？”Airwatch的另一名记者克莱尔·西格曼（Clair Sigman）说道，“根据相关记录，掉落次数最多的是梯子。”而正如电影《贝弗利山警探》（*Beverly Hills Cop*）中的场景，卡车上还会掉出鳄梨和橙子。还有人将移动公厕遗弃在公路中间。2007 年，一辆画满涂鸦并带有“出租”标志的房车停在好莱坞高速公路上长达数周。房车车主绕道开上了一条未经授权的小路，在行驶途中撞上了一座天桥，于是就将车遗弃了。人们在天桥上举起警示世界末日的告示牌，或者威胁说要跳下去。有时还有火灾发生。风滚草在高地沙漠引起了大麻烦。“一旦遇见有风滚草的路，人们只能绕道避让，而不会径直开过去。”休斯说。Airwatch办公室的一台显示器上满是由加州公路巡警局记录下来的交通事故信息，有的荒谬不经，有的令人惊骇。如果女司机的车抛锚，这条信息就会被加密，以免监听广播的猥琐男性骚扰她们。数据流中的第 0550 号信息并不罕见，说一名身着格子夹克的白人男性“在高速公路中间小便”，此外还提到了一个关键的细节：“附近暂时没车。”（那个被遗弃的移动公厕去哪儿了？）

加州公路巡警就像步兵一样，努力避免洛杉矶交通崩溃。一天下午，我随乔·基吉（Joe Zizi）警长乘一辆巡逻车出巡，他性格和善，曾是一名骑警，现在负责警局公关工作。他告诉我，如果一辆车在 5 号州际公路上抛锚了，精密的计算机模型和由控制室里的交通工程师掌控的光纤电缆都派不上用场。加州巡警每天的第一项任务就是“清障”，即把道路上所有抛锚的车辆或安全隐患清除。“这样一来，人们开车时就没什么可看的了。”基吉一边沿 101 号公路巡逻一边说道。哪怕是丢弃在路边沟渠里的一张沙发，也可能引起司机的好奇心，在车流之中掀起涟漪。一支常规黑色霰弹枪立在前排座椅中间。为了帮助巡警更好地执行清障工作，巡逻车都配有加固的保险杠，以便将抛锚的车辆推下公路，而不必花时间等待拖车。他们的巡逻车配有各式令人眼花缭乱的工具，用来处理各种交通状况，从婴儿接生工具（“对看热闹的人来说，这绝对是个新鲜事儿”）到捕狗器应有尽有。

“不知何故，狗总爱跑到高速公路上去，”基吉说，“它们上了高速公路之后，被完全吓傻了，然后开始沿着中线跑。”根据加州巡警局的记录，这些代号为1125–A的动物类交通隐患在7月5日达到顶峰，大概是狗在前一天夜里[①]受到了烟火的惊吓。道路畅通时，巡警靠搜寻被盗车辆（点火开关上插着螺丝刀是个明显的被盗标志）来打发时间，当然他们还会等着开罚单。巡警们对于避免受处罚有什么建议吗？“我听许多警官说，许多女性一旦哭起来，就可能免于被罚，还有一些警官说，如果有人真哭了，就一定会被罚，”他说，“当然，也有很多男性也会哭，希望不被开罚单，但警官根本不为所动。”

尽管加州交通局安装了摄像头，在地面下方安装了感应线圈，并且公路巡警详细地记录了那些事故，但洛杉矶的公路系统还是太过庞杂。有时候，要想理解现况的唯一办法就是从空中俯瞰整个系统。这就是为什么广播界仍然需要迈克·诺兰（Mike Nolan）这样的人才，他是KFI广播电台的“天空之眼”，洛杉矶资深交通播报员。他每天两次乘坐塞斯纳182飞机从河畔县科罗纳机场起飞，从帕萨迪纳到奥兰治巡航一圈，观察整个区域的交通状况。

飞机在绿色山坡上新辟出的一块空地上方盘旋。“了解交通系统的过程就是学会读懂高速公路，”他解释道，“我知道什么是正常状态。我知道哪里应减速，哪里不应减速。当我看到不同寻常的事情时，我就展开调

① 7月4日是美国独立日。——译者注

查。”诺兰在空中的观察准则是“使高速公路处于你的左侧”。他对交通模式了如指掌，好比灰白头发的钓鱼向导知道哪里可以钓到最好的鲈鱼。他认为东洛杉矶一辆大众汽车抛锚要比拉卡那达一辆油罐车翻倒更糟糕。（“壮观并不一定等同于糟糕。”他说。）星期一，尤其是《周一橄榄球之夜》（*Monday Night Football*）的播出时段，路况较为畅通。星期四则相对拥堵，几乎和星期五一样，成了繁忙的“解脱日”。这一模式中也有一些奇怪的现象，比如当日出时间变晚的时候。“从夏令时恢复到标准时间的第一天，每个人都被堵在路上动弹不得，”他说，“如果说之前的路况很糟糕，那么此时只能用‘恐怖’来形容了。”雨天路况很糟糕，而持续一段晴天之后的第一场雨则会使路况恶化。“如果有一段时间没下过雨了，下雨时路面上会浮起汽油和橡胶颗粒，那样就真的像是在冰上开车了。”

诺兰说，一直以来人们都认为，由于路面传感器和车内探测器可以检测交通速度，因此我们将不再需要空中交通报道了。实际上，他在仪表盘上也安装了一个交通测量仪（traffic gauge），用来接收加州交通局发布的洛杉矶高速公路路况信息。但诺兰说，这些数据很难展现实际情况的全貌或真实面貌。“在我看来，透过飞机的窗户观察路况并把你的所见告诉人们，这种方式是无可替代的，”他说，“路面传感器存在延时现象，效率低。它们有一半的时间在工作，另一半的时间则在罢工。这完全不如你坐在飞机上告诉人们‘右车道发生了什么，天桥旁边发生了什么’。或者有一辆拖车正位于拥堵路段，传感器却无法告诉你拖车是距现场还有一个街区的距离，还是正准备拖走车辆。路面传感器无法提供通过直接观察得来的实质性信息。”

的确，那天下午一名接收地面报道的Airwatch记者陪我一起绕城飞行，那简直像是一场捉鬼游戏。710号公路上并没有折断的大货车，或者这种情况根本就没有发生。405号公路大堵车只是个谣言。诺兰必须努力弄清楚接收到的莫名其妙的交通信息，例如，有人声称一只死狗“导致第一、二、三、四车道发生拥堵”。他见过的最令人印象深刻的交通事故发生在1992年洛杉矶暴动期间。“我看见一伙人将车停在好莱坞的一个红灯前，下车洗劫了一家商店。结果，当绿灯亮起来时，他们刚好回到车里开车跑了。这是我见过的最不可思议的事。”

从洛杉矶这座城市的上空向下看，你很容易会神游一阵儿，不禁觉得路上的人们络绎不绝，像蚂蚁一般。如果真像蚂蚁那么简单就好了。

聪明的司机懂得“慢即是快”

> 片刻之间你踩下刹车，只是在高速公路上轻轻踩一下，绵延两百英里的路段都能因这个动作而产生连锁反应，因为交通是有记忆的。它很奇妙，像一个活的有机体。
>
> ——电影《谍中谍III》

有时候，你驶入高速公路的入口匝道，刚准备并入车流，结果却遇上红灯。这就是匝道信号灯。从洛杉矶到南非，再到澳大利亚的悉尼，你在很多地方都能看到它的身影。

匝道信号灯似乎常常令人备感沮丧，因为高速公路上的交通状况似乎挺好的。“人们常问我：‘为什么要让我在匝道口停车？高速公路很畅通呀！’”加州交通局的工程师道恩·赫鲁说道，“正是因为你停车了，高速公路才畅通。”

关于交通，有一个最基本，但也往往被忽视的事实：最符合个人利益的事不一定符合公共利益。交通工程师针对交通拥堵采取的策略，包括认真平衡“用户最优”和“系统最优”。这个过程涉及几个不同的层面，都与交通拥堵有关：车辆在马路上如何移动，以及庞大的交通网络如何正常运转（这个问题我会在本书后面的章节进行探讨）。

乍看起来，只要了解有关交通流动的一些基本事实就能明白，公路匝道信号灯之所以有效，其原因很简单。几十年来，工程师一直试着理解交通的流动，并对其进行建模分析，但这个主题太过庞大而且难以捉摸。"还有一些谜题尚待解决。"加州大学伯克利分校的工程师卡洛斯·达甘索（Carlos Daganzo）说道。起初，人们只是努力为"车辆跟踪"这一过程构建模型。这基于一个简单的事实：你开车的方式取决于前方是否有人，以及与前车的距离有多远。你会受到前方司机的影响，就像蚂蚁对路上的信息素做出反应，在保持车距和不落得太远之间努力保持平衡。现在，想想那些互动，变更车道等各种驾驶行为，各种速度和不同车型的组合，司机各式各样的驾驶风格和目的，以及不同的光照、天气和道路状况，所有这些因素使得路况异常复杂。这样一来，你就会对交通模型的高度复杂性心怀敬意。

就连最精密的模型也无法全面解释人类的特别之处和交通系统中的各种特殊现象。正如我在一次交通会议上看到的免责声明，交通工程师提出警告："本模型不对司机行为的异质性负责。"你是否会感觉别人在身边时开车不太自在，因而会加速或减速？你是否时而无缘无故地希望靠近前车，然后再慢慢与之拉开距离？除了交通感应器能够轻易捕获的信息之外，交通中还存在各种奇怪的现象。举例来说，在跟随前车的行为中充斥着各种怪象。通过调查小轿车与前方越野车之间的距离，研究人员发现，当轿车的前方是越野车而不是轿车时，司机会跟得更紧——虽然越野车挡住了轿车司机的视野。

再以达甘索所谓的"洛斯–加托斯效应"（Los Gatos Effect）为例。沿着加利福尼亚的上坡公路行驶，你或许有过这样的经历：司机在上坡的时候似乎不愿意从超车道换进卡车车道，即使旁边的车道并不拥堵，而且还要承受着其他司机施加的压力，他们也不愿意变道。这是怎么回事？司机不愿离开快车道，也许是因为他们担心很难再回到快车道上来，也可能是因为他们不确定身后的人究竟是想开快点儿，还是只想跟紧一点儿，以免被其他人超车。这样一来，就形成了一个紧密的“车队”，但它的持续时间有多长呢？我在交通中注意到一种怪象，我称其为“被动野蛮超车”（passive-aggressive passing）。你身处超车道，突然之间，身后的司机迫使你转入右边的慢车道。之后，他们又并入你所在的右车道，行驶在你的前方，然后减速，这又迫使你不得不超过他们。

经过长时间的钻研，交通工程师们制定出了测量公路表现的指标。其中一个关键的参数是承载量，也称车流量，即公路上通过埋在路面下方的感应器测量出的某一特定点的汽车数量。凌晨 4 点，早高峰之前，汽车可以按 75 英里的时速在公路上驰骋。经测定，一小时内通过某一特定点的车流量为 1 700 辆。随着早高峰的到来，车流量自然地开始呈上升趋势，一直达到时速 55 英里、2 400 辆车的理论峰值。从系统的角度来看，这是交通的最佳状态。之后，随着更多的汽车驶入公路，车流量曲线开始下落。突然，车流量再次达到 1 700 辆，这时车辆的时速为 35 英里。“所以你会看到两个点的车流量都是 1 700 辆，”赫鲁说，“相同的车流量，情况却截然不同。”

由于交通系统需要在一定的时间和空间内运转，因此车流量之类的测量指标可能会存在欺骗性，公路本身也是如此。独自驾车的司机如果行驶在极度拥堵的公路上，可能会看着旁边的高承载车道[①]，想象其中空无一人，这种心理状态相当常见，甚至有了一个专门的名称——“空车道综合征”（empty lane syndrome）。很多时候车道看起来很空旷，是因为高速行进的前后两车间隔时间太长。实际上，那条车道的车流量可能和

---

① 高承载车道（high-occupancy vehicle lane），即“拼车专用道”，是指专供乘载至少两人以上的汽车所行驶的车道，设置此车道的目的在于鼓励共乘、使用公共运输工具，以缓解交通拥堵并减少车辆排放尾气造成的空气污染。——译者注

你所在的车道相同，但也许由于司机的时速比你快了 50 英里，所以造成了那条车道未被充分利用的假象。当然，不论是积极还是消极的个人状态——无论是以时速 80 英里飞驰而过的司机，还是以时速 20 英里堵在路上的司机——对于整个系统来说，都不是最有利的。理想的公路状态应该是车辆以处于二者之间的速度，尽可能多地通行，使公路达到最大的使用效率。

即使高峰期来临，车流量曲线开始下降，车流依然能沿着所谓的“同步流”（synchronized flow）挺进，流量虽大，却很稳定。随着更多的车辆从匝道涌入高速公路，车辆“密度”，即一英里路段内汽车的数量（与通过某一个点正好相反）开始变大。到了某一个时点，车流达到临界密度（你也许还记得之前我们说过，此时蝗虫开始协同行动），车流量开始出现问题。公路像一条缩紧的管道般钳住车流。车辆太多，超出了道路的承载能力。

匝道信号灯旨在防止过多的车辆涌入匝道，从而将高速公路的“主干道车流量”控制在临界密度以内。“如果车辆不受限制，就会有很多车辆进入主干道。”赫鲁说道。这意味着不仅路上的车辆会更多，而且不择手段地并线的车辆也会更多。研究表明，车辆并线无法预测，而且司机也并非总能彼此协同合作。“这样并线最终会让右车道崩溃，”她说，“这会泱及另一条车道，因为人们会早早地向左并道。然后，第二条车道上的人们又试图提前并入旁边的第三条车道，于是整个高速公路就崩溃了。”一项研究显示，等待驶出匝道的车辆也可能引发相同的连锁反应，即使其他车道的车流量还远远没有达到临界密度，拥堵也一样会发生。

如果设置得当，匝道信号灯将系统控制在临界密度之内，就能够实现交通的最佳状态，使大多数车辆得以以最快的速度行驶。工程师称其为“吞吐量最大化”（throughput maximization）。

在实践中，可以简单地用大米做个实验来观察这一行为。取一升大米，通过一个漏斗将大米一次性倒进空烧杯中，记录这一过程所需的时间。然后，取同等分量的大米，但以一个平稳、可控的速度均匀缓慢地倒入，并记录下该过程的时间。哪一次的大米通过速度更快？华盛顿交通部做了这个实验，结果显示，使用第一种方式倾倒的大米全部通过漏斗需要40秒，而第二种方式只花了27秒，几乎节约了1/3的时间。看起来更慢的方式实际上更快。

大米与交通的相似之处比你想象的要多。说起交通，许多人以水来类比，因为水能极好地体现诸如容量和承载量之类的概念。俄亥俄州立大学工程学教授本杰明·考夫曼（Benjamin Coifman）是交通领域的专家，他曾举过一个例子：想象一个水桶的底部有个直径为1英寸的洞。如果流入桶内的水流直径为半英寸，那么桶内不会有水聚积。然而，当水流直径增至2英寸时，桶内水面就会上升，虽然仍有水会流失。我们是否会遇到交通拥堵（或者说我们所在的车道是否会发生拥堵）取决于“水流”，即试图通过交通瓶颈的车流是在聚积还是流失。“作为司机，你首先看到的是队尾，”考夫曼告诉我，“你看到的就是当天‘水桶中原本的水位高度’。”水桶的比喻还告诉了我们关于交通的另一个事实：不论桶内（或路上）剩余的容量有多少，洞（或瓶颈）的大小决定了通过能力。

不过，在交通瓶颈一类的地方，交通的表现不大像流水（比如，交通不会随着公路变窄而加速），而更像大米：车辆就像米粒，是彼此独立的物体，且行为方式各异。大米被称为“颗粒介质”（granular media），这种固体可以像液体一样流动。芝加哥大学物理学家、颗粒介质专家悉尼·内格尔（Sydney Nagel）将交通瓶颈问题比作向勺子里加一点糖。如果加得太多，糖就会散落下来。糖在散落时就像液体流动一样，但实际上这种相互作用的物质并不会轻易地相互影响。“它们不会彼此吸引，”内格尔说道，“它们只会彼此分散开。”如果将一堆颗粒物质放在一起，预测它们将如何相互作用会很难。这就解释了为什么粮仓类建筑最容易塌陷，也解释了为什么我的“卡斯凯迪亚农场”牌纯谷物麦片倒出几次之后，盒子底部就鼓出来了。

当你向漏斗中倾倒大米时，大米为什么会堆积起来？因为大米的流入量超出了漏斗开口处的容量。系统密度变得越来越大。米粒彼此碰撞的时间更久。于是，越来越多的大米相互摩擦，因漏斗内壁的摩擦力，大米就卡在了漏斗开口处。这听上去很熟悉？“就像公路上的汽车，”内格尔说，“当车流变窄时，和很多大米想挤进漏斗里是一个道理。”

一次少倒一点米，能使米粒之间的空间更大，摩擦更小，通过漏斗开口处的速度就更快。同理，每次通过的车辆越少，交通就越顺畅。虽然“慢即是快”的想法发人深思，但遭遇交通堵塞的司机并不一定能轻易接受。1999 年，明尼苏达的一名州议员声称双子城的匝道信号灯弊大于利，便发起了一个名为“自由驾驶”的提案，呼吁停用匝道信号灯，并采取一些其他措施。该提案未获通过，但另一项法案提议给匝道信号灯适当安排“假期”。匝道信号灯在两个月的时间里都处于关闭状态，司机可以随意进入高速公路，进入所谓的“理智的车道”，不必再受恼人的红灯妨碍。实际情况如何呢？交通系统变得更糟糕。行驶速度下降，驾驶时间变长。一项研究显示，公路的某些路段在采用了匝道信号灯后，通行效率是原先的两倍，于是匝道信号灯制度得以恢复。

“慢即是快”的理念在交通系统中时有显现。交通环岛地带是一个典型的例子。很多人错误地认为环岛会造成拥堵。其实，与设置了交通信号灯或停车标识的十字路口相比，设计合理的环岛最多能将滞留时间缩短65%。显然，在设置了信号灯的路口，司机若遇上绿灯，他可以直接开过去，速度一定比通过环岛快。然而，约有一半的情况是司机遇到的不是绿灯，或虽然绿灯亮了，但前方有一队车辆准备起动，轮到自己的时候却发现又变成了红灯。左转箭头更是让复杂程度加剧，导致大部分司机无法继续通行，更不用说“清尾时间”（clearance phase）了。在这个时刻，所有信号灯都必须是红色的，以确保没有车辆滞留在十字路口。接近环岛时司机的确需要减速，但在通常的交通条件下，司机几乎不需要停车。

20 世纪 60 年代，研究人员在出入纽约城的主干道之一——荷兰隧道进行了一项实验。当车辆获准不受限制、以常规方式进入隧道时，这个双车道隧道每小时能通行 1 176 辆车，最高时速为 19 英里。但在一次实验中，隧道管理机构将进入隧道的车辆数目控制在每两分钟不超过 44 辆。如果在两分钟结束之前，进入隧道的车辆已达限额，一名警官就会要求下一组汽车在隧道口等待 10 秒钟，然后再进入隧道。结果如何呢？隧道现在每小时能通行 1 320 辆车了。（我稍后会解释原因。）

在设有交通信号灯的路上，交通工程师会在心里设定一个合适的速度，按该速度行驶的司机可以连续遇上绿灯，一路畅通。而超过这一速度的司机将被迫在下一个红灯处停车。每次停车都需要减速，然后再度起动，这对司机而言既浪费时间又耗费燃料。一队司机聚在一起等红灯，交通工程师称之为“起步时间损耗”（start-up lost time）（真可谓对普鲁斯特的一种绝望的回应①）。队伍前面的几辆车平均每辆浪费 2 秒，而如果车辆都按“饱和流量”的速度前进，这 2 秒是不会浪费的。排在第一位的司机看到红灯变绿时需要做出反应，需要保证十字路口没车也没人，还得从静止状态起步加速，因此浪费的时间最长。绿灯已经亮起了，但在刚开始的一段时间里，十字路口还没有车辆。第二个司机浪费的时间稍微短了一些，第三个司机更短，依此类推（条件是每个司机都尽可能及时地做出了反应，但这一条件并不一定成立）。越野车因车身较长（平均比普通车辆长 14%），因此起动时间更长，浪费的时间比普通车辆多 20%。

如果司机以更慢、更均匀的速度接近路口，可能就会遇上绿灯而不必停车，那么就可以避免浪费起动时间了。（不过，如果司机开车速度太慢，

---

① 此处意指法国意识流作家马塞尔·普鲁斯特（Marcel Proust）的作品《追忆似水年华》（*À la recherche du temps perdu*, 英译 *In Search of Lost Time*）。——译者注

也会浪费时间，因为在绿灯时段路口并没有车。）如今，大部分被浪费的时间都属于“清尾时间”，即信号灯变更、路口暂时没车的那段时间。交通工程师将信号灯“全红”的时间延长，这意味着当一个方向的红色信号灯亮起时，另一个方向的绿色信号灯需等待近 2 秒的时间才会亮起。这样做是因为似乎越来越多的人无法在红灯亮起时立刻做出停车反应。

现在，想象一下车辆走走停停时公路上的情景。我们在拥堵的交通中每次停车又起步，就会像等待绿灯的司机一样浪费时间。由于不清楚前方司机会做出哪些动作，因此我们的行进过程很不稳定。有那么一段时间，我们因为分心而没有及时起动，或是对刹车灯反应过度，停车过猛，结果浪费了更多的时间。接打电话的司机可能由于反应延迟以及车速减慢，损失的时间更多。车辆之间挨得越紧，对彼此的影响越大，一切变得愈加不稳定。“交通系统排除干扰的能力荡然无存。”考夫曼说道。他以 5 个槌球做了一个比喻：“如果你让它们彼此相距一英尺，轻轻触碰其中一个，对另外 4 个不会造成影响。如果你将它们摆在一起，只要轻敲其中一个，那么最远的那个球就会被撞得滚动起来。在公路上，如果接近承载量的临界值了，那么任何一个小动作都会影响到很多车。”

当一队紧密相连的汽车之中有一辆减速或停车，便触发了一轮向后的“冲击波”。如果第一辆车减速或停车，第二辆车就会在稍远的地方减速或停车。这一冲击波的速度通常为每小时 12 英里，从理论上讲，如果交通密度够大，它会一直持续下去。即便是双车道上的一辆车因为微不足道的原因而改变速度［人们似乎经常这么做，我喜欢称之为“速度–注意力缺陷障碍”（speed-attention-deficit disorder）］，也能对后续车辆产生连锁反应。此外，就算该车平均速度相当快，它的速度变化对前进的过程来说也是一场浩劫。这就是荷兰隧道实验背后的秘密：如果将每组汽车控制在 44 辆，所触发的“冲击波”就能被限制在各组内部。各组汽车就像是彼此分开的槌球。

我们常常发现自己毫无来由地被堵在路上。有时，终于通过了一段拥堵的道路，刚开始加速，似乎前路越来越顺畅，结果很快又陷入另一段拥堵之中。这些经历被称为“莫名的拥堵”，有人为此深感苦恼。“莫名的拥堵实际上并不存在。”德国杜伊斯堡埃森大学物理学教授米歇尔·施莱肯伯格（Michael Schreckenberg）提出这一说法。他在交通研究领域声名卓著，以至于德国媒体给他起了一个“拥堵教授”（jam professor）的绰号。他说，交通拥堵永远都有其原因，即便原因并不明显。一个看似小范围的波动，实际上可能是下游大范围的交通拥堵引发的连锁反应。施莱肯伯格说，我们不能简单地将整个过程称为“停停走走的交通”，“停停走走只是交通拥堵的动态表现”。

我们之所以误认为存在“莫名的拥堵”，是因为交通发生在时间和空间两个维度上。也许你并没有驶入拥堵的路段，而是交通拥堵突然在你身边发生了。“在水桶比喻中，”考夫曼说，“我把司机比喻成一个个水分子。如果水位上升，就说明交通拥堵要发生了。”我们同样也在历史的维度上行驶，或者更准确地说，我们是被驱赶到了历史之中。当我们真正到达了引发冲击波的地点时，那个事件很有可能早已结束了。也许当时发生了交通事故，但现场已经被清理了。“拥堵的车辆会持续一段时间再慢慢散开，”考夫曼说，“就像是留在桶里的水。在这种情况下，虽然你把桶里的洞扩大了，但水不会立即消失。”

拥挤的交通中发生的小插曲可能是因为某人做了一个诸如变更车道这样的简单动作。相对于你来说，则是前面（空间）的某个人在某个时间之前（时间）做出的简单动作。车辆换了车道，继续向前移动，消耗了新车道的部分承载能力，导致后方司机减速；同时，这也为原车道腾出了空间，使车速略有提高。这些举动产生了“跷跷板效应”（seesaw effect），时快时慢，向后传递。这就解释了为什么如果你选一辆旁边车道的汽车作为参照，就常常会发现自己不断地超过了它，又被它反超。这就是系统均衡之势的自我彰显，车流如手风琴般拉伸又缩紧，每个人都谋求最大利益，导致连锁反应不断延续。

由于交通一旦超过了临界密度，需要很长时间才能恢复通畅，因此，避免交通拥堵不良影响的最好方式，或许是一开始就不要驶入拥堵的车道，也不要让自己身陷拥堵之中。这是自称“业余交通物理学家”的比尔·比蒂（Bill Beatty）在数年前的一个下午突然获得的灵感。比蒂在华盛顿大学的物理实验室工作。有一次他参加州博览会归来，正好行驶在202号国道上。“小小的四车道”上挤满了从博览会回来的人们。据他描述，交通状况“完全呈周期性”变化。他说道，“你可能车速极快，几近时速60英里，然后突然减速直到停止，这个过程仅仅2分钟。”

于是比蒂决定做一个实验：以35英里的时速行驶。他尽力避开冲击波的影响，并试图“抚平冲击波”。他不去紧跟前车，也不总踩刹车，而是试图保持均匀的速度，为自己和前车之间留出一个较大的空间。当查看后视镜时，他依据后面汽车前灯的模式判断出，身后的车辆看起来一切正常，而旁边车道上的车则是走走停停。他减缓了冲击波，使极端的交通模式趋向稳定。谈及他的驾驶技巧，比蒂说这是“削山填谷，虽无法偶然享受60英里的时速，并被迫按时速35英里来行驶，但也不用经常停车了”。

在对公路的总流量进行分析之前，我们难以知道比蒂的实验究竟带来了什么好处。人们有可能会插在他的车前，迫使他后退（如果他想继续保持车距的话），而身后的车辆也许会认为他速度过慢，于是换到旁边的车道，反而造成了额外的干扰。然而，即使比蒂的车技并不能改变汽车通过一段路所花费的时间，但这一做法却可以省油，并能减少发生追尾事故的风险，这是以相同代价获得的两个额外好处。唯一的问题是，如何让每个人都配合呢？怎样防止其他车辆占据你留出的空间（这种情况时有发生）？从本质上讲，我们如何能在高速公路上模拟蚂蚁的行为？

方法之一是在许多道路实施“可变限速”(variable speed limit)制度。从英格兰的M25“管制高速公路”到德国高速公路的部分路段，再到澳大利亚墨尔本的西环路，很多道路都采用这一系统。这一系统将道路中的线圈检测器与可变限速的标识结合起来。当系统发现交通运行放缓，就向上游发送警报。系统会向驶近标识的司机施加一个强制性速度限制(由拍照摄像头负责监督)，理论上来说，这一限速能减弱冲击波的影响。虽然许多司机都认为引发交通拥堵的原因正是将速度降至每小时40公里，但针对M25公路的一项研究发现，在这一系统的管控之下，司机走走停停的时间减少，这不仅使撞车率降低了20%(这本身对于车辆通行就有帮助)，还将尾气排放量减少了近10%。随着司机逐渐适应系统，他们的行驶时间缩短了。事实又一次证明了“慢即是快”。

聪明的公路需要聪明的汽车司机。遗憾的是，我们的驾驶方式正是交通问题的很大一部分原因。我们加速太慢，或刹车踩得太急，或正好与此相反；而由于我们没有与车辆之间保持足够的距离，这些影响在向后方传递的过程中往往会被放大。交通是所谓的“非线性”系统，简言之，这一系统的投入无法可靠地预测其产出。当一列汽车中第一辆车停了下来，人们无法准确预测其后方的每辆车将在多长的时间、多远的距离内停车(前提是它们真的会停车)，而且越靠后的车辆越难预测。

司机的过度反应(或反应不足)也许会将冲击波放大，就像挥动的鞭子。这导致其后的数辆车发生碰撞，而第一辆车已经离开了。研究人员调查了明尼阿波利斯一条公路上发生的一次撞车事故，事故中7辆汽车被迫紧急刹车，其中第七辆车猛地撞在了第六辆车上。由于我们通常假定保持足够车距的车辆应当能在任何情况下停车，那么事情的真相似乎就是如此了。

然而，当研究人员检测了这些车辆的制动轨迹之后，发现第三辆车对事故负有一定的责任。为什么呢？因为第三辆车司机的反应过于缓慢，这

“消耗”了很大一部分的“公共资源”，即分配给每辆车的制动距离。这使得处于后面的几辆车可用于停车的时间和空间渐次减少。虽然第七辆车的司机反应远快于第三辆车，但因为离第六辆车实在太近了，无法及时停车。如果第三辆车的司机能更快地做出反应，事故或许就能避免了。研究人员指出，出于这些原因，那些喜欢紧随前车的人，即不遵守“社会最优”距离的人，不仅撞上前车的概率增加了，被后车撞上的概率也增加了。

如果司机的反应时间可以通过数学方法来准确预测，情况会如何呢？最终答案或许是智能公路与智能汽车司机兼备。我们听说过的每一项智能技术都意在让某事脱离人类的控制，这大概并非偶然。退休物理学家L. 克雷格·戴维斯（L. Craig Davis）为福特公司的研究实验室工作了很多年，他曾和一些同事一同驾驶过配有自适应巡航控制系统（adaptive cruise control, AAC）的驾驶模拟器（许多高端车型已经开始采用这一系统），并展示了AAC如何通过精确的数学方法计算汽车在不同速度下应保持的车距，从而改善交通状况。戴维斯认为，这无法将交通冲击波彻底消除。“即使能协调一列静止的汽车同时起动，但如果你想让它们保持正常的间距，同时提速至每小时60英里，冲击波的影响仍然可能存在。”

值得一提的是，10个司机中只需有一人使用AAC，交通拥堵情况就能大为缓解；如果10人中有两人使用AAC，那么交通拥堵就完全可以避免。在一次实验中，戴维斯探明了拥堵得以避免的准确时刻——只要多给一辆手动挡汽车配备AAC，堵车就完全可以避免了。这压死骆驼的最后一根稻草令人想起了蝗虫的例子。当蝗虫达到临界密度，哪怕再多一只蝗虫，群体的行为就完全不同了。

戴维斯的模拟只存在一个问题。由于配有ACC的模拟车辆倾向于彼此保持较近的距离，因此未安装ACC的车辆刚由匝道进入高速公路时也许会难以在它们之间找到一个安全的空间。此外，安装了AAC的汽车和人类一样，或许并不认为自己有义务对后来者让步。这些问题诚然可以通过科学的方法得到解决，但同时，因为在公路上始终无法友好合作而饱尝苦果的我们，至少可以从中寻得些许安慰：机器有时也会在并线时遇到困难。

第五章
女司机更易引发拥堵吗？

通勤路上的男女司机

你不是被堵在路上了，你就是造成交通拥堵的一分子。

——德国某广告

交通世界有一条奇特的法则：全世界的大部分人每天花在路上的时间几乎相等。不论是在非洲的小村庄，还是在美国的大城市，每天的往返通勤时间大约需要 1.1 小时。

20 世纪 70 年代，世界银行的以色列经济学家雅各布·扎哈维（Yacov Zahavi）提出了一个理论，他称之为“行程时间预算”（travel-time budget）理论。他认为，人们愿意每天抽出一定的时间四处走动。有趣的是，扎哈维发现，不同地区的人们愿意花在路上的时间“实际上都一样”。赫尔河畔的英国小城金斯敦面积仅为伦敦的 4.4%，然而扎哈维发现，这里的汽车司机平均每天花在路上的时间和伦敦的司机一样，都是 45 分钟。唯一的区别在于伦敦人开车次数较少，但每次行驶的路途较长，而金斯敦小城的司机开车次数较多，每次行驶的路途较短。无论如何，两种情况下人们的驾驶时间几乎相等。

著名的意大利物理学家切萨雷·马尔凯蒂（Cesare Marchetti）进一步发展了这一观点。他指出，纵观历史，早在汽车发明之前，人类就力图将出行时间维持在一小时左右。这就是他所谓的“洞穴本能”（cave instinct），反映了我们对于流动性（地域越广，能获取的资源越多，能遇见的同伴也越多，等等）与居家生活（我们在家里往往比在路上感觉更安全）的渴望之间的平衡。他指出，就连被判处终身监禁的囚犯，也有一小时的“放风时间”。当我们只有步行这一出行方式的时候，按照平均步行速度每小时5公里计算，个体每天往返洞穴与目的地的范围大致可达7平方英里（20平方公里）。马尔凯蒂评论道，这相当于一个希腊村庄的面积。此外，马尔凯蒂还指出，从古罗马到波斯波利斯，没有哪处古城墙所环绕区域的直径超过5公里——换言之，这样的城市规模，正好使人们可以在一小时内从城镇一头出发走到城中心再折返回来。今天，威尼斯等古老的由行人主导的城市，其直径依旧是5公里。

城市的发展就像树木的年轮，记下了我们出行方式的不断进步。马尔凯蒂指出，1800年的柏林，城市大小适合步行。随着马车、电车、地铁以及汽车的到来，城市规模逐渐扩张，其扩张速度与新的交通技术的发展速度成正比，但大部分人去市中心的路程都不超过30分钟。

虽然我们早已用汽车或地铁取代了步行，但古罗马的“一小时原则”在现代美国（及大部分其他地区）仍然适用。“值得注意的是，美国有半数的人口上班时间在20分钟左右，或不到20分钟。”美国“交通行为”领域的顶级权威艾伦·皮萨尔斯基（Alan Pisarski）如是说。几十年来，皮萨尔斯基致力于汇编我们上班方式和路途所需时间方面的统计数据。人类在出行方面似乎存在先天的局限，当然这也说得通，毕竟一个人需要睡眠8小时，工作8小时，花几小时进食（不包括在车里吃饭），还得再挤出时间从事业余爱好或观看孩子的踢踏舞表演，余下的时间就不多了。研究显示，当单程出行时间超过30分钟时，人们对出行的满意度便开始下降。

城市规划研究员戴维·莱文森（David Levinson）和阿贾伊·库马尔（Ajay Kumar）撰写的论文对“一小时原则”进行了分析。他们通过调查20世纪50年代至80年代的华盛顿特区大都会地区，发现这几十年间的平均出行时间——单程约32分钟——几乎没有变化。发生变化的是另外两个因素：出行距离和平均交通速度，二者都有所增长。他们认为，人们会“理性选址”。人们不希望在出行方面花费过多的时间，但他们搬到了较远的郊区，出行距离更远了，如今他们可以选择通行速度更快的郊区公路去上班，而不必选择拥挤的城市街道。（那些住在市中心的人，大概会选择走路上班或搭地铁出行，这意味着他们花在路上的时间几乎没有变化。）

我知道你想说“我以为交通状况变糟了呢”。对许多人来说，事实的确如此。据得克萨斯交通研究所估计，美国交通的总延迟时间从 1982 年的 7 亿小时增加到了 2003 年的 37 亿小时。在美国最大的 26 个城市地区，延迟时间在此期间增加了近 655%。美国统计局指出，在规模最大的那些城市，2000 年人们上班路上所花的时间比 1990 年更长。莱文森和库马尔重新考虑了这个问题，他们得出结论，或许出行时间根本就是不确定的。他们认为，也许这只是一个“统计学上的人工产物”。城市逐年扩张，贪婪地将新的城镇纳入自己的“大都市地区”，因此可能有些司机没有被纳入先前的调查中，而现在则被纳入进来，推高了统计数字。也可能他们原本为了逃避交通拥堵而搬到郊区，但现在郊区也堵了起来。或许看似理性的选址搬迁已经变得不再理性了。

可是交通情况究竟为什么会变得更糟呢？或者换一个问题：“这些人是谁？”每当我遇上极为拥堵的交通时都会想起这个问题。答案显而易见，你自己也能猜到，比如公路数量的增长速度赶不上汽车数量增加的速度。有一个典型的美国式例子：与华盛顿特区毗邻的马里兰州蒙哥马利郡的郊区，1976—1985 年人口数量增长了约 7%，工作岗位也增加了 20%，但汽车的注册数量几乎翻了一番。蒙哥马利郡在那段时间里几乎没有新建任何公路，突然之间就被汽车淹没了。研究显示，如果一个家庭的汽车保有量增加，那么正如我们所料，这个家庭作为一个整体的出行距离也增加了。除此之外，每个人的驾驶里程数也增加了，仿佛新增车辆的存在促使人们更倾向于驾车出行。

繁荣催生交通。正如艾伦·皮萨尔斯基的描述，交通拥堵是“有经济条件的人想实现自身的社会和经济利益，却遇上了其他同样有条件实现自己利益的人”。人们越富有，保有的车辆就越多，驾驶频率也越高（少数曼哈顿百万富翁除外）。经济越发达，人们驾车行驶的里程数越多，交通拥堵的情况就越严重。这就是研究交通行为的有趣之处：它反映了皮萨尔斯基所谓的交通“需求线”（lines of desire）。美国统计局的调查结果好比这个国家的一幅严肃的集体照，在这张照片中，我们都在自己家里，平均每人拥有 2.3 间浴室和 1.3 只猫，但它并未真正体现我们的变化。交通普查就像一张杂乱、模糊的快照，记录了一个运动中的国家。它捕捉了我们在路上的形态，未经彩排，每天忙忙碌碌，只为了给那座有 2.3 间浴室的房子支付房款。它所反映的有关我们的事实，比我们自己知道的都要多。

这些数字揭露了一个惹人注目的事实：如今，女性对交通拥堵负有重要责任。（从另一个角度来看，她们也深受拥堵之累。）这种说法似乎自相矛盾。的确，这也让一名交通官员因为在一场会议上发表此类言论而饱受批评。数据并没有归罪于谁，也没有暗示女性进入职场不是一件好事；不过它的确揭示了一个有趣的事实：交通不仅仅是工程师的模型里匿名的车流，它是变化的，记录着社会的变迁。

许多人应该能回忆起（或想象出）这样一个场景：爸爸驱车去办公室，妈妈照顾孩子，也开车去城里办事。或是这样的场景：由于许多美国家庭只有一辆车，因此妈妈开车送爸爸赶早班火车，晚上再接他回家，正好可以吃晚餐并收看沃尔特·克朗凯特主持的电视节目。亚利桑那州立大学城市规划教授桑德拉·罗森布鲁姆（Sandra Rosenbloom）认为这一场景很狭隘。罗森布鲁姆的主要研究领域是女性驾驶行为，她说：“那只是中产阶级的生活，下层阶级的女性一直都在工作，无论是和丈夫一起打理店铺，还是在家做些计件工作。女性一直都在工作。”

但无论如何，鉴于1950年女性占工作人口的28%，《反斗小宝贝》[①]里的出行情况也并非全然虚构。今天，这一比例为48%，道路怎么会不拥堵呢？“汽车数量、驾照数量和行车里程数的增加，反映了女性进入职场的过程，”罗森布鲁姆说道，“这并不是说男性的驾驶里程和时间没有增加，而是说如果女性没有进入职场，开车去上班，你就不会看到交通拥堵程度如此惊人地上升了。”

女性工作人数增加只是真实情况的一部分。毕竟她们仍只占劳动人口的一小部分，并且研究显示，男性开车上班时累积的里程数仍然较多，但工作因素在出行中所占的比重越来越小。研究显示，20世纪50年代，美国人均日常出行中的40%是为“工作出行”，现在这一数字约为16%。这并不是因为人们的工作出行减少了，而是因为其他种类的出行大大增多。其他出行都有哪些类型呢？比如，送孩子上学、上托儿所、参加足球训练，外出就餐，取回干洗的衣物。1960年，普通美国人平均每天行驶20.64英里。到了2001年，这一数字超过了32英里。

是谁开车外出？大部分是女性。交通模式的变化向我们揭示了一个社会现实：虽然女性占工作人口的近半数，并且上下班所用时间和行驶的距离日渐接近男性，但她们仍然承担着大部分的家务劳动。在《反斗小宝贝》播出的那个年代，完成这些家务需要花费一整天的时间（罗森布鲁姆还指出，85%的单亲家长是女性）。皮萨尔斯基说：“分别看看男性和女性的出行率，再从家庭规模的角度看看，你会发现女性的出行率根据家庭规模大小而大不相同。男性出行率与家庭规模几乎无关，就好像他们没有家一样。这表明较累的家务活儿都是女性在做。”

事实上，女性的“乘客服务型”出行次数，即送某人去一个司机自己

---

① 《反斗小宝贝》（*Leave it to Beaver*）是美国一部情景喜剧，1957—1963年在美国播出，讲述的是美国一个中产阶级白人家庭里的男孩儿比弗在家里、学校、公园等地的冒险和趣闻。——译者注

不需要去的地方，几乎是男性的两倍。这些出行和上下班安排在一起，即所谓的“出行链”（trip chaining，一次外出可同时办多件事）。而且，由于女性整体出门上班的时间晚于男性，因此她们常常不偏不倚地碰上了早高峰（在晚高峰时情况更甚，正因如此，晚高峰才会变得尤其糟糕）。更为严重的是，这样的出行方式一般发生在有许多信号灯，并且设有很多转弯限制的社区街道，而这些地方处理拥堵车流的能力最差。

“出行链”加剧交通拥堵的另一个表现，是它使得拼车变得几乎不可能。她要去托儿所、取干洗的衣物、顺便逛逛百视达（家庭影视娱乐供应商），还要在克拉丽丝姨妈家逗留一会儿（“哪怕就待一秒钟”），谁会想和这样的人共乘一辆车呢？拼车行为在美国持续减少（一些移民群体除外），但由家庭成员组成（并且几乎所有的出行都只包括家庭成员，没有外人）的“家庭拼车”数量则不断增加。据估计，如今83%的拼车出行都是家庭拼车。

这引发了一个问题：拼车专用道会不会好心办了坏事？如果大部分“拼车”的人只是载着家人跑来跑去，并没有让道路上的车辆减少，从统计数字上看，还增加了行车里程（进而给交通增加了负担），那么为什么他们能在公路上享受特权？这是一项意在减少汽车数量的政策，但这条车道会不会成了一条“妈咪车道”，让带孩子的司机更快地完成“出行链”上的各项事务，从而鼓励更多的人也这么做？（一些孕妇将这一点发挥到了极致，争论说自己未出生的孩子也算是拼车人。）

纵然交通拥堵的罪魁祸首是女性，女性在其中所遭受的困扰也相对较多。高承载收费车道（high-occupancy toll lanes，简称HOT车道）绝佳地展示了这一点。在丹佛等城市，司机可以通过多付费用使用不那么拥堵的车道。罗森布鲁姆指出，有研究显示，女性比男性更常使用付费车道——虽然平均而言女性收入较低。“不仅高收入女性会这样做，”她说，“低收入女性也得从托儿所接孩子回家。即便孩子会在那里多待一分钟，你都得被责怪。也可能这些女性有第二份工作，需要按时赶到。”

罗森布鲁姆认为，我们不应该将交通拥堵归因于女性。“错在美国家庭如今的生活方式。夫妻双方都工作的家庭依靠汽车来平衡一切日常事务。”过去，孩子由家人照料，现在则被送至托儿所。过去的孩子走路上学是常事，现在只有15%的孩子这么做。据称，接送孩子上学的父母使车流量增加了30%左右。

然而，父母作为“私人司机”的职责还不止这些。随着孩子行程紧凑的课余生活不断丰富，大量的比赛、课程以及与小伙伴玩耍，都需要父母计划路线、保障后勤，其复杂程度足以让拉瓜迪亚空中的管制人员生出满头白发。据估计，1981—1997年，美国儿童在有组织的体育运动中花费的总时间翻了一番。孩子参加比赛和训练的地点路途遥远，全都需要父母接送。一个新的人口统计学群体——开车带孩子参加活动的母亲——开始成为公路上的主力军。“我打了这么长时间的棒球，父母一次都没有来看过，”现已步入花甲之年的皮萨尔斯基回忆道，“我并不觉得自己被忽视了，因为其他孩子的父母也不在身边。现在你再去看看，每场比赛都有150多人在场外观看，而且每个孩子都有奖品。”

皮萨尔斯基强调，交通是人类自身目的的一种表达方式。这些目的之所以发生巨大的变化，原因在于人们越来越富裕。美国家庭不仅车辆保有数增加了，而且他们还发现了新的去处。一旦你花大价钱买了一辆车，多次开车出行的相对边际成本就几乎可以忽略不计了——换言之，人们没理由不开车。

鉴于美国人越来越喜欢挣多少花多少，商场成为新型出行的主要目的地就不足为奇了。1983—2001年，美国家庭每年的购物出行次数几乎翻了一番，并且出行距离也越来越远。每年，以购物为目的的出行里程相当于横穿整个美国，再一路开回来。统计数字显示，更多人倾向于在周六下午 1 点外出，而非在典型的高峰期出行。我们拥有的财富越多，选择就越多，因此近半数的美国家庭去的都不是离家最近的超市，这也就不足为奇了。皮萨尔斯基注意到，和许多美国人一样，自己在购买食物的时候不存在“选择困难症”，他的驾驶行为也反映了这一点。“我去乔氏超市购物，因为我喜欢那里的四季豆。我去哈里斯蒂特购物，因为那里的海鲜比巨鹰超市的好。从实际情况来看，我们的选择更多了。”研究也证实，可以购物的杂货店数量比几十年前更多了。

你或许会认为，提供一站式购物的好市多、沃尔玛等超市的兴起也许有助于减少购物出行的次数。然而，大型超市需要服务更多的人，这意味着它们实际上也远离了更多的人。（学校也经历了类似的趋势，这解释了为什么孩子步行上学的比例下降。）一项针对西雅图杂货店开展的研究表明，1940 年，商店和人们住宅的平均距离是 0.46 英里，而到了 1990 年，这一距离为 0.79 英里。距离上这个小小的改变基本上注定了人们不得不开车去采购了，因为规划者认为，一般人都不愿意让步行的距离超过 0.5 英里。此外，虽然商店规模变大了，但我们去商店的次数也增加了。20 世纪 70 年代至 90 年代，人们每周的购物出行次数几乎翻了一番。

我们之所以看见路上有那么多人，是因为许多人正在外面做着过去在家里就能完成的事情。这同样是富裕产生的效应之一，不过这个关系很复杂。我们开车去餐厅买外带食物，是因为我们买得起，还是因为我们忙于挣钱以至于别无选择？不论原因如何，此类社会变迁都会对交通产生影响，并且往往变化太快，使工程师猝不及防。几年前，星巴克推出免下车外卖服务，这让那些交通工程师措手不及。他们建立了所谓的“出行模型”——主要指一门新的生意带来的额外的车流量，包括“设有免下车外带窗口的快餐店”和“咖啡/面包/三明治商店”，但“设有免下车外带窗口的咖啡店”则完全是新生事物。星巴克甚至还在道路两边分别开设店铺，以服务来自不同方向的客人，并免去司机在高峰期左转弯的烦恼，“免下车外带窗口”逐渐融入了人们的上下班出行生活。

“30 年前，如果有人说‘人们不会在家里煮咖啡’，你能想象吗？”华盛顿特区交通研究员南希·麦古金（Nancy McGuckin）在年度交通会议的休息时间这样问我。麦古金（同事称她为“出行链女王”）将咖啡视为促使交通模式发生新剧变的元凶。男性在出行过程中做的事情似乎突然之间也增多了。诚然，其中一些男性是为了送孩子，但更多的人选择停车是为了买拿铁咖啡，她将之称为“星巴克效应”。这种情况主要发生在中年男性身上。“谁曾想到他们会需要‘一个人静静’？”她问道，“我们经常听到女性说‘我们太忙，需要一个人静静’，但早晨在星巴克外卖窗口前停车的却是些中年男性。我听他们中的一些人说，他们会在家人为了给孩子找书包去学校而乱作一团之前，赶紧出门。（他想）起床离家去星巴克，那儿的服务员和他打招呼时能叫出他的名字，知道他爱喝的口味，天哪！他们在这里为一天的工作做准备。我不认为我们对这一心理现象的认识足够充分。”

这对于通勤心理本身同样适用。既然路况那么糟糕，为什么开车的人越来越多，并且还开去很远的地方？这个问题提得不无道理，它困扰了各式各样的人，包括经济学家、心理学家，以及交通工程师。

当然，我们需要考虑一个重要因素：对许多美国人而言，交通状况并不算太糟。他们上下班所需的时间仍然在一小时之内。皮萨尔斯基认为，相对而言，美国人的通勤时间应该“让全世界大多数地区羡慕”。在圣保罗等城市，由于交通拥堵太严重，以至于需要使用摩托车将病人带离水泄不通的汽车队伍并送进医院，人们日均出行时间超过 2 小时。欧洲平均开车出行时间比美国长 1/3（或许正是因此，欧洲人不大愿意开车出行）。近 90% 的美国人独自驾车上班，而这种方式平均仍能比其他出行方式节省 1.5 分钟。一项针对有工作的低收入者所做的研究发现，他们当中有车族的出行速度是无车族的三倍。就连没有汽车的人，也更倾向于使用汽车而非乘坐公共交通工具上下班。

通勤者的心理扑朔迷离，难以理解。一方面，人们似乎并不喜欢通勤。普林斯顿大学心理学教授丹尼尔·卡内曼（Daniel Kahneman）和几位同事做了一项调查，询问一组女性在很平常的一天里的经历，以及她们对这些经历的感受。结果是她们对通勤的感受最差。（排在前面的是“与恋人独处”和“与朋友休闲”等。）另一方面，加利福尼亚大学土木工程教授帕特丽夏·穆赫塔里安（Patricia Mokhtarian）发现，当被问及“理想”的通勤时间时，人们给出的答案并不是“最好不要通勤”（根据前述调查，你可能会做此猜测），而是“16 分钟”。

在另一项研究中，穆赫塔里安及其两位同事发现了一个“明显的悖论”。当被问及驾驶时间是否超出了自己的期望时，人们一致回答“是”。当被问及驾驶时间是否超出了自己的需求时，这些人几乎一致回答“是”。人们为什么会违背自身利益呢？既然是自己不愿意做的事，为什么还总要去做呢？研究人员推测，人们不想做的其实是开车去做的事，而不是开车本身。也可能仅仅是因为开车比探索其他的选择更容易一些。

两位瑞士经济学家发现了另一种通勤悖论。首先，他们假设开车上下班费时、压力大，还存在咖啡溅出以及撞车的可能性，因此当人们在理性选择居住地时，应将通勤作为一个“成本”因素加以考虑。如果你所从事的工作需要长时间通勤，你要么薪水丰厚，要么就是有一座漂亮的房子，它们带来的好处可以弥补通勤之苦；换言之，长时间通勤不应该让你变得不开心。经济学家对德国通勤者开展的一项研究正好印证了这一结论。研究人员发现，从理性的角度来看，如果某人的平均通勤时长为 23 分钟，那么他需要加薪 19% 才能使通勤“物有所值”。

当然，通勤族也别无选择。工作地点附近的房子可能太贵了，因此他们被迫住在离工作地点很远的地方。他们在回家的路上会看到“如果你住这儿，现在就到家了”的广告牌。经济学家罗伯特·H. 弗兰克（Robert H.

Frank）通过比对美国统计局 1990 年和 2000 年的数据发现，在收入差距增加最快的城镇，通勤时间增加的幅度也最大。他称之为“阿斯彭效应”（Aspen Effect），以富裕的科罗拉多城市阿斯彭命名。在这座城市工作的中产阶级因高企的房价而被迫不断外迁，这使得城市规模不断扩张。然而，这里仍然存在一个矛盾：统计数据显示，随着收入的增加，开车上下班里程非但没有减少，反而增加了。换句话说，那些可以住得近一些的有钱人似乎更经常开车。或许那些人搬离阿彭斯市中心正是由于有钱，能够买大房子，即使上下班路途遥远，他们也会选择搬远一点儿。

然而，许多心理学家认为，就是这里出了问题。居住在鹰谷（Eagle Glen）古老郊区的通勤族决定搬到富勒岭（Fledgling Ridge）一座更大、更新的房子里去。住大房子要付出的代价是他的通勤时间增加 20 分钟。这看上去挺值当，因为大房子极大地提高了他的生活质量。但渐渐地，瑰丽的光芒褪去，他很快就过了心理学家所谓的“享乐适应期”。突然间，更大、更新的房子变得平淡无奇，其他人也都有了更大、更新的房子。与此同时，通勤族损失了时间（和金钱不同，时间多半是挣不回来的）。这意味着他没有时间去做那些真正能给他带来快乐的事情，而是囿于漫长的通勤之中。并且，相关研究结果显示，通勤里程越长，所需时长的波动就越大，即通勤所需时间比你的预期更长或更短。此外，一些研究表明，比起通勤时间本身，通勤时间的波动更令我们烦恼。正如哈佛大学心理学家丹尼尔·吉尔伯特（Daniel Gilbert）所言：“你无法适应通勤，因为它完全不可预测。在路上开车就像经历一场人间炼狱。”

若想了解炼狱中的司机，可以看看城市中的公交车司机。他们面对的车流之多、出行计划受到的影响之大，很少有司机能与之相提并论。他们每天要面对着大量的烦心事，愚蠢的轿车司机指责他们引发交通拥堵，这真是讽刺至极，乘客也会因为公交车没有按时进站而冲他们大喊大叫。虽然公交车体积庞大，但它比轿车更容易受到碰撞。那么在这些司机的身上发生了什么呢？一项针对多国司机开展的研究发现，与常人相比，全职司机体内与压力相关的激素较多，高于他们成为全职司机之前的水平。交通状况越糟糕，他们体内的激素水平越高。有半数以上的公交车司机因各种疾病早早退休了。难怪电视剧《度蜜月的人》（*The Honeymooners*）中的拉尔夫·克拉姆登（Ralph Kramden）总是牢骚满腹！

瑞士研究人员探究通勤悖论所用的模型存在一个问题：模型本质上是询问人们的感受，并将其转化为数字。这种方法并不可靠，容易受到人们各种偏见的影响。举例来说，问大学生两个问题，一个是他们上个月的约会次数，另一个是他们对生活的满意程度。心理学家发现，这两个问题的提问顺序会影响调查结果。如果先问生活满意度的问题，则约会问题的答案不会受影响。如果先问约会问题，学生对生活满意度的看法突然之间就会随着约会次数的变化而变化了。这被称为“聚焦错觉”（focusing illusion）。一旦我们开始考虑某事，它就显得重要了。如果先问人们通勤时间有多长，再问他们有多快乐，得到的结果可能与不问通勤问题时得出的答案不同。这或许反映了通勤对他们的幸福程度产生的实际影响。也可能直到研究人员提出这个问题，他们才意识到通勤给自己带来的困扰。

这是交通令人困惑的、人性化的一面。交通工程师可以观察一段公路来测量它的承载量，或建立模型来测算每小时内通行的汽车数。从数学的角度来看，车流看似一个独立的实体，但其中的人们带着各自的目的，忍受糟糕的路况，去往各地。有些人是别无选择，而有些人则是心甘情愿。

此外，加州大学洛杉矶分校城市规划教授布莱恩·泰勒（Brain Taylor）观察发现，我们开车上班的过程可能分为好几个部分。我们会上车，沿我们居住的社区街道行驶，快速驶过一条主干道，然后上高速公路，再驶入另一条主干道，继而驶入一条稍窄的街道，再开入停车场坡道，走向电梯口，最后走到我们的办公桌前。在泰勒设想的通勤过程中，行驶在高速公路的部分可能占总行程的一半以上，但所需时间也许不到一半（并且我们会感觉行驶在高速公路上的一分钟比步行时的一分钟过得快）。泰勒注意到，即使将我们在拥挤的高速公路上行驶的速度翻倍，全程所节省的总时间也只有不到15%。鉴于此，我们不能一见到城市公路上以15英里的时速移动的车流，就假设每个人都因此而苦恼，或假设每个人都承受着同样的痛苦。

停车效率之殇

> 每个纽约人都知道，汽车比车位多得多。纽约的街道上整夜都有汽车在行驶。现代人开车就像在玩抢椅子游戏，只不过在1964年那会儿，每个人都有椅子可坐。
>
> ——杰里·宋飞

一些商场和商店都设有宽敞的停车场，停车场一般会在商场入口一分为二。下次去商场的时候不妨注意观察一下停车场里的车是怎样停放的，除非车位全都被停满了，否则你很有可能会发现这种现象：正对着商场大门的那一列停的车最多，汽车的队伍排得长长的，而相邻几列车位所停的汽车则稍微少一些。如果从空中观察停车场（比如使用谷歌卫星地图），你会发现排列成行的汽车看上去像一棵巨大的圣诞树，或者像一个铃铛，具体形状则取决于停车场的使用率。

进一步研究这一铃铛形的排列，你会发现如果将汽车停在正对着店门口那一列的远端，它距入口的距离实际上比旁边几列空着的车位更远。这是为什么？司机怎么没有选择更近的停车位？或许司机不擅长几何学？无论距离多远，人们倾向于停在正对商场入口的那一列，也许这是为了方便之后找到自己的车。停车人可能认为中间的那一列对着入口，可以一眼看到自己的车，所以会更安全——即使是白天在露天停车场停车，人们也会如此。也可能停车人开心地驶向最近的那一列，而到了才发现车位紧俏，之后就停在了映入眼帘的第一个车位。

不管怎样，停车场上出现了一些趣事。积极寻觅“最佳”停车地点的人，似乎不可避免地要比那些看见一个车位就停进去的人花费更多的时间抵达商场。弗吉尼亚州克里斯托夫·纽波特大学的心理学教授安德鲁·威尔基（Andrew Velkey）研究了密西西比州沃尔玛超市停车场里司机的行为，得出了这一结论。威尔基及其团队对进入停车场的车辆进行追踪，待车辆找到停车位，他们会测量车位到商场入口的距离和司机走到商场所用的时间。他们发现比较明显的策略有两个:“兜圈子”和“选定一行，找最近的位置”，并对其结果进行了对比。威尔基告诉我:“有趣的是，虽然兜圈子的人花了更多的时间开车找车位，但平均而言，他们所选车位到商场入口的距离并不比‘选定一行，找最近的位置’的人近，不论从时间还是空间的角度来看，都是如此。”这正是上面提到的“停车场形状”所呈现的观点：精挑细选出来的车位，在时间或距离方面未必最佳。

这是因为人们懒惰吗？还是因为人们屈从了认知偏见？下次去商场时你可以带上秒表，自己测一测看。研究结果显示，人们往往会低估开车去某地所需要的时间，却高估步行去某地所需要的时间。所以在他们看来，在停车场兜圈子所用的时间没有那么长，而步行则要花费更多的时间——或许这恰恰暗示了人们未来的停车模式。

威尔基之前曾针对大学停车场展开研究——该停车场很拥挤，但后排常常有空位——调查了学生自认为寻找车位通常所需的时间。“他们的回答是 4.5 分钟，”威尔基对我说，“但在现实中，根据我的观察，所需时间为 30 秒。那么额外的 4 分钟是怎么来的？”威尔基认为，这是名为“可得性启发法”（availability heuristic）的心理学原则在起作用。学生倾向于记住少数几次难以找到车位的情况，而忘记了平时轻松找到车位的经历。他们只记住了记忆中特别显著的事。

在沃尔玛的停车场里，这两组停车者身上还发生了一些趣事。女性更爱采用兜圈子策略，而男性似乎倾向于“选定一行，找最近的位置”。威尔基想知道男性和女性对距离和出行时间的感知方式是否存在“性别效应”（此前的研究得出的结论不一）。于是，他召集了一组受试者，让他们估计某个物体距他们的距离，并估计自己步行过去所需的时间。男性往往低估了步行时间，而女性则往往估计过高——这或许能解释不同性别在停车策略上的差异。男性和女性都低估了自己与物体间的距离，并且距离越远，误差就越大。

是什么引起了威尔基对停车场的兴趣？有趣的是，他最初的主要研究方向是动物的觅食行为，特别是研究动物在面对诸如食物和领地等有限的资源时如何制定策略。他在蒙大拿大学研究这一课题，那里的野生动物随处可见。结果，心理系研究室的窗外就上演着一个有趣的例子：拥挤的停车场。停车场这个资源的价值很明确。最近，一个教员因车位被学生占用，便用钥匙划坏了学生的车，结果被判监禁一天。[说到这里，我们必须谨记这句让大学得以平稳运转的格言：“给学生啤酒，给老师车位，给校友橄榄球。”（Beer for the students, parking for the faculty, and football for the alumni.）]

在这个停车场里，威尔基发现了两种行为方式：主动搜寻和被动搜寻。一些人会驱车在停车场里四处寻找车位，另一些人则会停在一排车的旁边，等别人开车离开。如果借用威尔基通常研究的鸟类觅食模型来说，积极搜寻者就好比秃鹰，翱翔在空中寻找猎物；被动搜寻者则像仓鸮，栖息着等待伏击。

大多数人是积极搜寻者，搜寻车位的时间都足以开车去附近其他的停车场了，而少数人则会在队列末尾花几分钟等别人离开。威尔基注意到，后者几乎总能在同一个停车场找到车位，而其他人则可能停在了别的停车场。（威尔基的这项研究没有测算找到停车位后下车步行的时间，所以很难说哪一类人所用的总时间最多。）这是“演化稳定策略”（evolutionarily stable strategies）起了作用：如果每个人都想当秃鹰，那么所有人都将无止境地绕来绕去；如果每个人都想当仓鸮，那么所有人都将在同一个地方盘旋。根据具体情况的不同（例如是否快放学了），一种策略可能会比另一种带来更多的“局部”利益。但威尔基指出，最终人人都会有车位。

人类搜寻停车位的方式和动物觅食方式之间的区别并没有你想象中那么明显。许多科学家认为，动物的觅食习惯可以借由一个被称为“最优觅食理论”（optimal foraging）的模型来解释——动物试图以最少的努力收集到最多的食物（从而有更多的时间和精力来做别的事，比如繁殖）。这些策略的演化来自每一代动物做出的无数关乎生死的决定：猎人会选择易得手的、低蛋白的猎物，还是难捕捉的、高蛋白的猎物？人类会在一片土地上生活多久，再搬去另一片更肥沃的土地？人类是集体觅食还是独自觅食？

在你自家的院子里就能看到最优觅食理论，想想蜜蜂和洋地黄的关系。花丛中寻找花蜜的蜜蜂会排列在花穗的底部，慢慢向上找。为什么呢？因为洋地黄是由下而上地开花，顶部的花所含的花蜜最少。蜜蜂还懂得跳过已经采过蜜的花，当一只蜜蜂来到一株被其他蜜蜂采过蜜的洋地黄上时，它很有可能会立即离开，想必是认为不值得花费精力去寻找遗漏的花蜜。

看过了蜜蜂，我们再来看看人类。蒙大拿停车场里遵循栖息策略的停车人找到了一种非常优化的策略：他们知道随着高峰时段的临近，学校放学之后会有车位空出来。不过比起寻觅空车位，更好的方法是寻找即将离开的司机。然而，刚到停车场的人或来得太晚的人往往徒劳地兜了好久，才最终决定不再把精力花在这个停车场了。

在日常生活中，当我们开车找停车位时，我们也面临这类觅食问题。我们必须决定是效仿秃鹰还是学习仓鸮。而有时候我们的角色又会互换：

节假日里，当你从人满为患的购物中心走出来时，感觉自己就像一只垂死的猎物一般被尾随，这让你紧张不安。哪种停车方法更快？是尾随别的司机并等待他们装载完货物后离开，还是另寻车位？我们会不会放弃眼前的车位（“猎物”），去寻找某个角落里的空车位？在动物的世界里，有时候结队狩猎更好，而有时候独自行动更佳。当你开车慢行在城市街道（或商场成排的车辆之间）寻找车位时，可能有过这样的经历：前面的车突然闪起尾灯，准备停进侧方的车位（结果那里是消防栓或停着小型汽车）。他正和你做着一模一样的事。继续在这里寻找停车位已经没有意义了，因为前面那辆车会先于你抢占车位——最好去别处找找。

但动物和人类并非总会遵循最优策略，原因之一在于获得的信息不足。人们正努力通过技术来解决这一问题：通过实时的引导牌或车辆导航系统将人们引向（付费的）空车位。另一个原因可能与我之前提过的认知错觉有关。城市规划人员已经指出，人们似乎愿意从停车的地方走半英里的路去目的地。比如，人们更愿意从大型停车场走向体育馆，而不愿意从市中心的街道上走过去。关于这一点有一个有趣的解释：地理学家的研究显示，与能看见目的地的道路相比，“分割的”街道更容易让人觉得路途遥远。因此与大型停车场相距半英里的足球场，看上去比在城市里拐几个弯步行半英里近得多。

诺贝尔经济学奖得主、经济学家赫伯特·西蒙（Herbert Simon）曾提出过极具开创性的“满意度理论”，即人类若总想按照最优的方法来行动，会极为困难，因此比起选择“最佳”结果，我们更倾向于选择“足够好”的结果。以之前描述过的钟形停车曲线为例，司机进入停车场时，目标通常是找到最佳位置，即距离入口最近的那一排。而一旦他们来到了那一排，目标就变成了在那一排里找一个最佳位置。这样做的好处在于能让人们对所选择的车位感到心满意足，但如果寻找最佳位置的策略反而让他们错失了很好的车位，就说明这个策略并非上策。西蒙将人类在决策上的局限称为“有限理性”(bounded rationality)。在威尔基的研究中，那些专注于寻找最佳距离的司机，没有将寻觅过程中损失的时间考虑进去，而且实际距离也没有很近。我们不知道他们是否对自己的停车位感到满意。威尔基打算对他们进行采访，但没有成功。讽刺的是，许多人以自己“没时间”为由拒绝了采访。

我们寻找停车位的方式不论有什么样的生物学基础，都属于交通中那些细微、隐秘的部分。它们比你想象得更重要。

停车问题在整个交通世界中所处的位置异常边缘。工程师将主要的精力放在车流模式的研究上，而不太关注停车模式。收音机里也不会播放早间“停车报道”。我们往往将交通视作运动中的车辆，而将停车位看作不动产(的确，从纽约和波士顿售价高达25万美元的停车位可以看出，停车位的价格可以和房价媲美)。但是我们往往忽略了一个简单的事实：如果没有停车位，交通也就无从谈起。道路上的每辆车都需要一个起步和停止的地方，并且大部分时间都停在那儿——每辆车约有95%的时间处于停泊状态。

停车问题是各种交通陋习的间接诱因。一项调查发现，进入曼哈顿下城区的车辆有1/3都朝免费或提供补贴的停车场驶去。如果那些停车场开始收费或取消补贴，那么早高峰时段路上的车辆就会少一些。颇具讽刺意味的是，交通部办公楼附近的街上停满了交通部的车，车身还贴有特殊的停车许可证。这些车辆在多大程度上加剧了高峰时段的交通拥堵?［这让我们联想到讽刺小报《洋葱》(*Onion*)上的一个头条：城市规划师身陷自己造就的交通拥堵之中。］

哥本哈根交通与规划部的斯蒂芬·拉斯姆森(Steffen Rasmussen)说，哥本哈根为了减少进入市中心的车辆、鼓励使用自行车和其他交通工具，采用了一个非常“狡猾”的策略：悄悄地减少停车位的数量。1994—2005年，哥本哈根将城市里的停车位从14 000个减少到11 500个，将空出来的场地用于公园和自行车道的建设。同期，自行车流量增加了40%——现在，哥本哈根1/3的上班族骑自行车上班。你从当地的报纸上能够看到这样的报道，“自行车数量现已过度庞大，某些自行车车道已经出现交通拥堵问题，自行车停车场也面临着同样的挑战”。这样的报道如果出现在其他地方，肯定是个可笑的印刷错误。报告显示，这类报道只适合少数城市，哥本哈根就是其中之一，这绝非偶然。

在拥挤的城市街道上行驶时，你或许没有意识到，身边的许多司机只是在漫无目的地寻找停车地点。其实，问题不在于街边停车位不够多，而在于有太多免费或低价位的停车场。鉴于这一发现，加州大学洛杉矶分校的自行车一族、经济学家唐纳德·舒普（Donald Shoup）倡导激进的改革。舒普蓄着胡须、打着领结，著有一本700页的大部头，名为《免费停车的巨大代价》（*The High Cost of Free Parking*），受到人们的狂热追捧。

舒普及其日益壮大的粉丝军团［自称“舒皮斯塔”（Shoupista）］奉行的准则是“85%解决法”（85 percent solution）。换言之，城市应当给停车收费器设置高费率，以便任何一个区域的停车场在任何时间段都只有85%的使用率。舒普说，理想的价格是“能避免引起车位短缺的最低价格”。在舒普看来，纽约等城市没有设置停车收费器的停车场简直令人深恶痛绝。“这个地球上最值钱的地方不应该被当作免费停车场。”他在加州大学洛杉矶分校的办公室里对我说。他的办公桌上摆着一个古董停车计时器。“免费的资源肯定分配不均。”他说。因此，纽约那些想免费观看“中央公园莎士比亚戏剧节”演出[①]的人，不得不提前一天就开始排队（或雇人排队）；提供免费网络的咖啡馆不得不对顾客的用餐时间加以限制。也正因如此，找一个停车位才这么困难。

人们漫无目的的游荡的原因很简单：为了捡便宜。在大多数城市，街边

① 每年7月到8月，纽约中央公园的剧场都会上演莎翁剧作，人们可以免费观看，但需要花很长时间排队拿票。——译者注

计费停车位和室内停车场的费用差距很大。舒普观察了20座美国大城市后发现，平均而言，室内停车场每小时的费用比街边计费停车位贵5倍。室内停车场之所以费用高昂，当然是因为街边停车位收费过低。如果还有免费停车场可以使用，那么差距就更大了，尤其是那些可以长时间免费停车的停车场。因此人们受到强烈动机的驱使，驾车四处寻找停车的地方，而不是径直驶向附近那个有空位的停车场。

对于个人来说，这说得通。但问题在于，从更宽泛的角度来看，个人的聪明行为带来的集体结果似乎相当愚蠢，这在交通中屡见不鲜。搜寻停车位的集体行为带来的额外交通流量大得惊人。舒普及其研究人员追踪调查了在加州大学洛杉矶分校附近寻找停车位的车辆（研究人员骑自行车观察司机行为，这样其他车辆就不会认为他们也在找车位，从而不会使研究结果产生误差），他们发现，为了寻找车位，15个街区范围内的车辆平均每天需行驶约3 600英里——超过了美国东西海岸之间的距离。

交通中有多少车辆在寻找停车位？工程师给出的答案是8%~74%，寻觅时间从3分钟到30分钟不等。你可能会问，3分钟能有多大影响？舒普指出，小数字也可能引起严重后果。在一座城市里，如果寻找街边停车位需要花3分钟，每个车位每天轮换10辆车，那么这些停车位每天就会产生30分钟的找车位时间。如果按10英里的时速计算，这意味着平均一个车位每天会产生5英里的行车里程，一年累积的里程足够你穿越半个美国，更不用说还会给空气造成多么严重的污染了。

问题并不仅仅是边行驶边寻找车位那么简单，为了停车，司机必须要减速，寻找潜在的位置、研究车位是否可用，并最终停入车位（或是观察某个停车位是否即将空出来并停下来等候）。舒普称这种特别的驾驶方式为“停车前戏”。虽然看似无伤大雅，但如果一条双车道上停着一辆车，那么它所造成的交通瓶颈会将交通通行量减半。

其他司机接近那辆停着的车时需要并线，这不可避免地会造成延误，从而加剧了交通拥堵程度。个人的小小举动会影响到许多人。著名城市规划专家威廉·H. 怀特（William H. Whyte）在研究曼哈顿的交通时曾经观察到这一现象。他的“理智之眼”观察到，某条街道总是“挤满了”并排停放的车辆（从舒普的角度来看，这就是停车价格太低的结果）。但是，当统计车辆数量时，他惊讶地发现，任何时候其实都只有一两辆车并排停放。他写道：“仅仅几辆车就引起了如此大的麻烦，这看似令人匪夷所思，但我们发现，问题的关键之处不在于汽车的数量，而在于车道因车辆并排停放而无法正常使用的时间有多长。每个街区有一辆这样的车就足以带来不小的麻烦了。”

当然，开车寻找停车位的时间越久，遭遇撞车事故的可能性也越大，进而会引发更多的交通拥堵。有趣的是，一些研究显示，城市交通中的撞车事故有近 1/5 是由停车导致的。一些交通工程师认为，考虑到安全性和交通流动性，应当完全禁止路边停车行为；其他工程师则提出反对意见，认为成排停放在路边的车辆不仅是一道物理屏障，还可以产生“摩擦力”（就像街边成排的树木，能将车流时速降低大约 8 英里），实际上使行人的交通环境更安全了。

再说回之前的沃尔玛停车场。那里宽敞的停车场看上去与拥挤的城市街道毫无关系，但在这些免费的大型停车场里也有许多“游荡”的司机，省钱的动机完全被缩短距离的动机取代了（当然，从理论上来说，这样也能节省时间，虽然实际情况往往并非如此）。事实上，沃尔玛的停车场始终有大量的停车位，公司甚至允许开房车的人将停车场当作露营地。舒普指出，在沃尔玛这样的地方，规划者依据“峰值需求”（即圣诞节）来设计停车场的规模，从而导致在一年的大部分时间里沃尔玛停车场都有足够的车位。预期需求可以通过交通工程师设计的停车模型估算得出，但舒普指出，实际运用中充满了奇怪的现象和矛盾之处，比如开设免下车窗口的银行反而比没有开设该窗口的银行需要更多的停车位。

舒普认为，停车模型里存在一个循环逻辑，在其他种类的交通模型中也存在类似逻辑。停车被视作一种必然存在的需求：规划人员会在公共交通不发达的地区测量某个具有代表性的免费停车场有多少人停车。当新的沃尔玛超市拔地而起，你瞧，它吸引了大量的汽车。舒普写道：“如此庞大的停车需求量证明了人们之前的预测——确实需要规划这么多停车位。”而规划人员似乎忽视了一个事实：他们是在通过扩大供给来催生需求。停车场里之所以有很多车，是因为停车不收费。

不过，舒普也提醒我们，沃尔玛的免费停车场和城市中的路边停车位一样，并不是真正免费的，“免费”一词用在这里就是矛盾的。我们通过各种其他的方式在为免费停车场付费，这不仅仅体现在所购货物的附加费用上。停车场不仅对交通拥堵负有间接责任，它们还是使城市气温升高的热岛，也是令城市和城郊环境日益恶化的“泄洪区”。暴雨产生的洪流裹挟着机油和多环芳烃（源于闪亮的黑色封闭漆）等致癌毒素，涌向周边地带以及不堪重负的排水系统。停车场代表着对能源的消耗以及对土地极为低效的利用。普渡大学地理学家布莱恩·佩詹诺夫斯基（Bryan Pijanowski）针对印第安纳州一个城镇开展了研究，他发现，停车位和司机数量比为 3∶1。他们在商场的停车场里兜圈子寻找更好的车位，以便节省时间和能源，却没有意识到在寻找好车位的时候浪费了多少时间和能源。整个停车系统就像在商场停车场寻找车位这一场景的放大版本。

交通模式勾画出我们日常生活中的“需求线”。这些模式表明了我们是谁，将去往何处。如果仔细推敲，你会发现交通运动的模式和我们的所有需求一样，并不总是理性或高效的。交通是一条充满机会的大河，但在选择停车策略时做出的糟糕决定，往往只会令我们徒劳而返。下一章我们将继续探讨解决交通拥堵的其他方法。

第六章

再多的路也不够车走

自私的通勤者

奇怪的是，道路一旦铺就，车辆便随之而来。

——罗伯特·路易斯·史蒂文森[①]

2002年夏，洛杉矶港和长滩港发生劳资纠纷，导致货物滞留了10天。船舶停靠在码头，耐克和丰田汽车公司的集装箱堆在一边，负责将集装箱送往目的地的五轴卡车一下子闲了下来。卡车往返码头的主要交通路线710号公路受到的影响立刻显现出来：罢工7天后，公路上的卡车减少了9 000辆。

加州交通局区域运营副主管弗兰克·库翁（Frank Quon）注意到，这个星期出现了一个奇怪的现象：车流总量只减少了5 000辆。库翁在洛杉矶市中心的办公室里对我说："没有上路的卡车有9 000辆。"可为什么车流总量只减少了5 000辆呢？"是小轿车填补了这一空缺。路上突然多出了4 000辆小轿车。"

司机似乎马上就知道了710号公路路况颇佳。发生劳资纠纷期间，710号公路行驶速度大幅提升，平均增速可达67%。他们可能是从交通广播里听来的，可能是听朋友说的，也可能是他们某天偶然走过这条路，发现路上不再拥堵，于是决定第二天继续走这条路。让人感到困惑的是，

① 罗伯特·路易斯·史蒂文森（Robert Louis Stevenson，1850—1894），苏格兰小说家、诗人与旅游作家，也是英国文学新浪漫主义的代表之一。本句出自1894年10月史蒂文森在"感恩之路"（Road of Gratitude）通车仪式上的讲话。——译者注

710 号公路并没有吸引其他更为拥挤的公路上的车流。库翁说：“如果你观察一下其他与之平行的路线，比如 110 号高速公路，那里的车流量和以前几乎一模一样。”

公路上好像突然冒出了好多司机，都要来体验一下这条公路。按南加州标准来说，这条公路顺畅得几乎令人难以置信。随后，在接下来的一周，码头重新开放，卡车都忙着运送积压的存货，交通状况比罢工前更加糟糕了——如你所料，卡车流量猛增，大大超出总车流量的增幅。这时，那些新加入的小轿车决定避开 710 号公路。

库翁等工程师将 710 号公路上发生的这种现象称为“潜在需求”（latent demand）。库翁解释道：“这些需求一直存在，但是由于交通系统承载量有限，这部分需求并没有显现出来。然而，当你创造了条件，潜在需求就会显现。”也就是说，因为 710 号公路太过拥挤而对它敬而远之的人们，突然都出现在了这条路上。我们不清楚他们以前是怎么出行的，可能是走地方街道，可能是乘坐公共交通工具，也可能只是在家里待着。

问题是，人们对交通状况的变化异常敏感（有时又过于敏感，一会儿我们将会看到相关案例）。即便是道路网络中极为重大的变化，他们似乎也能很快适应。工程师之间流传着这样一句话：“到星期五就没事了。”这句经验之谈的粗略意思是，即使星期一发生了某件大事，严重影响了正常交通——比如某条道路封闭，某处设立了临时绕行路障——到下个星期五（左右），人们就会找到某种方法适应这种变化，交通系统就会恢复正常。库翁说：“交通状况发生变化时，会出现一段时间的混乱状态。我们预计这种状态会持续两周。交通系统需要做出调整，以适应变化的路况。在此期间交通状况时好时坏，不过两周时间一到，交通系统适应了这些变化，就会达到某种平衡。”

对于路况转好的洛杉矶 710 号公路释放的潜在需求，研究人员经常会用另一个词来描述——“诱导出行”（induced travel）。两种表述说的其实是同一件事：公路出行出现了新动力。设想一下，如果 710 号公路上的卡车没有减少，而是增加了两条新车道，其结果是一样的。交通拥堵会有所缓解，但是会吸引更多的人选择这条路。如果是这样的话，交通拥堵程度甚至可能比之前更严重。这就是人们常说的“路多车更多”，你肯定听说过。这个说法事实上比汽车交通本身还要久远。1900 年，纽约市地铁交通系统主管威廉·巴克利·帕森斯（William Barclay Parsons）写道：“在纽约，没有什么方法可以解决交通问题。地铁铁轨铺成之后，原来满是石头和山羊的土地上就会建起一座座房屋，人们会为每条新线路创造交通需求。这条线路刚刚竣工，又马上需要修建其他线路。”

一个多世纪过去了，人们仍在争论不休。这里有一个没完没了的文字游戏，我实在不敢推崇。是因为人多车多，我们才修了更多路，还是因为修了更多路，然后才出现了对道路的需求？事实上，两种说法都对。争议来自政治和社会方面：我们应该在哪里工作和生活，以及如何生活和工作？我们应该怎样出行？谁应该为此埋单（成本是多少）？这对我们的环境会产生什么影响？

然而研究显示，诱导出行确实存在：修建的车道越多、越长，汽车行驶的里程就越多，甚至超过需求的“自然”增长，比如人口增长带来的需求。换句话说，新建车道会立即为那些本来就想开车的人提供方便，同时也鼓励了他们多开车——比如，新车道会让那些“不出远门的理性人”想要去更远的地方。而且，新车道还会带来新的车流，因为会有越来越多的人发现这里路况不错。格莱廷–杰克森公司（Glatting Jackson）工程师瓦尔特·库拉什（Walter Kulash）认为，相对于其他政府服务，修路引发的一系列循环效应更加强烈。“政府修建的道路越多，道路需求就越大。但是如果政府大力铺设下水管道，去厕所的人会更多吗？”

如果你不相信新公路带来新车流，那就想想道路封闭之后的场景吧。车流真的全部分散到其他道路上了吗？没这么简单吧？短期来看也许如此，但是从长期来看，车流总量其实下降了。英国一组研究人员在一项被称为“消失的交通”的研究中，分析了英国及其他地区的大量工程项目数据，其中有些公路由于建筑施工或设计规划等原因被拆除了。可想而知，受其影响的地区车流量出现下滑。然而，大多数时候，其他公路增加的车流量远远不及受影响道路上“消失”的车流量。

据简·雅各布斯（Jane Jacobs）的经典著作《美国大城市兴衰史》（*The Death and Life of Great American Cities*）记载，20世纪60年代，包括雅各布斯在内的几个纽约人发起了一项运动，要求关闭横穿格林尼治村华盛顿广场公园的街道。他们指出，公园并不是开车的好地方。同时，他们还提议，不得为方便车辆变道而拓宽附近其他街道。交通管理人员预测这么做将会使交通一团糟。但事实恰恰相反：对于无法横穿公园走捷径的车来说，周边的街道也不再便捷了。车流总量下降了，无论是公园还是周边地区都安然无恙。

我们已经看到，工程师的交通模型并不能准确预测人们面对“更安全的”道路时会做出什么反应，同样，预测拥堵也是如此。如果城市交通网络中减少一条道路，其他道路的交通流量必然会增加，这样才能弥补由此损失的交通承载力。这从数学角度来看是说得通的，好比你从管道系统中抽出来一根管子，其他管子的流量必然增大。但是人比水要复杂得多，而交通模型无法捕捉到这种复杂性并将其考虑在内。交通流量会如工程师所言出现上升的趋势，但正是因为如此，面对更加拥挤的路况，司机可能就更不想开车出行了。

或许并非如此。洛杉矶如今的交通系统绝大部分修建于20世纪五六十年代。当时的工程师并没料到洛杉矶的交通压力会如此繁重。洛杉矶交通局负责人约翰·费希尔（John Fisher）表示：“人们常说，‘修了路之后，车自然就会来了’。但是我们没有修路，并不意味着车就不会来。没有新建多少高速公路，可车还是增多了，而且越来越多。归根结底，洛杉矶就像一块磁铁，不管我们有没有修路，人们还是会趋之若鹜。”

这引发了一个问题：如果洛杉矶修建了足够多的高速公路，从市中心抵达圣莫妮卡海滩只需几分钟，洛杉矶这座城市将会取得多大的成功？再者，如果当初为缓解洛杉矶交通压力而在比弗利山规划的道路如今都已建成，那里将会更有吸引力吗？路况好转不是会吸引更多人吗？交通阻碍了洛杉矶的发展吗？还是说它只是洛杉矶繁荣的一个表现？加州大学洛杉矶分校的规划师布莱恩·泰勒（Brian Taylor）认为，人们经常单纯地将拥堵看作不好的现象，虽然它会对环境产生巨大的负面影响，但这种观点是不正确的：有哪个大城市不堵车？泰勒指出：“如果你需要拜访一名电影后期制作剪辑师或者卫星制导工程师，走洛杉矶拥挤的高速公路会比其他地方不拥挤的道路要快。”经济学家曾说密度与生产力成正比。交通工程师喜欢用冷清的餐馆和热闹的餐馆来打比方：即使需要排队等候，你也会更愿意去人多的餐馆就餐，不是吗？

据说，交友网站（Match.com）上那些来自华盛顿等城市的用户会明确提出，只想和距离在10英里以内的人见面，想必是为了避免交通拥堵带来的麻烦。有人将这视为一个社会问题：交通简直是在扼杀爱情！丘比特败给了交通拥堵！这种观点同样也是不正确的：人们搬到华盛顿等地，实际上正是因为周围有很多人。这正是城市中常常会出现速配约会的原因所在。那么多人共处一室，约会的人必须快速审视所有潜在的约会对象。在爱达荷州，即使约会对象在10英里之外甚至更远，你开车出门的时候也不会遇到交通问题；当然你可能也是别无选择。不管怎样，距离是考验交往对象诚意的良方，异地恋的朋友对此深有体会。

那些浪费在路上的时间呢？有人估计，2000年，美国因交通拥堵所蒙受的损失达到1 080亿美元。但是很多经济学家，尤其是布鲁金斯学会（Brookings Institution）的安东尼·唐斯（Anthony Downs）就此指出，这些估计存在潜在的缺陷。首先，人们似乎更能接受因堵车造成的迟到，而不愿花钱去避免拥堵（这意味着“真正的”损失接近 1 200 亿美元）。其次，工程师设计的很多模型在计算拥堵带来的损失时，所做的假设过于理想化。他们假设大城市高峰时段所有的通勤族都可以自由行驶——这种情形自讽刺诗人尤韦纳尔所处的罗马时代起就已经成为泡影。另外一个复杂之处在于，模型用一个假定的工资额来计算人们在交通中的经济损失，但这相当于假设人们在交通中节省的所有时间都用来赚钱——或者说，人们会用路上省下的时间做一些有价值的事情，而不只是开车去更远的地方。（正如前一章中提到的，很多人似乎很享受开车的时间。）最后，没有人确切地知道交通系统为我们创造了多少价值，所以交通拥堵造成的损失可能微不足道。不妨用互联网来比较一下。互联网强加给我们各种干扰——YouTube（优兔）视频、垃圾邮件、“梦想足球”等各种网络游戏，但是，大家都认为相对于互联网给我们带来的好处，这些干扰都是可接受的代价。

新建的道路会带来更多车流，还有另一种略为微妙复杂的情况：布雷斯悖论（Braess Paradox）。这听起来像是罗伯特·勒德拉姆（Robert Ludlum）的一本小说，但这一理论其实是源自德国数学家迪特里希·布雷斯（Dietrich Braess）于 1968 年发表的一篇经典论文。简单地讲，布雷斯发现的这一悖论是，在交通运输网络中增加一条新线路并不会令路况好转。相反，对全部使用者来说，整体效率可能会降低（即使不像“潜在需求”的案例那样，没有诱使新车上路，情况也是如此）。其实一直以来，很多人都在思考这一问题，包括 20 世纪初英国著名经济学家亚瑟·塞西·庇古（Arthur Cecil Pigou）和 20 世纪 50 年代运筹学家 J. G. 沃德罗普（J. G. Wardrop）等人。

要想完全理解布雷斯及其论著，你需要具备高等数学知识，但你也可以通过简单的交通现象理解其中的根本问题。首先，想象连接两座城市的两条公路：一条是“稳妥”街，这是一条双车道的地方街道，两城之间的路程用时一个小时，且路况比较稳定；另一条是“冒险”高速公路，车不多的时候这段路程仅需半小时，如果车多，也需要一小时。由于大多数人都觉得自己运气不错，他们都上了“冒险”高速公路——结果大家都用了一个小时才到。从单个司机的角度说，这样做没有错。毕竟，如果司机不上高速，而是走“稳妥”街，也不会节省时间。只有其他司机不走高速公路的时候，走高速公路的司机才会更省时。不过，凭什么其他司机不能走高速公路呢?

司机陷入了“纳什均衡”（Nash Equilibrium）的怪圈中。纳什均衡是源自冷战思维的一个战略理论，诺贝尔经济学奖获得者约翰·纳什（John Nash）使这一理论得以普及。在这种状态下，实验游戏中的任何一个玩家都无法仅靠自己的行为让个人境遇好转。如果你不能改善自己的处境，为什么还要改变路线呢？讽刺的是，如果每个人都做对自己最有利的事情，其行为对所有人来说并不是最佳选择。另外，如果有位交警站在道路交叉口指挥交通，将一半司机引导至“稳妥”街，将另一半引导至“冒险”高速公路，那么“稳妥”街上的司机不会提前到家，但是“冒险”高速公路上的司机却可以节省一半的时间。总的来说，所有人在路上的行驶时间总和减少了。

如果这些已经让你感到困惑了，那么布雷斯的发现真的能让你晕头转向。我们把问题尽量简化，想一下我前面提到的两条公路，不过这次想象在到半路时，“冒险”高速公路（如果车能少点儿的话，两地之间的车程不到一小时）变得像“稳妥”街（总是一小时），而“稳妥”街变得像“冒险”高速公路。由于在两条分成两段的公路花费的时间大体相同，两条路上的汽车数量基本相当，于是大家的行程都处于一小时的均衡状态。

但是，现在想象一下，正好在中间位置，也就是“冒险”高速公路变得像“稳妥”街、“稳妥”街变得像“冒险”高速公路的地方，两条公路之间架起了一座桥。如此一来，原来行驶在“冒险”高速公路上的司机发现，就算经由这座桥换到“稳妥”街的“冒险”路段，也不见得有多快；而刚开始上了“稳妥”街的司机也不乐意穿过桥换到“冒险”高速公路的

“稳妥”路段去，于是留在“稳妥”街，等待即将到来的后半段“冒险”路段（谁知道呢，说不定就撞上好运了）。

问题在于，如果每个人都试图去做他们认为对自己最有利的事，所有司机实际行车时间的总和将会增加！两条公路之间新建的那座桥原本是为减少拥堵而设计的，结果却弄巧成拙。计算机科学家蒂姆·拉夫加登（Tim Roughgarden）提出的“自私路径”解释了其中的原因。每个人在交通网络中所选择的路径看上去对自己是最有利的（“用户最优”），但对整个交通网络而言，所有人的整体行为却可能是效率最低的（“系统最优”）。

这才真正触及交通拥堵问题的核心。我们是“自私的开车族”，行驶在一个互不配合的交通网络中。人们早上开车上班时，不会停下来思考该走哪条路，或者几点出门会对所有人最有利。他们选择了同一条路，满心希望这条路上的人不会太多。

作为司机，我们在不停地制造一种现象。在经济学家晦涩的经济学用语里，它被称为“非内部化的外部性”（uninternalized externalities），指的是你感觉不到自己给他人带来的痛苦。例如，加州大学伯克利分校的两位法学家曾估计，加州公路上每增加一位新司机，其他所有司机的保险成本都会增加 2 000 美元。我们不用为各种令人讨厌的汽车排放物埋单——不说别的，洛杉矶出了名的雾霾造成的潜在损失大约为每英里 2.3 美分。我们也不用为自己制造的噪声污染埋单，据加州大学戴维斯分校的研究人员估计，每年由噪声造成的损失为 50 亿~100 亿美元。人们如何估算噪声这种事物造成的损失呢？房地产价格为此提供了一些线索。研究显示，如果临近道路的交通流量及速度有所增加，房价就会明显下跌。一旦道路上安装了交通稳静设施，房价经常会上涨。有人可能会说，位于车流量较大的道路两旁的房子，其价格已经将这部分损失包括其中了。那么如果房主买房的时候价格较高，后来路上车辆多了起来，房子贬值了呢？此外，住在交通要道附近的居民，还会接触到更多汽车排放的碳氢化合物以及固体颗粒。大量研究表明，住宅距离公路的远近与哮喘、冠心病等疾病的发病率有关。

当你开车上路时，还会给身边的人造成其他损失，这种损失更难衡量。20 世纪 70 年代，城市规划师唐纳德·阿普尔亚德（Donald Appleyard）在旧金山做了一项调查，他发现住所附近交通流量越大，人们的朋友越少，出门的时间也越少。人们曾指责交通破坏了原始的生存环境，将生物驱逐出觅食区，影响了鸟类的繁衍生息。同样，繁忙的交通也阻碍了道路上人们的社会交往（也许这正是"拥堵扼杀爱情"的原因）。有点儿自相矛盾的是，阿普尔亚德发现，那些住所附近交通流量较小的人（这些人收入更高，更可能拥有自己的房子），实际上出行次数更多，而住所附近交通流量较大的人，他们当中较少有人买得起车。富人其实是在增加穷人的负担。

然而，最基本的外部性是拥堵本身。你开车驶入车流中，就会延长其他人在路上行驶的时间，同样，其他车辆的加入也会影响到你。但是，任何一个司机节省的时间都不会超过其他所有司机所浪费时间的总和。在经济学中，如果一个人在消费某种事物时不会影响或剥夺其他人同种消费的能力，这种事物即为"公共产品"，例如阳光。夜深人静的时候，空荡荡的马路也许可以被视为一项"公共产品"，但是不论是何原因，一旦出现拥堵，这条路都不再是"公共产品"了——使用的人越多，路况越差。

这就是加勒特·哈丁（Garret Hardin）著名的"公地悲剧"效应，指的是一片完全开放的草场上很快就会聚满了牧民，每位牧民都想饲养更多的牛来吃草。牧民多养一头牛，他就可以从中额外获利，这最终会造成草场过度放牧，但牧民还是会不断增加前来吃草的牲畜数量，因为就个人而言，他是不断获利的，尽管回报越来越少（直至最终消失）。然而，所有人都将承担增加牲畜所造成的损失。（过度捕捞也是这类"悲剧"的典型例子。）

高峰时段，所有车辆都涌到马路上，于是“公路悲剧”出现了。每增加一辆车，所有人都将遭受损失。但是，由于对个体司机而言，开车仍比不开车更有利可图（去上班或者回家），而且损失是大家共同承担的，所以还是不断有人开车上路。

迪士尼解决拥堵有妙招

美国98%的通勤者更喜欢乘坐公共交通工具出行。

——美国《洋葱》杂志某新闻标题

那么，如何解决交通拥堵这个由来已久的两难问题呢？人们会说：“多修路！”接着有人回应：“但是路多了，车也多了！”“那就再修更多的路！”“那会带来更多车！”对这一连串问题，有几件事值得一提。如果用修路的方法来缓解交通拥堵，其中一个最明显的问题是，至少在美国，我们修不起。无论问哪个交通工程师，他们都会重复已有数据向我们揭示的事实：我们的资金都不够用来维护现有道路，更别提修新路了。那些燃油税去哪儿了？美国司机所缴纳的燃油税只是加拿大司机的1/2，日本司机的1/4，英国司机的1/10。考虑到通货膨胀的因素，燃油税收入还达不到20世纪60年代的水准。

然而，即便我们能修得起更多路，把钱用来修路或许并不是最好的选择。原因之一，正如交通学者马丁·瓦希（Martin Wachs）所指出的，“90%以上的道路，在90%以上的时间里并不拥堵。”很多道路只在一天的某个时段发生拥堵，这就又要提到前面讲的沃尔玛停车场的问题了。你会仅仅为了满足圣诞节前夜每位顾客的停车需求，而去建一个一年364天都空置的停车场吗？在洛杉矶，有些人必须凌晨5点就出门，才能保证上班不迟到。一天中的大多数时候，公路上两个方向的车道都很拥堵。一方面，这可以说是负面的社会现象；另一方面，这也是件好事，它说明交通网络得到了有效利用。在空荡荡的公路上开车会更痛快，但也是一种浪费。

你可能会认为增加车道是解决交通问题的良药，不过事实并非总是如此。想象一下，你身处两条三车道公路的交叉路口，这里极其拥堵。你心想，为什么不能加宽一下路面呢？你看到有那么多人都想要左转——为什么不再增加一个左转车道呢？两位加拿大研究人员指出，问题在于增加车道其实会降低边际收益。

交叉路口越大，通行效率越低。比如说，如果增加第二条左转车道，为安全起见，“允许性”（permissive）左转（绿灯亮起时可左转）将不再适用，只可以“保护性”（protected）左转（左转箭头变绿时可左转）。由于信号灯变绿时可以左转的车辆减少（道路加宽），绿色左转箭头的指示时间就不得不延长。这也意味着，其他大部分司机不得不暂时停车。同时，车道越多，工程师所说的车辆间的“摩擦”也越多。例如，如果车道从一条变成三条，由于不得不穿过三条车道，司机在左转弯时会觉得更有难度，对总体车流的影响也会更大。随着交叉路口逐渐扩大，司机穿行所用的时间就越长，扫尾时间（工程师为确保每位司机，包括行人，都能安全通过而设置的暂停时间）也需要延长，这又进一步拖延了时间。最终结果是，单车道的交叉路口平均每小时通行625辆车，第二个车道每小时仅通行483辆，第三个车道通行463辆，而第四个车道只能通行385辆。在新增车道上投入的钱越多，回报越小，交叉口恢复到拥堵状态也会越快。

另一个问题是，大部分堵车都属于工程师所谓的“一次性拥堵”，是指平时通行良好的公路出现了交通拥堵，可能是因为建筑施工或者恶劣的天气，但更多时候是因为发生了车祸。比起增设车道，此时解决交通拥堵最好的途径是降低车祸发生率——正如第三章讲到的，司机开车时只要多留心一点儿，这并不是难事。

当然，不管车祸有没有导致整条车道封闭，它其实只是问题的一个方面。由于看热闹的司机经常在公路两边排起长队，这会导致公路通行能力下降 12.7% 左右。此时，我们的好奇心害了我们。不仅是强烈的好奇心驱使我们伸长脖子一睹为快，而且，对别人有机会看到的东西，我们也不愿错过。经济学家托马斯·谢林（Thomas Schelling）指出，虽然每位司机为了查看事故现场而慢下来 10 秒钟，但比起他们因为等待而耗费的 10 分钟，时间似乎并不长。然而，这 10 分钟正是其他人的一个个 10 秒钟构成的。由于没有人可以体会到自己给别人造成的损失，每个人都减速看热闹。“这太不划算了。”谢林总结道。而手机摄像功能让事情变得更糟，放慢车速给事故现场拍照的人令车流移动得更慢了。更重要的是，那些看热闹的司机常常更容易发生车祸。弗吉尼亚联邦大学的研究人员发现，在因为分心导致的交通事故中，第二大诱因（第一大诱因是疲劳驾驶）便是“观看事故现场、路边其他事故，以及车流或其他车辆”。

这表明，我们陷入的交通拥堵时常是我们自己造成的：减慢车速看热闹的人发生了车祸，继而导致其他人也发生了车祸，引发连锁反应。谢林表示，如果交通中的人们具有合作性，彼此约定不会停下来看热闹，那么每个人都会节省更多时间。但这种假设是不成立的，于是交通工程师转而使用隔离屏障加以应对，他们在事故现场设置屏障，阻挡人们的视线。理论上来说，这种方法应该是可行的，但它也有致命的弱点。仅仅是穿过越发拥挤的道路，将屏障运到事故现场，就足够让人头疼了，而且事故应急员可能有更急迫的事情要处理，现在却要（冒着风霜雨雪）竖起一面巨大的墙体，就像是在模仿艺术家克里斯托（Christo）的作品。再者，颇具讽刺意味的是，屏障本身也会勾起人们的兴趣。英国交通研究实验室的研究人员珍妮特·肯尼迪（Janet Kennedy）告诉我，M25 高速公路（即伦敦外环高速公路）施工时，曾尝试使用隔离屏障。她说：“开始时效果并不明显，因为人们还是会看那个屏障。但后来我们发现，人们已经不再关注屏障了，大家都习以为常了。”对施工现场来说，这种方法是可行的，因为每天从这里经过的都是同一批人。不幸的是，对于最容易使人分心的事故现场而言，屏障的作用就不大了。还没等司机习惯同一个屏障，事故现场早就清理干净了。

不过，那些相同路段上每天都会上演的“重复性”交通拥堵呢？如果资金充足，我们可以增设更多车道。然而，只是这样的话，我们还是无法摆脱公地悲剧：扩建更多的草场，牧民就会饲养更多牛。交通拥堵是一个两难问题。因为开车是一种交易（对于开车出行引发的后果，司机不用全部埋单），收费低的公路吸引了更多的人，这不仅使这些公路拥堵不堪，而且也很难提供足够的税收用来修建新路。

圣诞节购物大促销时，好市多超市赔本甩卖电视机，结果如何？凌晨5点，商场门前就排起了长长的队伍。政府降低过路费，甚至入不敷出，结果会怎样？凌晨5点，公路上就排起了长队。价格改变行为。这不是多么出人意料的事，但目睹时还是能令人大吃一惊。在北京的一家必胜客餐厅，我发现了一个奇怪的现象，顾客在沙拉吧台小心翼翼地将沙拉在碟子里堆成小山，然后端着摇摇欲坠的绿色蔬菜回到座位。他们这是在做什么？原来这里的沙拉实行统一价格，点一份沙拉只能取一次，所以顾客要确保能吃回本。每次取餐都要尽可能高效。如果沙拉吧台不限制次数呢？人们就会多拿几次，每次少取一点，这样往返沙拉吧台的客流就会增多。

马路就像依靠政府补贴、想吃多少取多少的“沙拉吧台”。你想走几次就走几次，想什么时间出门就什么时间出门，想出门做什么就出门做什么。这对社会而言或许是件好事——比如好市多为吸引客流低价售卖电视机，但是，就是因为太划算了，所以每个人都要开车出门。然而，近来用于修建新路的资金和土地都逐渐短缺，现在的问题从“怎么让更多人开车上路”变成了“怎么让路上的车变少”。当然，答案是收取拥堵费。这个主意不算新鲜。就由人们造成的交通拥堵等“外部效应”向人们征税的想法，由经济学家阿瑟·庇古（Arthur Pigou）提出。庇古在其1920年的著作《福利经济学》（*The Economics of Welfare*）中就曾讨论过道路使用者给其他使用者带来的麻烦。

后来，为了让人们接受城市道路是一种稀缺资源且必须为其付费的观点，诺贝尔奖获得者、经济学家威廉·维克里（William Vickrey）长期孤军奋战。1963年，维克里指出，旅店在旺季时收费更高，火车和飞机在出行高峰期收费更高，连电话公司都会在打电话的人较多的时段提高费率，为什么路上车辆增多时却不能向司机多收费呢？（维克里的思想略微超前：当时是20世纪60年代初，还没有方法追踪人们开车去了哪儿，行驶了多少里程。于是，维克里制作了一个简易的无线电发送器，将它安装在自己的汽车上，并将研究结果展示给朋友们看。）

在伦敦和斯德哥尔摩这些城市，收取拥堵费这一措施已初见成效。它迫使人们对于此次出行到底“值不值”做出权衡，并且给出了一个可供比较的明确标准。以前我们也要为此付出代价，但那只是时间代价，时间无法弥补道路修建的成本，并且人们对待时间的态度和对待金钱的态度并不相同。尽管时间不同于金钱，从来都是一去不复返，但我们似乎对时间的价值不太敏感。人们更容易理解和接受时间损失。拥挤的公路存在的问题是，每个人都将承受相同的时间损失，即使有些人可能有更紧迫的事情要做。举一个极端的例子，假设一位孕妇临产了，正急着去医院，结果却被堵在路上，而路上的其他人只不过是“要出门透透气”。每个人都会觉得自己的出行理由是正当的，不过这真的是稀缺资源应有的分配方式吗？

当人们被迫思考应该何时、何地，以何种方式出行，并计算为此付出的代价时，一个有趣的现象发生了。你或许认为，在高峰时段上路的肯定是那些别无选择、必须开车上班，而且只能在这个时间点出门的人。但研究人员发现，事实并非如此。研究人员想方设法追踪高峰时段公路上每一辆车的车牌，然后将几天的追踪记录进行对比，结果发现只有大约 50% 的车辆每天都会上路。有时，如果深究看似随机的行为，会发现人们实际上遵循着一定的模式。研究结果显示，某个星期三在高峰时段出现在高速公路上的司机，在下个星期三的高峰时段会出现在同一路段。英国交通研究人员理查德·克莱格（Richard Clegg）称之为“下星期三再见效应”（see you next Wednesday effect）。

并非所有人的习惯都这么有规律。2003 年，研究人员在西雅图开展了一项研究，他们在一部分司机的车上安装了电子设备，这些设备可以掌握司机在何时何地开车。首先，研究人员根据司机的日常习惯收集基准数据。然后，研究人员告知司机，他们每人将会获得一个虚拟现金账户。如果在最拥挤的时段、最拥挤的路段开车，系统将自动从他们的账户中扣除更多费用。该项目被称为交通抉择（Traffic Choices），项目赞助方普吉特海湾区域委员会的理事马修·基钦（Matthew Kitchen）表示，即使是在收费之前，人们每天的行为也都大不相同，这让他感到十分惊讶。

自从设立了虚拟账户，人们的行为真的起了变化：人们减少出行时间，改变出行路线，乘坐公交车，尽量缩短出行距离。基钦说道：“从这些现象中我发现，人类是非常智慧的生物，时刻为个人利益着想。他们知道自己面对着时间和金钱的特殊权衡。人们的反应多种多样。比如，为了节省 10 分钟，我今天的选择可能就跟明天迥异。”

这些变化对出行有多大的影响呢？用交通术语来说，总出行量下降了 13%。这看上去似乎并不多，但是在遇到道路瓶颈时，细微的变化也能产生巨大的影响（据说，交通量减少 5%，车流速度可以提升 50%，即使这只意味着从时速 5 英里增加到时速 10 英里）。对于交通拥堵来说，基钦指出：“好比从悬崖上掉下来，下落的速度会非常快，摔得会非常狠。这也就是为什么交通量即使仅仅下降 5%~10%，整个交通网络的速度也会有大幅度的提高。你不必上前敲司机的脑袋惩罚他。你可以通过一些刺激手段，使他们的行为产生较为缓和的变化，从而取得不错的效果。”

拥堵费哪怕只能改变一部分人的行为，也有助于遏制长久以来交通中存在的恶性循环，正是这一恶性循环使得人们不愿乘坐公共交通工具。开车上班的人越多，交通状况就会越差。这导致公交车在路上行驶的时间延长，公交公司的成本增加，票价也随之提高——虽然乘坐公共交通工具的这些人降低了总体交通量，但是却受到了惩罚。乘坐公交车变得越来越不划算，因此越来越多的人选择自己开车，这就让公交乘客的境况变得更糟糕，于是他们就更不愿意乘公交车了。

出现这种“雪崩式”的连锁反应并不需要太多条件。历史学家菲利普·巴格韦尔（Philip Bagwell）指出，1959 年，伦敦的所有车辆中只有 7% 是私家车。但是，只要乘坐公共交通工具的人中有 1%选择开车出行，私家车在出行中所占的比例将提高 12%，马路上私家车的数量将增加 5%。现实情况的确如此，伦敦不久便患上了“交通血栓”（traffic thrombosis）。工程师为缓解交通压力采取的每一项举措，似乎只会让事情变得更糟。

然而，拥堵费可以改变这一现象。开车成本增加了，于是路上的车减少了。增加的拥堵费收入可以投入公共交通建设，于是路上减少的汽车数量使得公共交通在时间和金钱两方面都受益。公交车更便宜了，于是乘车人也多了。马路上行驶的汽车数量发生一点变化，可能会产生各种后果。在伦敦，一个众人皆知的悲剧便是特拉法加广场的衰落。特拉法加广场是伦敦标志性的核心建筑，纳尔逊纪念柱矗立在这里，多年来无数次示威游行在此举行。不过，大部分时候这里看上去只是繁忙的交通圈的中心，一处隔绝了噪声和有害物、精心修建的供游客喂食鸽子的场所。政府计划将广场和国家美术馆之间的街道关闭，将二者合并成一个公共场所。从交通的角度来看，这绝对行不通。但伦敦拥堵费项目主管马尔科姆·默里–克拉克（Malcolm Murray-Clark）在办公室里一边喝着茶一边对我说，拥堵费改变了一切。他指出，拥堵费改变了伦敦交通的“基础水平”，为规划师提供了足够的空间，关闭特拉法加广场旁边的街道，不会造成灾难性的后果。他说：“途经特拉法加广场的车流中，有18%的车辆目的地不是伦敦市中心，他们只是路过。所以征收拥堵费之后，这些人会最先离开。”

拥堵费其实只是优化交通系统——或者换个说法，将人们从自身本能中解救出来——的一个措施：如何说服大家不要在同一时间去同一个地点呢？伦敦等城市实际上是在效仿迪士尼乐园。这么说也许有点牵强，不过思考一下，迪士尼主题公园每天向大量游客开放，其中很多人都想先去体验最热门的游乐项目，而城市每天向所有人“开放”，大家都想立刻去同一个地点。迪士尼负责客流分配的工作人员和负责娱乐业务的工作人员一样多，他们将游客从一个游乐项目引导至另一个游乐项目（中间经过商店和餐馆），以最高效的方式，最大限度地减少游客的抱怨。迪士尼专门聘请优秀的工程师负责解决客流和排队的问题，布鲁斯·拉瓦尔（Bruce Laval）就是其中之一。

拉瓦尔如今已经退休，1971年，他效力于迪士尼公司工业工程部门，他的硕士论文主题就是交通信号的协调性。乐园里的单轨列车深受游客欢迎，他在迪士尼的第一项工作就是缩短游客等待时间。他告诉我：“关于是否需要再购置第六列单轨列车这个问题，管理层想要听取各方意见。他们认为，需要加大运输能力来满足更多游客的需求。”但拉瓦尔不以为然，而是提出了一个违反直觉的解决方案：减少而不是增加一列单轨列车，这样更能提高迪士尼的游客运输能力。原因在于，为确保安全，每列车的前方都有一段缓冲区，当靠近另一列车时，需要减慢速度甚至停车。减少列车数量意味着每列车都能加快速度行驶（这就是网络中常见的“慢即是快”效应）。

更早以前，迪士尼意识到，随着乐园越来越受欢迎，管理游客队伍将会越来越困难，尤其是太空过山车等热门项目。你会怎么办呢？迪士尼使用了我们在交通网络中的解决措施，即维持一种低效率的平衡。任由游客排队等待，如果队伍太长，他们自己就会离开（对应交通网络中的开车离开高速公路），去玩其他游乐项目（选择其他公路），这样队伍就会自行调整。你也可以通过各种心理学手段，让队伍看上去没那么长（比如，向游客公布的等待时间比实际等待时间更长，或者让等待的游客绕过一些小型游乐项目）。但是，即便如此，人们仍然要排队（即交通中人们仍然开车行驶在路上）等待，他们本可以去做些别的事，比如购物或者就餐（在交通网络中就是工作或者待在家里休息）。迪士尼还可以增强乐园接待能力，有些地方也这么做了。但是，这么做也有不足。拉瓦尔说："增强接待能力需要投入大量资金，这种做法虽然能够缩短游客在高峰期的等待时间，但在一年中余下的95%的时间里，接待能力其实是过剩的。这就好比你不会按照复活节那天的需求来设计教堂。"

于是迪士尼尝试了拥堵定价的方法，通过票价反映游乐场点的接待能力。太空过山车这类热门项目需要E票，E票相对于A票来说更贵。A票主要用于不怎么受欢迎的项目，比如美国大街上的老式汽车。这一措施不仅可以防止游客集中在热门项目处排长队，还可以将游客分散到乐园的各个角落，避免了太空过山车等项目处出现"交通拥堵"。"提高乐园接待能力的方法之一是改变需求。"拉瓦尔说。这一措施取得了一定的成功，但还有可能产生另外一种效果。拉瓦尔解释道，迪士尼世界80%的游客是第一次到这里来（迪士尼乐园回头客更多些），其中很多人并没有特定的计划，不知道第一站去哪里，而E票就像一个闪闪发光的红色标志，招呼游客"快来这里吧"。每个人都想把钱花得更值，于是他们立即奔向最贵的项目。这些项目不仅因为受欢迎而使票价提高了，同时也因为票价高而更受欢迎。

这种现象在交通中也能看到：驶入南加州高承载量收费车道的车越多，收费就越高，以避免道路出现拥堵；然而，有的时候，人们驶入收费车道恰恰是因为它收费高。他们认为，这条路收费之所以高，是因为不收费的公路堵得厉害。(这种行为有悖于经济学中的“价格弹性”原则,依照这一原则,随着收费的增加,用户数量应该减少。)

1999年,迪士尼的最终解决方案出炉,他们引入了快速通行系统(FastPass),该系统在为游客发放门票的同时,还会告知游客何时入场。FastPass的原理,其实是利用了网络同时具备空间性和时间性的特点。使用者不必在有形的队伍中等候,只需在一个时间上而非空间上的“虚拟队伍”中等候即可。在等待的同时,他们还可以去体验其他游客比较少的项目(或者去购物)。人们可以在备用道上排队等候,碰碰运气,或者是去别处转转,只要他们能在指定的时间准时出现在项目场所,就不需要等太久。显然,FastPass无法应用于交通系统。司机不愿意把车开到收费站的时候被告知“请下午两点半再来”。不过,拥堵费和它的作用原理是一样的,都是在时间上调整网络中的需求。

当然,如果工程师能够知道交通网络中任何时间的需求以及供给,并能够将这些信息传递给司机,那么交通状况就可以通过调整空间上的需求而得到改善。过去,这个设想粗糙不成熟,因为我们无法及时得到并发送这些信息,也不能一眼看清交通网络中彼此影响的车流全貌。你肯定有过这样的经历:你被堵在路上原本心存一线希望,想知道一些关于交通拥堵的信息(根据某些法律规定,你是不可能知道的),然而交通员播报的语速飞快,你几乎一个字都没听清楚。正如我们在洛杉矶看到的,交通信息太滞后了,再采取措施已经来不及了,甚至有的消息根本不准确。

应对交通拥堵,相比小打小闹的精确打击,还不如试一试地毯式攻击。纽约市前交通长官萨姆·施瓦茨(Sam Schwartz)表示,通过发布“交通堵塞警告”,并在广播中循环播报,可以“使交通中的车流量减少5万~6万辆”。“在交通系统中同样存在海森堡不确定性原理①。如果你监测

① 海森堡不确定性原理(Heisenberg Principle)是量子力学的一个基本原理,由德国物理学家海森堡于1927年提出。——编者注

了路况，并向人们发布相关信息了，就会产生效应。”当萨姆想要减少某公园道路的车流量，以便让施工人员检修高架桥时，他会编出更严重的警报。他说：“我可以唬走那条路上40%的车辆。我们做过统计，我们竟然如此高效，这令我很惊讶。有时你听到广播正在报道交通状况非常糟糕，那其实是我授意的，我就像《绿野仙踪》里幕布背后的奥兹巫师一样。”

但是人类心理这时又呈现出它复杂的一面。其中一个问题是，你永远不会知道人们会如何反应。研究人员集合了一些司机展开研究，这些调查对象平常都会开车走加州硅谷美国101号公路。不久前，这条路上发生了一起多车连环相撞事故，用了半个多小时才完成现场清理工作，造成了大范围的延误。研究人员就此事采访了这些司机。研究人员发现，只有一半的司机听说了这起事故，而且他们中的大多数还是选择在同样的时间，走同样的路去上班。很多人似乎并不认为改变出行计划可以为他们节省时间。

我们也都遇到过这类情况：看见前方发生车祸，我要不要改走其他街道呢？星期天一大早回城会不会好一点儿？其他人是否也都是这么想的？这条路上车不多，我选择走这条路是对的吗？别人都不走这条路，是不是有什么原因？归根结底，问题在于在不了解全部事实的情况下，我们该如何做决定。我们会依赖经验进行自我启发，利用头脑中的小策略、小手段迅速处理各种信息：这条路通常也就堵几分钟，我还是走这里吧；我敢打赌，广播说今天有雪，商场里的人肯定不多。我们会利用以往的经验做出预测。

这就让我回想起经济学家W. 布莱恩·阿瑟（W. Brian Arthur）提出的著名的“El Farol酒吧问题”（El Farol Problem）。El Farol是新墨西哥州阿尔伯克基的一个酒吧。假设有100个人想到酒吧听现场音乐，但是如果酒吧里的人超过60个，场地就会显得很拥挤，那么，人们该如何决定去还是不去呢？如果第一天晚上某人来到酒吧，看到人很多，他会不会认为，其他人可能都嫌人多，所以就不来了，于是他第二天晚上再来。抑或其他人也有同样的想法?在为期 100 个星期的实验过程中,阿瑟发现平均顾客人数果真在 60 人左右,只是每天晚上的人数一直在这个水平上下波动。这就意味着,人们出现在酒吧的时机其实是随机的,因为人们在不断地试图调整自己的行为。

这种平衡问题在交通系统中十分常见,即便人们掌握了一些信息,也会碰到这个问题。比如 2006 年,芝加哥丹瑞恩高速公路进行大检修。第一天封闭了 8 条高速车道,没想到交通却出乎意料地顺畅。听取官方建议选择绕行的车辆反而比高速公路上的车辆更慢。新闻报道了这一状况。星期二的场景可想而知:一大批车辆驶入高速公路。我们可以据此推测,星期三高速公路上的车流会再次减少,但也有可能会继续增加。

当我们可以掌握所有信息而不必猜测时,情况会怎样呢?我们正处在交通变革的起步阶段,市场上出现了导航设备,并且与实时交通信息结合得越来越紧密。仅就导航功能而言,对交通就有十分重要的影响。研究显示,司机行驶在不熟悉的道路上时,效率要比平时低大约 25%,也就是说,他们迷路了。如果能为他们指出最佳路线,其行车总里程就可以减少 2%。如今,UPS 快递公司(联合包裹速递服务公司)以及其他卡车车队都在使用物流软件缩短运输时间,降低燃油消耗,方法仅仅是尽可能地寻找可以避免左转的路线,因为那样会比较耗时。但是,只有当每位司机都不必猜测,而是通过精确的实时数据就能知道哪条路上车多,哪条替代路线是最佳选择时,才能发生巨大的变革。

从理论上来说,这将有助于提高交通系统的效率。当司机被告知前方发生了交通事故时,车载设备会给他们指明另一条路线,预计可以节省 10 分钟。但是,交通中的事情从来没有这么简单。

首要的问题是,实时数据并不名副其实。例如,西雅图的 Inrix 公司是交通信息的主要提供商之一,其交通模式数据收集渠道极为广泛,从公路上的电磁感应圈到商务车辆探测器,再到拉斯维加斯的会议日程时间表,收集到的有实时数据，也有历史数据。Inrix公司大约有50亿个“数据来源点”，对收集到的数据按照观测的准确度及时效性加权。Inrix首席科学家奥利弗·唐斯（Oliver Downs）解释道：“比如，对于加州交通局感应器估计出的13分钟前的车辆通行速度，我们在估计现在的情况时会对其进行5%的加权。”Inrix每分钟都在估计当前的状况，但是，正如唐斯所说，“这对当前状况来说是3.7分钟前的估计”。同时，客户每5分钟得到一次新的反馈。唐斯说：“我们所说的‘实时’数据”，其实是‘5分钟以内’的情况。”时间看上去好像没差多少，但是，唐斯指出：“考虑到道路情况瞬息万变，这个差距已经足够大了。”

另一个问题在于如何利用这些信息，或者根据这些信息我们应该给司机提出怎样的建议。人称“拥堵教授”的德国物理学家迈克尔·施莱肯伯格（Michael Schreckemberg）同德国北莱茵—威斯特法伦州的官员展开合作，负责向公众提供实时信息和交通预报。他们收集了大约36万份“基础图表”，即某个路段车流行为的精确统计模型。该合作项目的功能和Inrix一样，但不如Inrix涵盖的范围广。他们不仅对“平常”日子里发生的情况了如指掌，对所有特殊情况也十分了解：星期三恰逢节假日的那几周的情况；道路结冰的第一天的路况（他指出，大部分司机这一天还没有换上冬用轮胎）；夏令时的第一天的路况（平常人们清早出门时天已经亮了，但这一天，天还没亮就出发了）。

这类信息和通过各种感应圈及传感器收集到的数据，可以用来对交通状况做出精确的预报——不仅可以预测“正常”情况下的路况，而且可以预测事故或者意外发生时的交通状况。但是，这里存在一个问题：预报会不会因此改变人们的行为，从而改变预报本身？经济学家蒂姆·哈福德（Tim Harford）在谈到华尔街的预报时指出，如果所有人都知道明天某只股票价格会上涨，那么大家都会去买这只股票，于是这股价涨停，明天可能就不再上涨了。

施莱肯伯格将这种现象称为“自我毁灭式预报”(self-destroying prognosis)。在杜伊斯堡–埃森大学的办公室里，他指着一张公路地图，图上畅通的路段标记为蓝色，拥堵的路段标记为红色。他说:“交通预报称，这条路一个小时后车流会增多。很多人知道后会说，‘噢，那就不要走A3路了。’然后他们转到了其他路上。所有人都去了其他公路，然而预报中的交通拥堵并没有发生。这是个问题。”即使信息滞后的时间很短，这种波动也会发生，施莱肯伯格称之为“乒乓效应”(ping-pong effect)。假设面前有两条路线，司机被告知其中一条路比另一条快5分钟，于是所有人都选择了那条较快的公路。系统还未及时更新信息，大家都转去的那条路就已经慢了5分钟。另一条公路的速度这时却变快了，但它很快也将面临同样的遭遇。

这就产生了一个问题：总体而言，这些信息对司机或整个系统真的有帮助吗?还是说，这些信息会引发前面提到的“自私择路”问题?麻省理工学院智能交通运输系统项目负责人摩西·本–阿基瓦(Moshe Ben-Akiva)就这类出行问题做了几十年的研究。他称交通预报是一个“鸡生蛋还是蛋生鸡的问题”。他表示:“要使预报精确，必须将人们可能对预报做出的反应考虑在内。人们一旦从广播中听到预报，就会做出相应的反应，如果不能将人们的反应考虑在内的话，你就无法预测明天会发生什么。”

于是，研究人员根据人们之前的反应，建立了行为反应预测模型。施莱肯伯格对此心生疑问：这在本质上是否意味着不要让司机了解全部信息。“你必须对信息进行组织整理。如果你想要让人们做正确的事，那么告诉他们全部真相并不是最佳选择。”一些主要的商业信息提供商也在思考这一问题。在位于芝加哥的公司总部，地图交通信息供应商NAVTEQ公司的副总裁霍华德·哈耶斯(Howard Hayes)表示:“如果哪天人们收听到一则准确的交通信息，说某条公路发生堵车，大家便会纷纷转向另一条路，导致那条路也出现拥堵。要想达到理想的状态，需要稍微动动脑筋，让一部分人转到某条路上，另一部分人则留在原来的路上。”

由于信息仍然十分有限，而且实际获得这些信息的人只占少数，我们并不知道一旦每个人都能获知交通网络中每条道路的路况，将会出现怎样的情况。大部分模拟实验显示，获得实时信息的司机越多，信息量越丰富、越实时、越准确，行车时间就会越短，交通堵塞也会越少。实验表明，即使司机没有获得实时信息，他们也会从中受益。获得信息的司机将退出拥堵的道路，于是这些道路不再拥堵，没有获得信息的司机便不会被堵在路上了。但是，正如你可能会想到的，研究结果显示，随着获得信息的人数增多，实时信息给每位司机带来的益处逐渐减少。从本质上来说，捷径已不复存在。可以随时获悉最佳路线的人越多，存在车辆稀少、畅通无阻道路的可能性就越小。这对所有司机（即“交通系统”）来说是好事，但是，对个别人，比如那些摸透路况的出租车司机，就没那么好了。

当遇到偶发性拥堵时，实时交通信息及路线引导是最有价值的。比如，某条路平时车流量并不大，因突发车祸而出现拥堵，这时，改换哪条道路会更快一点儿对司机来说是十分有用的信息。然而，对非偶发性拥堵来说，因为所有人在同一时间要去往相同的地点，从而导致高峰时段堵车，但堵车高峰时段一过，这类信息的优势也就很快消失了。在经常发生交通拥堵的交通系统中，替代路线早已被其他司机盯上了，根本不存在什么捷径。

实时路线引导的另一个缺点与城市交通网络一个比较奇特的现实息息相关。通过研究德国 20 个大型城市的交通状况及其道路网络，研究人员发现，道路系统遵循着所谓的“幂律分布”，也就是说，相当少的一部分道路承载着绝大部分的交通量。例如，在德累斯顿，50% 的路段承载的交通量几乎为零（仅占 0.2%），而全部车流量中的 80% 则集中在不到 10% 的道路上。原因显而易见：大多数司机倾向于选择宽阔的道路，因为这些道路上的车速最快。尽管可能会遇到堵车，车速减慢，但仍然是最省时的选择。道路交通工程师普遍了解这一事实，同时也更愿意司机行驶在他们设计的承载量更大的路段，而不是到处乱窜，严重扰乱地方交通。

有一天，我用摩托罗拉手机查看了TeleNav导航公司提供的实时交通信息。我开车行驶在康涅狄格州95号州际公路上，亲身体验了实时交通信息及路线导航的优势和不足。手机乐此不疲地给出一个又一个指示，甚至还为我提供了到达目的地的预计用时。突然，手机发出警报：前方堵车。我利用导航系统查询最佳备选路线，系统很快给出了答复。结果我听到了一个坏消息：改换另一条路比我在原地等待花的时间还要长。我现在所在的这条路，无论堵车与否，都是最佳路线。

实时交通信息及路线导航与交通拥堵费是一枚硬币的正反两面。前者告诉司机怎样避免拥堵，而后者迫使司机不要制造交通拥堵。道路发生拥堵时，实时信息的用处不大，只能像迪士尼乐园的太空过山车项目一样，告诉游客（司机）他们可能要等多长时间。单就这一点而言，可以算得上一种社会利好。但是，处于拥堵中的车辆提供的实时拥堵信息还可以有其他用途。这些信息可以用来计算人们在任意时间对某条道路的确切交通需求。而通过征收拥堵费，道路上的车辆将变得和商品流通一样，由市场价格反映并影响供求关系。

第七章
危险意识让司机更安全

道路传递的安全/危险信息

前车之鉴。

——中国谚语

1967年9月3日星期天，天刚蒙蒙亮，斯德哥尔摩的街道上洋溢着不同寻常的节庆气氛。汽车的喇叭声和路人的欢呼声不绝于耳，交警接过人们献上的鲜花，路边的漂亮姑娘面露微笑。街道上挤满了大大小小的汽车，其中有很多已经等了好几个小时，就为了参与这一历史性的交通大拥堵。人们盗窃自行车，只为了能够成为交通中的一员。当6点的钟声敲响时，瑞典人开始了靠右通行的历史。

经过多年的争论，各方面准备工作就绪后，这一天终于来了。在此前的几十年间，变左侧通行为右侧通行的提议在议会上被多次提起，每次都被驳回。1955年，这一议案在瑞典进行公民投票表决，却以压倒性的劣势被否决。右侧通行的支持者们并没有因此气馁，1963年，他们的提案最终得到了政府批准。

支持者认为，斯堪的纳维亚半岛其他地区以及欧洲大部分地区都是靠右侧行驶，这使得瑞典与外来人口相关的交通事故逐渐增多，变左侧通行为右侧通行可以降低此类事故的发生率。现有车辆的方向盘大多安装在左侧，而大部分瑞典人的汽车方向盘都安装在右侧，他们抱怨更换汽车的花销太大，还认为交通事故将会因此增多。

随着“H-Day”（右侧通行日，瑞典语höger首字母，意为“右”）的来临，各种昭示混乱和灾难的预言席卷而至。《纽约时报》悲观地评论道："这里的 9 月究竟会发生什么，各种可怖的阴影笼罩着瑞典人民。"尽管经过了长达 4 年的准备，尤其是变更前一年，公共服务部门发出了极为迅速有力的通知，但这种悲观的氛围仍挥之不去。

瑞典人开始靠右行驶，这对很多人来说都是平生第一次。情况怎样呢？道路变得更安全了。新规则实施后的星期一，交通委员会发布的一份报告显示，事故发生数低于平均值。当然，且不论那些悲观的预言，这个结果可能也在意料之中。其一，毫无疑问，很多瑞典人怀着对未知的恐惧而选择不开车或者少开车；其二，政府在实施新政前几个月发布了特别限速令：城区限速 40 公里每小时，郊外限速 60 公里每小时，高速公路限速 90 公里每小时；最后，斯堪的纳维亚人的高效以及对法律的尊重使得这一制度得以顺利施行。这可是为世界生产沃尔沃汽车的国家，怎么可能不安全呢？

值得注意的是，新措施执行后，瑞典道路的安全状态不只是持续了几天或几周。一年之后，事故发生率才恢复到新政执行前一年的水平。这就引发了一个问题，在这么长的安全期里，真的是换边行驶在发挥作用吗？但不管怎么说，从短期来看，人们之前认为瑞典全国都处在靠右行驶的学习适应阶段，所以预测交通事故会增多，但瑞典的路况却变得更安全了。从理论上来讲，一夜之间改变交通规则会使道路变得更危险，但瑞典人的行为迅速地发生了变化。研究结果显示，当迎面有车靠近时，司机不再急于超车，而且行人过马路时也会更加注意两车之间的距离。

瑞典的公路真的变危险了吗？毕竟，公路还是原来的公路，只是司机在驾驶时换了一个新位置。其实发生变化的是司机，他们感觉公路不如以前安全了，于是在路上更加谨慎。

大部分人或许也有类似的经历。想一想交通环岛，这在欧洲十分常见，但在沿岸地区仍是新鲜事物。对很多美国人来说，环岛是个危险的地方。电影《欧洲假日》（*National Lampoon's European Vacation*）中倒霉的格里斯伍德一家的遭遇，大概是美国人对环岛恐惧心理的最佳体现。格里斯伍德一家开车进入伦敦的环形交叉路口，结果发现出不来了。他们不停地沿路口绕圈子，仿佛被困在交通炼狱中，直到夜幕降临，一家人都睡着了，爸爸一个劲儿地说梦话。不管故事是真是假，确定无疑的是，故事里饱受诟病的环形交叉路口和交通环岛指的不是同一个事物。环形交叉路口形式多种多样，最主要的特点是，处于环形交叉路口的汽车通常必须给驶入环路的汽车让道。同时，环形交叉路口更大，汽车驶入时车速更快，导致汽车并线的效率较低。有的环形交叉路口还有交通信号灯，而交通环岛是没有交通信号灯的，刚驶入的汽车必须给已经行驶在环岛上的汽车让道。从这里我们能看出交通环岛效率更高，不过有一点可能会让你吃惊：现代环岛比有交通信号灯的传统交叉路口要安全得多。

这首先要归功于交通环岛的设计。道路交叉口是事故多发地段，在美国，50%的交通事故发生在交叉路口，十字交叉路口则更危险。在十字交叉路口，工程师所谓的潜在“摩擦”点数量高达56个——在这些点上，你可能与其他车辆相撞——其中，你可能与其他车辆发生碰撞的点为32个，可能撞到行人的摩擦点为24个。

交通环岛使得潜在摩擦点的数量大幅降低，降至16个，而中央岛［可以形成工程师所谓的“偏度”（deflection）］完全消除了车辆在道路交叉口两种最危险的做法：第一种是直接穿过交叉口，通常车速还很快（大部分环岛的平均车速是传统交叉路口的一半，从而使来往的行人更安全）；第二种是左转弯。这个动作看似简单，但需要在迎面而来的车流中寻找一个合适的间隙——此时人们的视线经常被其他也要左转的汽车挡住了。另外，此时你的注意力已经被分散，你需要确保在快速左转穿过人行横道时不会撞到行人。研究人员针对24个由拥有信号灯和停车标志的交叉路口改建而成的环岛进行了分析。他们发现，环岛交通事故总数减少了近

40%，其中伤残事故减少了 76%，死亡事故减少了 90%。

这里有一个自相矛盾的地方：很多人认为更危险的道路反而更安全，而我们认为更安全的道路反而更危险。这就不可避免地提及环岛更安全的另一个原因，也是更为微妙的原因。对司机而言，任何形式的道路交叉口都是一个复杂的交通环境，大脑需要承担极大的工作量，处理诸如信号指示、其他车辆、转弯动作等各种信息。如果遇到的是绿灯，司机驶向交叉路口时会认为没有什么可担心的，因为现在是绿灯。但是，华盛顿一位退休的交通工程师肯尼思·托德（Kenneth Todd）指出，交通信号灯存在一个致命的缺陷。司机希望“赶上”绿灯而加大油门，但这个时候更应该注意周边有没有要转弯或闯红灯的车辆。交通信号灯位于高处，司机需要看向上方，导致视线远离道路，看不到前面那辆汽车闪烁的减速灯。再者，色盲司机分不清红绿灯，而且有时阳光过于刺眼，会使每个人都看不清信号灯。

但是在交通环岛上则不同，只有傻子才会莽撞地全速向前冲。行驶在交通环岛上的司机必须调整车速，观察有没有间隙，并小心驶入车流中。这需要更大的工作量，于是人们感到压力增大，危险感随之上升。这本身不是坏事，因为交叉路口毕竟是危险地段。能够让人更深刻地体会到这一点的道路，实际上是更安全的。

有一次，我开车行驶在西班牙郊区时决定抄近路。从地图上看，这似乎是一个好主意。结果那是一条一路爬坡、崎岖不平的柏油路，甚至连拐弯的地方都没有指示牌，简直就是一场噩梦。一路上几乎没有护栏，只有令人眩晕的深沟。为数不多的几个警示牌上写着我早已心知肚明的事：危险。我是怎么开车的呢？我开得非常慢，双手死死握着方向盘，眼睛直勾勾地盯着前方。每到一个转弯处，我都会早早地按响喇叭。我的妻子既害怕掉进深沟，又担心可能会撞车，从此以后她再也不让我看西班牙地图找路了。

这条路是危险还是安全呢？一方面，它十分危险。这条路的“视距”（是指司机发现危险，并能在一定车速下及时做出反应的距离）简直糟透了。道路狭窄，也没什么交通指示牌，只是时不时地会出现一两个警示牌。不仅有可能撞车，而且没有可以防止汽车翻进深沟里的护栏。于是，我小心翼翼地开着车，仿佛命悬一线。现在再来看看另一条西班牙公路，从机场到埃斯特雷马杜拉时，我们走的是超棒的四车道高速公路。路上汽车非常少，也没有交警，而且我迫不及待地想快点儿到达我们入住的宾馆。我开得很快，因为感觉很安全：道路平坦顺畅，弯道徐缓，视野开阔。当时阳光明媚，标志警示牌提醒着我随时可能发生的危险。结果如何呢？千篇一律的高速路让人渐渐有些疲倦（在车少的路上，以及没有交叉口的高速支路上，司机很容易昏昏欲睡），再加上阳光照耀，我差点就要睡过去了，结果车子冲出了公路。这条路是危险还是安全？

客观来讲，在两条路中，高速公路肯定是更安全的。众所周知，限制通行的高速公路是最安全的道路之一。这里几乎不会发生车辆正面相撞事故，汽车的行驶速度差不多相同，中央分割带将相反方向的车流隔开，弯道徐缓，路面外侧高于内侧，可以防止车辆在转弯时打滑。路上没有自行车及行人，而且即使我犯困打盹儿，也会在振动带的“噪声防睡报警设施”的提醒下回过神儿来。即使在最糟糕的情况下，两边的栏杆也可以避免我冲出公路或者越过中央隔离带。如果有高压电缆护栏，就像在英国和美国俄克拉荷马州越来越常见的布瑞芬缆索安全护栏，还能防止我弹回路中央。

这些振动带是所谓的“宽容之路”的组成部分。“宽容之路”的设计理念为：设计道路时应该考虑到人们是有可能犯错误的。欧洲道路评估项目负责人约翰·道森（John Dawson）向我解释道：“即使犯错，也不至于判死刑。工厂里不允许犯错，飞机上不允许犯错，生产产品时也不允许犯错。但是在道路上，我们允许人们犯错。”

这个理念乍一听非常不错，但有件事一直在我脑中挥之不去：我不禁想起那两条路，正是更安全的那条差点儿要了我的命。因为路况看似安全，所以会掉以轻心，对我来说反而更危险了。“宽容之路”也许是一种看似简单，甚至与直觉相符的理念，但其实争议颇多，有些人甚至认为是异端邪说。多年来，经济学家、心理学家、道路安全专家等对这一理论看法不一，各种概念五花八门，从“佩兹曼效应”（Peltzman Effect）、“风险内平衡”（risk homeostasis），到“风险代偿”（risk compensation）、“抵消假说”（offset hypothesis），不胜枚举。大体而言，所有这些都在说明一个事实，即人们会根据感知到的危险改变自身行为（我将在第九章更全面地阐述这一观点），而人们对这一行为反应并不自知。

从我行驶在西班牙两条道路上的经历来看，这个问题要微妙复杂得多，不仅仅是“这条路危险还是安全”这么简单。道路安全与否同时也取决于我们自己。联邦公路管理局特纳–费尔班克公路研究中心的工程师也注意到了这一现象。该研究中心位于弗吉尼亚州的兰利市，紧邻中央情报局。

首先需要考虑的是，人们从公路能获得什么信息，通过什么方式获取？西班牙的山路不需要限速标志，在这里开得太快不是件好事，这是显而易见的。这是典型的“自我解释式道路”（self-explaining road），道路本身就能告知司机路况有多危险，不需要多余的提示。但是你可能会有不同意见：在山路上设置一些转弯警示牌或者反射镜为司机指引道路，不是更好吗？也许吧。不过芬兰的一项研究结果表明，在转弯处增设反射镜反而使汽车车速比没有反射镜时更快，导致交通事故增加。另有其他研究人员发现，如果在转弯处标记建议车速，与没有标记建议车速时相比，司机的行驶速度更快。

事实上，道路本身向我们提供的信息，比交通标志提供的多得多。受聘于联邦公路管理局（Federal Highway Administration，FHWA）的心理学家汤姆·格兰达（Tom Granda）表示：“如果你把公路建得很宽，可视距离良好，有一个较大的中央分隔带，还有较宽的路肩，司机就会感觉很安全，于是车就会开得很快。道路上有没有限速标识或者交通标志并不重要。事实上，修建公路的工程师在引诱司机开快车。”

但是，这些诱因——宽阔的道路、宽敞的车道、良好的可视距离，以及较大的中央分隔带和路肩——从理论上来说，也都是为了保证司机的安全。就好像是让一个正在减肥的人吃一大堆低脂冰激凌和饼干。和减肥的那个人一样，司机习惯了食用本来就有益健康的食物。想一想交通安全工程中的一个关键概念：道路的“设计车速”。这是一个让人困惑的概念，不仅仅是因为工程师常常无法向其他人很好地解释这一概念。美国公路工程师的“圣经”、传说中的“绿皮书”是这样定义设计车速的：“在路况良好且道路设计理念得以充分体现的情况下，在特定路段可实现的最高安全车速。”没明白？别担心，交通规划人员对此也很头疼。理解设计车速的一个简单方法是想一想大多数人——工程师称之为“85%位车速”[①]——的通常车速（所以排除了自杀式飙车族和速度超慢的司机）。就像我们在前面的章节中看到的，靠司机来判断安全车速是要冒很大风险的。

更让人感到困惑的是，设计车速有时等同于车速限制，有时又与之不同。一旦达到85%位车速，工程师就会试图让公路的各种因素（例如路肩、弯道、路边净区）尽可能地与这个速度相适应。那么，这意味着每个人都在以“安全的”设计车速行驶吗？不尽然。美国联邦公路管理局安全研究与开发办公室技术总监雷·克雷默斯（Ray Krammers）向我解释道，司机开车常常会超过设计车速。他说：“我们知道驾驶员会超过设计车速。我们每天都在这么做。我们把设计车速定在每小时60英里，人们会开到每小时70英里。如果设计时速是70英里，很多人会把车开到时速75英里甚至80英里。”其实，这就像是可承载20人的电梯每天都会载21个

① “85%位车速”是指在该路段的所有车辆中，有85%的车辆行驶速度在此速度之下，此速度作为该路段的最高限制车速。——编者注

人，司机也心存侥幸地认为这正好是超出来的安全限度。

正如我们看到的，交通工程师面对的是一项特殊的、相当令人气馁的任务：与人打交道。结构工程师修建桥梁时，没有人会去考虑桥梁的重量和承载力会给风和水带来什么影响。风和水不会因为桥梁的安全系数高，就会刮得更猛，流得更急。而工程师设计道路就不是一回事儿了。格兰达说："每位工程师在开工的时候都会问，这对司机会产生什么影响？看到这个标志或者车道标线时，司机会做何反应？今天是这样，日子久了又会怎样？他们会适应吗？"

为了回答以上问题，格兰达在美国联邦公路管理局的人类中央系统实验室里日复一日地观察司机在实验室驾驶模拟器时的反应。他表示："很难摸透人们会有什么反应。我们能做出决定，而且自认为知道人们的反应。其实你不可能真的了解。"实验室里经验丰富的公路设计师比尔·普罗塞尔（Bill Prosser）对我描述道："影响路况的因素有三个：设计、车辆以及司机。设计工程师只能控制其中一个因素。我们无法控制司机，不论他们的反应是好是坏，或者对此漠不关心。"

工程师能做到的最正确的事，除了思考，就是将事情简单化。"你不能违反司机的预期。"格兰达说。研究人员对工程师所说的"预期"进行了测试，结果显示，与预期中的情况相比，司机对于没有预期的情况反应速度更慢。回想一下第一章中提到的思维模式：当性格特质与性别相匹配，符合人们的预期时，人们的反应速度更快（"强壮的约翰"对"强壮的简"）。交通中也存在类似的问题。当我们行驶在一条双车道的公路上时，另一条车道上有车开来的事实更符合预期，而对于本车道上迎面驶来的车辆，我们需要的反应时间更多。缅因州司机看到驼鹿时的刹车速度会比看到企鹅时更快。以色列交通研究人员戴维·希纳（David Shinar）说道："确实如人们所说，我们在'不相信自己的眼睛'时会'看第二眼'，这个动作是很耗费时间的。"

这种情况在公路上有各种微妙的表现形式。交通工程师很久以前就知道，一连串弯道虽然看上去很危险，但是要比在很长一段直道之后突然出现弯道更安全一些。同样的原理也存在于棒球运动中：与刚打了直线球又来一个弧线球的情况相比，击球手一直打弧线球更容易击中目标。于是，工程师力图实现他们所说的“设计连贯性”，大体是指：使司机产生预期，然后实现预期。

这样一来，产生的负面效果是，太多的期待会令人厌烦。比如，你可能认为公路的上下坡匝道是最危险的路段。这里确实最令人紧张，而且也是撞车事故最多发的地方。但是，这里的事故死亡人数并不是最多的。特纳–费尔班克研究中心主管迈克尔·特伦塔科斯特（Michael Trentacoste）表示：“死亡人数最多的事故是‘汽车冲出车道’。”我不禁回想起我在西班牙险些发生的意外。他继续说道：“你可以看一下怀俄明州，那里发生的汽车冲出车道事故相当多。几年前，怀俄明州际公路汽车冲出车道事故的比例最高。州际公路绵延数英里，许多车辆都在夜间行驶，司机常常打瞌睡。”

因此，即使不是出于地形需要，设计师也经常会设计一些缓和的弯道。公路上一个粗浅的经验之谈是，司机在一点儿弯道都没有的道路上行驶的时间不应该超过一分钟。但是，司机通过公路弯道时，大部分情况下都和在其他路段差不多，并不足以让疲惫的司机保持清醒。于是，从20世纪80年代开始，工程师开始设计出路侧齿纹标志带，这一举措效果非同凡响。工程师在宾夕法尼亚州收费高速公路设置了齿纹标志带后，汽车冲出车道的事故减少了70%。

这些齿纹标志带让司机很难放松警惕，他们知道如果偏离车道，振动带发出的声响就会把自己吓醒。然而，会不会是公路自身的一些因素使司机想要睡觉呢？安全和危险之间的界线并不总是清晰的，而且也不全都能轻易找到。

美国的州际公路系统最初建成时，工程师并不知道一旦所有人在同一时间驶入公路会出现什么情况。美国联邦公路管理局的普罗塞尔告诉我："我们开始修州际公路时，手里没有任何指导手册。"工程师一直在探索什么办法有效，什么办法无效。早期阶段，州际公路出口是统一设在左边的，现在这一设置已经基本淘汰了，主要因为左侧下高速这种情况十分少见，我们遇到这种情况时反应速度会变慢。另一种设置是苜蓿叶式立体交叉路，因其四条环形匝道俯瞰像是一片苜蓿叶而得名，现在也不再受欢迎了。普罗塞尔说道："我们一开始修建州际公路时，这种立交桥被广泛采用。"苜蓿叶式立体交叉路原本是一个很棒的点子，可以节省空间，并能够解决一个主要问题：怎样使车辆不必停车就能驶入另一条交叉道路。这使其在连接两条相互交叉的公路时发挥了作用（它也能很好地避免司机在驶入高速公路时搞错方向，据统计，美国每年由此造成的死亡人数达 350 人）。

但是，苜蓿叶式立体交叉路有一个很大的缺陷：入口匝道与出口匝道距离很近，这会导致两股车流交织。工程师称之为"交织路段"。在这个混乱的路段上，充斥着工程师所说的"紊流"和"摩擦"，进入和驶离高速公路的车辆最终混作一团。车速有快有慢，司机四处寻找方向指示牌，他们不得不寻找空隙穿过车流，有时甚至还要穿过很多条车道，而且这一切经常发生得非常突然。事实证明，立体交叉口是高速公路上事故发生最多的地方，研究显示，交织路段越短，事故发生率越高。交通量不大时，苜蓿叶式立体交叉路的问题较少，但是当两条环线上的"交织汽车数量"超过每小时 1 000 辆（如今并不少见）时，情况便开始恶化。由于交通领域奇特的非线性动态变化特征，当交通量增加一倍时，为保证车辆运行顺畅，交织路段的长度需要增加两倍。一段时间之后，工程师开始逐步撤掉主路上的交织路段，并在条件允许的情况下，将"交织路段"设置在看上去更安全、更高效的"集散"路段。

公路在不断演化。最近，随着交通量的增加，用于修建新道路的资金越来越短缺，或者这种做法越来越不受欢迎，一些部门开始通过在已有公路上增加车道、去除路肩，或者将已有车道改窄等方式来解决问题。从理论上说，这样其实更危险，因为在较窄的车道上行驶的汽车更容易偏离车道。从表面上看，司机犯错的空间变小了。但另一方面，事实证明在较宽的车道上，司机会认为自己更安全，车速会更快，而且放松警惕。事实上，有报道称，如果车道宽于美国12英尺的标准道宽，其实更不安全。目前，一些研究人员对收窄公路车道的趋势开展了一些研究，对于新布局是否更安全的问题提出了不同意见。在一些情况下，道路宽窄造成的差异并不具有统计学意义。这说明司机的行为方式和道路设计同样重要。加拿大工程师、交通安全专家埃兹拉·豪尔（Ezra Hauer）曾指出:“司机会适应他们眼前的道路。”

开车上路时，有一条准则你可以记在心上：当你感觉情况很危险时，实际情况可能比你认为的更安全；而当你感觉情况很安全时，恰恰应该提高警惕了。毕竟，大部分车祸发生时道路并不湿滑，并且阳光明媚，视野清晰，而且司机也是清醒的。

交通标志不一定都有用

还记得最后一次开车在路上看到“学区”或者“有儿童玩耍”的标志牌是什么时候吗？你很可能记不起来了，不过如果你还记得，那么现在试着回想一下，当看到这些标志牌时你是怎么做的？突然减速？看看周围有没有孩子？如果你跟大多数人一样，你应该什么都没做。你可能都搞不清楚标志牌想让你做什么，这种现象十分常见。在一项研究中，研究人员向受试者展示了一个警告牌——“小心落石”，受试者的反应较平均地分成两类：一半受试者说他们会留意有没有石头正在往下落，然后加速冲过去；另一半受试者说他们会减速慢下来，小心避开已经落在路面上的石头。也许警告牌应该直接写上：“小心所有地方的所有石头。”

更有可能发生的情况是，你看到标志牌后没有任何反应，因为没有孩子在路上玩耍。如果真有孩子在玩耍，你可能在看到标志牌之前就看到他们了。“有儿童玩耍”这样的标志牌并未产生降低车速、减少事故发生率的效果，而且大部分交通部门也不会设置这样的标志牌。那么，为什么我们还是会看到很多呢？在接到居民投诉，抱怨附近街道上的车速过快时，市政府会挂出类似的标志牌以安抚市民。也可能是因为悬挂标志牌的路段曾经有汽车撞伤或撞死儿童。如果是这样的话，还不如直接在标志牌上写清楚发生过的此类事故，效果或许会更好。

同样，司机常常看见一些标志牌警告“小鹿出没”（在美国）或者“大象出没”（在斯里兰卡），抑或是“骆驼出没”（在突尼斯）。很难确定司机在看到鹿、大象或骆驼出没的标志牌时大脑会有什么反应，但是研究结果显示，大多数司机根本没有调整车速。在科罗拉多州开展的一项试验中，研究人员使用了一种特制的小鹿标志牌（可不是小鹿斑比）。研究人员推测，生动形象的标志牌可以吸引更多注意力，提高司机的警觉度。几周后，他们将标志牌从路边撤走，然后又重新挂上。实际上，尽管悬挂标志牌期间出现的鹿更少，但挂出标志牌时丧生的鹿比不挂时更多。研究人员甚至在标志牌旁悬挂了一具小鹿的尸体——到了这时，司机才终于让车速慢了下来。

交通工程师尝试只在迁徙季节挂出标志牌，或者使用特制的闪光标志牌，并配有可以检测是否有小鹿出没的传感器，但是这类所谓的动态标志牌不仅成本高，而且容易出现错报，需要经常维护，更别提会被子弹打得千疮百孔了，尤其是在美国乡村地区。（也许在淡季，猎鹿人会拿标志牌当靶子练呢。）怀俄明州的研究人员制作了一种特殊的、可以感知小鹿的闪光设备，并且使用假鹿诱饵，这种做法的确使一部分司机减速了。但是他们最后得出结论，“车辆减速很可能不会降低鹿车相撞的概率”。或许，应该从头到脚直接给鹿穿上闪亮的橙色制服，就像那些猎鹿人一样!

最荒谬的大概要数发生在纽芬兰的“驼鹿警告牌事件”了。雾气蒙蒙的路段事故频发，有的是车鹿相撞，还有的是因为停下来给驼鹿拍照片而导致车辆相撞。于是，人们在路上竖起了可以反光的、与真实驼鹿一般大小的标志牌。不幸的是，游客发现这些标志牌也相当有意思，他们放慢速度，或者干脆停下来拍照留念，驼鹿标志牌旁反倒成了事故多发地。按常理推断，下一步该怎么做呢？应该再竖上几个标志牌，写上“注意：前方有驼鹿标志牌”。

很多交通标志牌就像安慰剂，为行驶在路上的司机提供虚假安慰，或者是政府为避免被起诉而随便竖一个牌子，好比家乐氏馅饼盒上写着“警告：小心加热后糕点馅烫口”一样。工程师认为，他们有必要保护市政当局免于诉讼纠纷。

然而，标志牌实际上传递给司机怎样的信息呢？在拜访美国联邦公路管理局时，卡尔·安德森（Carl Anderson）指出，同一个标志牌在不同的地方可能有不一样的含义。以V字形警告标志为例，图形好像数学中的大于号或小于号。安德森说：“在佛蒙特州开车看到V字形标志时，你最好开始刹车，准备过弯道。而在康涅狄格州看到V字形标志时，你最好视而不见。不同的州在不同曲率的路段上设置这一标志，警告人们注意弯道。所以，即便有统一的要求准则，他们还是有足够的自由根据不同的情况设置标志牌。”而且，同一个标志也并非一直表达一个意思。“桥比公路容易结冰”并没有告诉司机桥有没有结冰，而且到了7月份，对司机而言，这个标志牌的信息量相当于零。“时速65英里”的限速标志在下雨天有意义吗？工程师为应对以上各种情况制作了高成本的动态标志牌，但真正的问题也许是：什么时候常识可以替代标志牌发挥作用呢？

如果连“减速：小心儿童”和“有鹿出没”的标志牌都不能引起司机

的注意，那么再去问“交通标志牌起作用了吗”“到底有没有必要设置标志牌”就几乎没什么意义了。汉斯·蒙德曼（Hans Monderman）曾提出过这个问题，他是这一领域的先驱，于2008年1月离世，可以称得上是世界上最著名的交通工程师。蒙德曼的成名并非偶然，他几十年如一日，其聪明才智在所从事的职业领域是公认的。他提出了一系列交通规划方案，比如完全不设置路灯及标志牌的大型道路交叉口，这些理念甚至在他的家乡荷兰也是很激进的。“荷兰与众不同。”德国联邦公路研究所的研究员克斯廷·莱姆克（Kerstin Lemke）如是说，就好像在谈论阿姆斯特丹对性和毒品的开放态度一样，“他们对公路的规划是我们永远难以企及的。”同样的，就交通安全记录而言，荷兰也比德国更出色，也许他们确实有过人之处。

听说过蒙德曼的人大都会记得，他就是那个“讨厌交通标志牌的荷兰人”。不过，其实有一个交通标志牌是蒙德曼真心喜欢的。这个标志牌位于弗里斯兰小镇玛金加的边境上。标志牌上写着“限速30公里每小时”，下面一行写着“欢迎”，最后一行写着“VERKEERSBORDVRIJ!!”，大意是“前方无交通标志牌”。

一个提示人们没有交通标志牌的交通标志牌让人忍俊不禁，不过这正是蒙德曼哲学的一个完美体现。在玛金加小镇，标志牌本身是多余的，因为司机能够看到那儿一个交通标志牌都没有。蒙德曼提出了一个问题，交通标志牌到底向我们传达了什么信息？一天，蒙德曼开着他的沃尔沃汽车路过弗里斯兰省。正好开到一座桥的前方时，他看到一个标志牌，上面有一个桥梁标志。“你真的以为会有人看不见前面有座桥吗？”他问道，“为什么还要标出来？我们总想告诉人们应该怎么做，这是多么愚蠢的行为啊。如果你拿别人当傻子，他们真的会跟个傻子似的。”

蒙德曼并不是单纯地讨厌交通标志牌，他所做的远比这要复杂得多。这些工作围绕着一个核心理论，即我们生存的空间有两种：“交通世界”

（traffic world）和“社会世界”（social world）。交通世界最典型的范例就是公路，这个世界是非个人、标准化、专为车辆而存在的。这个世界只讲求速度、效率以及一致性。身为德国高速公路的超级粉丝，蒙德曼喜欢这个世界。另外一种社会世界好比荷兰小村庄。在这里，汽车成了客人，不再是唯一的居民了。除了可以让人们开车从一个地方快速到达另一个地方，道路还有其他用处。各种行为更多的是要遵循地方风俗和人际交往习惯，而不是抽象的规则。蒙德曼也喜欢这个世界，不过他不想把这个世界搞得和德国高速公路一样。

然而，蒙德曼认为，交通工程师用标准化的标志和符号，将交通世界强加给社会世界。他说：“过去，我们村子修建的道路犹如内容丰富的书一样可以阅读。这里是村庄的入口，那里是一所学校，也许你可以在那边的商店买点儿东西。这里有一个很大的农场，可能正有一辆拖拉机驶出来。结果交通工程师来了，他们把村子变成了单调统一的空间。”他认为，司机不再关注村子里社会生活中的线索，他们研究一个个交通标志，而这些标志渐渐成为我们所处世界的一部分，“我们甚至不会再注意到它的存在了”。突然，村子的主要道路变成了高速公路的一段，从村子里穿行而过，你只能通过几个小小的标志牌将其与其他公路区别开。这大概正是世界各地小型乡镇的入口经常有人被开超速罚单的原因。除了市政府的贪婪外，还有一个原因，就是村子里的道路通常看上去和村外的道路是一样的——同样的宽度，同样的路肩。车速限制突然减半，但是司机却还以为自己仍然行驶在和之前一样的道路上。那些超速罚单体现了人们的“认知失调”。

20 世纪 80 年代中期，蒙德曼突发奇想，这一观点直到今天对世界各地的交通工程师仍存在广泛影响。当时，伍德哈斯克村聘他重修村中的主要道路。和世界其他地方一样，这里的村民抱怨汽车经过村子时开得太快，宽阔的柏油马路上车流不断。在去伍德哈斯克村之前，蒙德曼提出的对策和其他优秀的荷兰交通工程师一样：采取被称为“交通稳静化”（traffic calming）的一系列措施。

交通稳静化实际上是一门让司机减速慢行的艺术。你也在采取了交通稳静化措施的街道上行驶过，尽管你可能都没注意到各种各样的稳静化设施。这当中最为有名的便是减速带，这种隆起的障碍物可以追溯到汽车发明之初。除了墨西哥城之外，减速带大多局限于学校停车场等场所。你在公路上看到的减速带是一种低矮平缓的障碍物，和其他设施一样，可以帮助市政府避免因减速带破坏汽车悬架而遭到车主起诉。减速带障碍物的形式多种多样，从“抛物线形”到“正弦曲线形”，再到流行的、始于英国的“瓦特轮廓式”。此外，还有一种非常宽、上端隆起的扁平装置，叫作“减速台”。除了这些形状各异的隆起物，还有一种“减速弯道”（chicane），听上去像是法语里的“香烟”（cigarette），其实是一种很小的S形人工弯道，司机在此一定要减速通过。此外，还有一种设施叫作缩颈（neck-down），也称凸弧（bulb-out）、结点（nub）或曲肘（knuckle），是指从路肩处向道路内侧增建的部分，它使路口变窄，旨在诱导司机减速，使行人过马路时的距离变短，因此也更安全。

这份设施清单还能列出很多，比如对角分流岛、中央隔离岛，还有强制转向岛［因其形状也被叫作“猪排”（pork chop）］。听了这些，你应该就会知道交通稳静化有多困难了。如果你想在朋友面前炫耀一番，请记住一点，工程师将各种隆起的障碍物称为“垂直管制措施”，而将其他挤压和收窄式的设施称为“水平管制措施”。

事实表明，交通稳静化设施可以减缓车速，减少通行量。但是，就和用药一样，必须遵医嘱使用正确的药物和正确的剂量。很多人以为停车标志可以有效促使街区里的车辆放慢速度。但问题是，随着这些标志使用得越来越频繁，效用也逐渐消失了：停车标志越多，司机越有可能视而不见。研究还表明，停车标志几乎起不到减缓车速的作用——为了节省时间，司机会在中间路段猛踩油门。减速带也面临着同样的问题，因此，工程师建议两处减速带之间的距离不得超过 300 英尺，这样一来，司机中途就不会有时间加速了。就像所有的药物都有副作用一样，这样做也有副作用：汽车经过减速带时会先减速再加速，产生的噪声和尾气随之增加；同时有研究结果显示，在一个街区安置减速带，会导致另一个街区的车速更快或者车流量更大。反对交通稳静化措施的人认为，这些措施会耽误紧急救援。但是俄勒冈州波特兰市的研究人员发现，这些措施最多只让行驶时间增加了 10 秒，还不如其他随机事件延误的时间长。你愿意居住在一个消防车能够早到 10 秒，但每天都有汽车疾驰而过、噪声不断，并且更加危险的街区吗？

巧合的是，这些交通稳静化措施很多都是最先在荷兰流行起来的。一开始，这些措施大多是即兴之举，是为了应对大量涌入城市的汽车而想出的激进的街头小把戏。具有革新思想的工程师约斯特·瓦尔（Joost Váhl）是这些措施的主要缔造者之一，20 世纪 60 年代末，他在代尔夫特市政府工作。某天下午，在位于屈伦博赫市整洁的家中，瓦尔回想起当地人一系列稀奇古怪的点子，比如“预订减速带”服务（市民可以打个电话，要求在自家门前放置减速带），自行车事故现场（“我们想看看如果我们被撞倒了，司机会停下来帮忙还是会视而不见”），还有在城市道路上伪造施工现场（“我们发现，道路被一分为二进行检修时，虽然空间缩小了一半，但是交通仍然运转良好”）。这些措施确实是对车与人在城市中和谐共处的探索，并且最终被真正的社会机构所采纳，以社会制度的形式得以确立。其中，最为著名的是 Woonerven（大意为“起居院”），20 世纪 70 年代早期，此类方案在欧洲城市开始兴起。

数十年间，交通规划师曾一直强调人车分流，汽车应该行驶在快速的城市公路上，而行人则应往返于天桥以及人行道构成的高架网络中。很多人将此视为城市向汽车竖起了白旗。而在很久之前，查尔斯·狄更斯就通过观察得出，人们更喜欢横穿马路，让行人走过街天桥的做法只是徒劳。（他写道：“大部分人宁愿面对马路上的危险，也不喜欢绕天桥走远路。”）

Woonerven反其道而行之，认为人才是城市的主人，汽车只能算作客人。汽车穿过居民区的街道应当像穿过“房间”一样，时速不得超过5~10英里的步行时速。司机必须小心注意房间内的各种“家具”和“装饰品”——他们需要留意的不只是减速带，还有长椅、花盆以及漂亮的鹅卵石，更重要的是，要小心路上的居民。直到今天，Woonerven仍被视为激进的规划方案，孩子们的沙箱紧邻街道摆放着，而树木就种在街道中央。但是，陆续有报道指出，孩子们在外面玩耍的时间越来越长，而且经常不用大人看管。后来，Woonerven有了自己的交通标志牌（一座房子旁边站着一个小孩儿的图像）。这代表着这一理念的胜利，但在蒙德曼看来，这些标志牌还是有违初衷。根据标志牌的内容，司机靠近Woonerven时会小心行驶，但在其他地方就没那么小心了。

蒙德曼被派到伍德哈斯克村时，交通规划的主导风向发生了变化，突然之间，减速带之类的措施不再受推崇。另外，蒙德曼也没有足够的预算购置交通稳静化基础设施。无计可施之下，他决定只是把道路规划得更具“乡村”特色。如果道路更像乡村道路，而不是像穿过村庄的高速公路，人们也许就不会开得那么快了。村里恰巧也请了几位顾问重新规划村落。为什么不借此机会进一步治理道路呢？在与顾问探讨后，蒙德曼提出一个设计方案：“我想，这一定是错了。这里不需要花盆，不需要减速弯道。就是一条简简单单的乡村小道，没别的了。”工程竣工一个月之后，蒙德曼安装了一个雷达测速仪，检测汽车穿过村庄的速度。之前，道路上设置有减速弯道和花盆的时候，最多可以将车速降低10%。而这一次，车速降低的幅度特别明显，测速仪上没有任何数据显示。“这种测速仪只能检测到时速30公里以上的车辆。”他回忆道。

这是怎么回事呢？其实，蒙德曼把汽车、自行车以及行人的区域汇集起来，制造了混乱的局面。原本泾渭分明的宽阔道路突然间复杂了起来。站在伍德哈斯克的人行道上，蒙德曼对我说："现在的道路宽 6 米。如果路上还有一辆自行车，这样的宽度就无法使两辆汽车同时通过。所以司机不得不注意他人的动作，调整自己的行为。"还有一项措施也增加了道路的复杂性，如今由小块路砖铺成的道路"乡村感"十足，路砖分两种色调：中间部分为红色，两侧"排水沟"一样的窄道为灰色。尽管为方便排水，两侧窄道略带坡度，但它们是完全可以通行的。蒙德曼解释说："因此，这里的街道虽然看上去是 5 米宽的住宅区街道，但它实际上绝对够 6 米。任何车辆都可以从这里通过。"此外，值得注意的是，这里的路缘石也格外矮。他说："路缘石特别矮，因为路缘石内外两侧应该是一体的，如果用一个高高的路缘石将人们分开，'我走这里，这里是我的'，司机就会开得更快。如果给司机一种开车时可能会有孩子突然出现在车前的感觉，他就会慢下来。"

蒙德曼的实验影响深远，此后人们将由此发展而来的一系列措施称为"心理交通稳静化"（psychological traffic calming）。没有引起人们不满的减速带，也没有被忽视的标志牌，这些措施并没有对司机产生太大的影响，司机压根儿没察觉到自己减速了，或者虽然察觉到了，但却说不出为什么，这样的效果反而更好。戴维 · 恩格维特（David Engwicht）喜欢将此称为"心理减速带"。恩格维特是澳大利亚的一位交通活动家，他喜爱交际，常常四处游历。多年来，恩格维特一直从非官方的角度思考和蒙德曼相似的问题，尽管两人当时并不相识。

恩格维特认为，司机在碰到下一个减速带之前会全速前进，因此减速带这一措施是不可行的。而好奇心和不确定性才是处理交通问题的最佳方案，这些因素在城市生活中随处可见。不要减速带，而是把一辆儿童自行车搁在路旁；不要限速标志牌，而是悬挂一个奇怪的雕塑。恩格维特标志性的策略之一是设立"街道恢复椅"，类似一个光鲜的宝座。他头戴一顶五颜六色的皇冠待在道路中央，在那里和司机闲聊。果然，司机们都放慢了速度。几年前，丹麦道路安全委员会通过一部影片从不同的角度践行了这一理念，影片模拟了一种新型的交通稳静化方案：几个上身赤裸的丹麦模特手持限速标志牌站在路边。在这个案例中，标志牌“耀眼”的效果格外好。

伍德哈斯克公路改造约 30 年之后，村子里的车速依然维持得很好，而且也不需要脱掉上衣来使司机减速。蒙德曼告诉我：“这段经历彻底改变了我对如何改变行为的看法。事实证明，如果你用村子的环境作为一个信息源向人们传达信息，人们绝对愿意改变他们的行为。”实际上，蒙德曼身处一个完全由工程师掌管的领域，却采用了建筑师的思维方式。建造房屋时要判断建筑是否正常运作，这时工程师是必不可少的，然而决定建筑物用途的却是建筑师，组织空间利用的也是建筑师。蒙德曼说：“每个房屋的使用者都知道，厨房和浴室的功能是不一样的。这无须解释。”那么，为什么不把乡村小路和通村公路之间的区别弄得更清晰些呢？

蒙德曼继续默默努力，他的反传统策略只能在小范围内施展。不久，德拉顿市拉维普兰一个十字路口的交通状况需要改善。这里的交通量较大，每天有两万辆车通行，还有大量自行车和行人，拥堵问题日益严重。蒙德曼回忆道：“那里的交通信号灯反应特别慢。”但是，他发现问题不仅仅在于要让车流的通行速度尽可能加快，拉维普兰“同时还是村子的中心，是人们活动的聚集地。但是这里糟糕极了，到处是电线杆、标线和围栏”。

仅仅将有信号灯的十字路口改成交通环岛并不能彻底解决问题。蒙德曼说：“交通环岛可以有效地缓解交通问题，但是，在城市生活氛围浓厚的地方，它会破坏空间利用的效率。它是环形结构的，而大部分城市的布局都是网格状。在这里建环岛很不合适，两者不协调。”蒙德曼想把十字路口改造成传统的乡村广场，恰巧自然而然地形成了一个“广场环岛”。经过 7 年的设计施工，全新的拉维普兰揭开了面纱。这个路口从此享誉全世界。一眼望去，你会惊叹于这里既干净又宽敞的空间。然后，你慢慢意识到原因所在。这里没有标志牌，没有交通灯，没有斑马线，没有凸起的路缘石，没有我们习以为常的路边垃圾。它只有 4 条公路，在广场中央交汇，形成一个小小的环形。主导这片空间的不是车道，而是人行道和一系列喷泉，当路口的车流量增多时，喷泉的水柱会随之喷得更高。

观察久了，你会发现这里的交通十分和谐。没有谁会在此停留，不管是汽车，还是自行车。蒙德曼说:“有时，司机不得不放慢车速，你以为他要停车，不，他还是在慢慢前进，而且很快就会加速。实际上你可以看到所有人的行为合力使得路况更顺畅。”然后，蒙德曼使出了他的拿手好戏之一。他一边向环岛走去，一边继续同我聊天。他倒着走，还闭上了眼睛。这也许只是荷兰人式的耐心在发挥作用。但是，过往的车辆好像把他当成了另一个需要躲避的障碍物，一边留意着其他汽车和自行车，一边从他身旁慢慢绕过。蒙德曼指出:“即便在交通指向性最强的交叉路口，人们的行为也可以根据环境而发生转变。”

这有点儿像是集体制定交通规划。伊恩·沃克在巴斯街道上做过类似的实验。实验中，人们观察他人的行为，做出判断，并以此决定当下的反应。曾在“空间共享”运动中与蒙德曼并肩作战的英国交通规划师本·汉密尔顿–贝利（Ben Hamilton-Baillie）谈到，他在德拉顿市看到很多细节，比如一位荷兰母亲骑自行车载着孩子，正好从一辆大卡车前经过，她只是稍微和司机交换了一下眼神，摆了摆手。对许多人来说，这看上去太吓人了，也许还有点儿疯狂。也许这种事只会发生在荷兰。

汉密尔顿–贝利认为，一个十分关键的事实是，一旦时速超过 20 英里，人们便开始不再进行眼神交流。他说:“作为社会生物，快速地交换有关状态和其他特征的信息，这对人们是至关重要的。我花了大量时间观察路口的交通状况。路口有什么规则呢？这里等级分明。如果你是一位自信满满、西装笔挺的年轻女商人，你会直接穿过马路；如果你是一位犹豫不决的游客，你就会等待。你在这个等级制度中的位置在这一瞬间一览无余。”但是，这一切仅限于发生在“人类速度”的层面上。车开得越快，我们能看到的就越少。车速超过 20 英里每小时，司机就会失去与行人的目光交流，而在人车事故中，肇事车辆时速超过 20 英里时，事故死亡率也开始直线上升，汉密尔顿–贝利认为这不只是巧合。依照人类进化史推测，我们不应该以超越人类奔跑极限的速度移动，而最快奔跑速度大约为每小时 20 英里。汉密尔顿–贝利补充道，在当今世界，这也许可以解释为什么肇事车辆时速超过这一数值时，死亡率会呈指数级增长。

蒙德曼坚称，他所做的一切并不是无政府主义。相反，他只是在利用社会世界代替交通世界。“我经常对别人说，我不在乎你是穿雨衣的，还是开大众高尔夫汽车的，你是一个人，而我也正是把你当作一个人来对待。我希望你像人类一样行事。我才不在乎你开的是什么车。”他的观点是，既然人们知道交通环岛是什么样的，也知道该遵守什么规则，那么，为什么还要别人一再提醒呢？如果他们不确定怎么通过交通环岛，或者觉得不安全，他们可以看别人是怎么做的，就好像在鸡尾酒会上或者入学第一天那样：一边观察一边学习，谨慎行事。

这正是如何让交通更安全这一颇具争议的问题的核心。并不是人人都会小心谨慎。人们开车的时候像个傻子。我在第一章曾说过，交通让我们很难像人类一样行事。司机被隔离在各自“匿名”的盔甲里，凭借着一个价值 3 000 英镑的大块头儿占尽优势。全世界每天有成百上千的行人命丧车轮之下。那么，将行人、汽车和自行车尽可能隔得远远的不是更好吗？多设置些标志、路灯、护栏、信号灯、护柱还有斑马线，不是更好吗？

汉密尔顿–贝利认为，司机并非无法理解社会规范和惯例，也不需要不断地利用机器设备和标志牌来控制他们的行为。一天晚上，他在荷兰格罗宁根市的一家餐厅里对我说：“我们可以很快就让孩子知道什么样的行为是恰当的，比如，什么场合可以大声说话，什么场合需要轻声细语，怎样参与到他人的对话中，什么时候可以放屁，什么时候不可以。当你将这些控制体系转化为文化或社会规范后，你是在授权其他人自己解决问题。如果这个人不应该出现在这里，就会有其他人站出来说，‘嗨，伙计，快从这儿离开’。”但是，今天道路上来来往往的司机都看得到，很多人并不遵守社会规范，甚至不遵守法律。“当然，有些人会忽视那些规范，”他说，“即便上升到法律层面，这种行为还是不能杜绝。不过，你也不会通过立法来约束青少年偷偷开车兜风的行为。”

我们日常生活中的大部分行为都是由社会规范制约的。在纽约市第五大道典雅精致的蒂芙尼商店里，没有任何“禁止随地吐痰”的标志牌，但是，几乎不会有人在这里吐痰（不单单是因为会有保安把他赶出去）。再回到上一章谈到的排队问题，当人们去麦当劳点餐时，即使没有“不准插队”的标志牌，也不会有人插队（当然，有些地方的人会插队，关于这一点我将留到第八章讨论）。你一定会说每天都有人在做违反社会规范的事。比如，有的地方明明贴着“不准使用手机”的标志，但还是有人在用手机。而且公路上是很危险的，你把“礼貌让行”的标志牌从环岛上撤走了，怎么可能不造成混乱呢？如果没有交通信号灯，人们怎么会知道如何过马路呢？总之，我们需要更多信号灯、更多标志牌，越多越好！

我们对信号灯的作用有一种近乎膜拜的奇怪信念。如果让没有见过汽车的外星人造访地球，他肯定会被街道上奇奇怪怪的标线以及半空中闪烁的箭头搞糊涂。还记得小时候玩的“红绿灯”游戏吗？选出一个人充当交通灯，当他背朝小朋友说“绿灯”时，其他小朋友可以向前走，然后他会说“红灯”，并突然转过身来。如果在他看见你之前你还没停住，你就“出局”了。这个游戏之所以好玩儿，是因为有些孩子不能及时停住。在现实生活中，成年人也做不到这一点，而且现实的交通情况更加复杂，我们还有其他信号灯，比如黄灯——停还是不停？在道路上设置一条标线，或者在高处设置一个指示灯，这会避免市政府遭到起诉（只要这些设备不发生故障），但这并不能制止司机的不当行为——有些行为甚至可能会使他人丧命。交通信号灯负责分配优先通行权，但不能保证绝对安全。闯红灯引发的交通事故死亡人数居高不下，这足以证明这一点。

想一想城市中为行人设置的信号灯。这个看似聪明的设计真的对行人的安全至关重要吗？当然重要。只不过在大多数路口，当行人信号灯亮起的同时，司机仍然可以转弯。结果，每年都有很多行人明明遵循了交通规则，却在穿过人行横道的时候被撞身亡，并且肇事司机是绝对清醒的，只是一个劲儿地只顾着转弯罢了。（或者司机可能被车窗边框挡住了视线，这种情况在左转时比较常见，边框正好占据了司机视野的中心位置。）在允许汽车红灯右转的地方，情况更加糟糕。正如伍迪·艾伦所调侃的那样，对司机来说，红灯时允许汽车右转大概是洛杉矶唯一的“文化优势”。但是研究显示，这对行人的生命安全极为不利。可悲的是，过马路时遭遇死亡事故的行人中，大部分是遵守交通规则的城市行人，而不是乱穿马路的行人。的确，走人行横道的行人本来就占多数，但是这并不能掩盖一个事实：在纽约，遵守交通法规的行人比不遵守交通法规的行人更容易丧命。

小心地乱穿马路，特别是在单行道上，会比从人行横道过马路更安全（人行横道上的行人往往必须留意来自不同方向的车流）。在没有交通信号灯的人行横道，也会出现类似的现象。令人困惑的是，人行横道有两种：“有标线的”和“没有标线的”，尽管看上去二者的确有所不同，但在法律层面它们是一样的。有标线的人行横道很好识别：人行道两边有两条线。在美国以及其他国家的很多地方，没有标线的人行横道随处可见，比如在交叉路口，各个方向都有相连接的辅路。尽管没有标线（但在法律上是存在的），司机仍必须为过马路的行人让路，即便是在“无控制的”交叉路口（即没有信号灯）。有人可能认为，有标线的人行横道给人们提供了清晰的信号，应该更安全。其实，有标线的人行横道并不比没有标线的人行横道安全，甚至在一些情况下还更危险，特别是当行人要像“青蛙过河”游戏里的勇者一样穿过好几个车道时。

研究表明，与没有标线的人行横道相比，司机在经过有标线的人行横道时，更有可能给行人让路。但是，加州大学伯克利分校的研究人员戴维·拉格兰（David Ragland）和梅根·费力格·米特曼（Meghan Fehlig Mitman）发现，这并不能说明有标线就更安全。他们对比了在交通繁忙路段行人通过两种人行横道的方式，结果发现，在没有标线的人行横道上，行人往往会留意两个方向的车流，耐心等待交通间隙，快速穿过马路。研究人员推测，司机和行人更清楚在有标线的人行横道上司机应该给行人让路（尽管接受调查的司机中有35%表示并不知道这一点）。但是，他们都不知道的是，在没有标线的人行横道上也应该如此。事实证明，不懂交通安全法规对行人来说反而是好事。由于他们不知道汽车该不该停，或者会不会停，他们过马路的时候更加小心了。相反，有标线的人行横道或许是给了行人一种不切实际的安全感。

如果说标线和标志不一定会达到预期的目的，那么取消这些道路标线也许会有意想不到的效果。白色车道线通常被看作确保道路安全的基本组成部分。的确，在高速公路上，这些标线是十分必要的。为避免司机在高速行驶时发生撞车事故或者冲出道路，司机必须时刻清楚自己在车道上所处的位置。想象一下，你在快要驶进收费站时往往会有些紧张，因为所有的标线都消失了，前方道路一片开阔（更别提离开收费站时了，令人不安的混乱局面同样存在，因为每个人都在想方设法找到自己的车道）。

但是对限速30英里的道路来说，情形又是怎样的呢？我们还需要车道线来提醒司机待在自己的车道里，以防止汽车相撞吗？英国威尔特郡的研究人员观察了两条相似的道路，一条中间有白线，另一条则较窄，中间的白线已经被清除。实际上，在没有白线的道路上，司机能够正常地在自己的车道里行驶。尽管没有白线的道路比有白线的道路更窄，但路上的汽车仍然尽可能地与迎面驶来的汽车保持距离，比有白线的道路上的汽车车距要多出40%。面对迎面驶来的汽车时，他们也更倾向于减慢车速。这是怎么回事？显然，司机不是在依靠道路标线开车，而是在依靠他们的大脑开车，结果，交通状况非但没有一团糟，反而看起来更有序了。白色标线起到的作用是让司机开得更快，并且有意无意地拉近了车距。同样，来自不同国家的多项研究表明，在没有自行车道的道路上，司机倾向于给自行车让出更多空间。白色标线似乎给了司机一种暗示，他们可以不必过于谨慎，他们需要关心的是车道的标线，而不是自行车。（这样看来，比起不够宽阔的自行车道，不设置自行车道对骑自行车的人来说反而更安全。）

汉斯·蒙德曼十分清楚，取消了信号灯和标线后，拉维普兰的居民感到更危险了。这是件好事。当地居民告诉他："我们觉得这样的马路不安全。"汉斯对我说："我觉得这棒极了，否则我会立刻做出调整。"就连一些事故也是有好处的，他补充道，"我希望发生些小事故，这是社会学习过程的一部分。"蒙德曼的儿子开车第一次发生轻微事故时，蒙德曼感到很高兴。事实上，他说，这样的事故即使需要花钱也要经历一次，"他现在知道生命是脆弱的，要对自己的行为负责。发生意外事故应该成为学习开车的一部分。我认为经历这样的小事故有助于避免更多严重的事故。"

但这其中有一个有趣的现象。根据当地一所技术学院所做的初步调查，自从拉维普兰改成了广场环岛之后，交通事故数量出现下滑。2005年，交通事故数为零。这是因为每个人的车速都变慢了吗？也许吧。但是还有几个有意思的事实。道路改建之后，尽管车流量增加了，但穿过路口的平均耗时减少了40%。公交车通行时停车等待的时间缩短了一半之多。学院经调查发现，所有交通似乎都在持续的运动中，即使在高峰时段，交通虽然会慢一点，但还是很平稳。任何一位交通工程师都会告诉你，让司机感觉到向前移动是很重要的。报告还指出了一些有趣的事情：过马路时打手势示意的骑车人更多了。报告称，这一行为在荷兰并不常见。同时，越来越多的司机用起了骑车人的手势来传递信号。安全穿越交叉路口的责任现在落在了每个道路使用者身上，于是他们互相沟通起来。如此一来，道路变得更安全了，尽管当地调查显示，大部分道路使用者感觉交通系统更危险了！

在改造德拉顿市的交通系统时，蒙德曼自问，这条街道的作用是什么？城市的作用是什么？蒙德曼曾说过，他永远不会拓宽德拉顿市路口的那几条街道。人们是因为这座城市，而不是冲着这里的交通而来的。约斯特·瓦尔（Joost Vahl）也讲道，"城市与道路无关。"如果司机不能觉出自己身在城市还是乡村，只觉得自己是在道路上行驶，那么司机的反应便会趋同。他们不会从当地的具体情况出发，而只是看标准化的标志。"清除所有线索，让人们不清楚自己身在何处，从属哪个部分，你就不得不再向他们一一做出解释。"蒙德曼说道。

不做解释自有益处。我和瓦赫还有汉密尔顿–贝利骑着自行车来到屈伦博赫郊区的一个叉路口，一条绵延而笔直的公路从这里延伸进村子里面。交叉路口处竖着两盏黄灯。这其实是两盏倒放着的灯笼，和荷兰乌得勒支市运河两旁挂着的那种灯笼一样。这并不是标准的交通设施。瓦赫之所以在此安装灯笼，是为了让郊外州际公路上开得飞快的汽车进村时可以减速。他告诉我："司机明显会察觉到异样。平常是见不到这种路灯的。"但是，人们对这种陌生事物不是很快就会习以为常吗？正因为如此，瓦赫将两盏灯摆得特别近，看上去似乎两辆车无法同时通过这个路口。"但是，"瓦赫透着一丝得意地解释说，"两盏黄灯之间的距离是4.2米，两辆车可以并排通过，并且不会撞到对方的后视镜。"时间久了，司机也许会习惯这个宽度，但是，他们怎么能确定迎面而来的司机是当地人呢？所以最好还是开慢点儿吧。

如果进入村子的司机面对的不是奇怪的灯笼，而是限速标志，情况会如何呢？其一，他们可能连看都不会看；其二，他们可能会担心收到罚单，不过，也许经验会告诉他们这一带通常没有警察；其三，限速标志只是标出了一个数字，它并没有告诉司机现在进入了乡村，路上可能会有孩子和自行车，它也不能告诉司机他们面临的危险。强制司机减速以确保自身安全，这也许才是保证他人生命安全的最好途径。

这些非常规措施在荷兰的地方城市以及英国乡村大概会派得上用场，那里的交通量相对较小，车速较慢。而且在荷兰，自行车出行量占当地日常交通的 27%，司机对如何避让自行车很有经验。你可能会想，在其他国家的大城市里肯定不是这么回事了。是这样吗？

肯辛顿高速公路是伦敦富人聚居区的一条主要商业大街，很值得关注。一天，我同肯辛顿–切尔西区交通部门的彼得·威登（Peter Weeden）一同前去参观。威登回忆道，20 世纪 90 年代，这条街上的商铺生意惨淡，由于附近计划新建一个大型购物中心，商家担心生意会被抢。街道看上去也很不协调，车道和人行道的铺装材料不一。“到处是标志牌，一片混乱，”威登解释道，“设立这些标志牌的出发点都是好的，但是悬挂位置十分散乱。有人过来挂上一个减速带标志牌，又会有另一个人来挂上另一个标志牌。时间久了，标志牌无处不在。而且，事实证明大部分标志牌根本没有必要设置。”

肯辛顿–切尔西市政府想让街道看上去更加美观，但又不想影响到车流量或通行安全。威登说：“这里不仅是购物中心及居民区，同时还是进出伦敦西区的主干道之一。”高峰时段，大约有 2 500 辆车经过这里，另外还有 3 000 多行人从主要的地铁站出口涌出。通常的做法是求助于交通工程师值得信赖的“工具箱”，但是，这回肯辛顿的规划师放弃了之前采用的所有措施。“实际上，我们只是清除了肯辛顿高速公路上 95% 的标志牌。”威登说。

他们想要了解哪些标志牌是真正有必要的，而哪些仅仅是因为一些工程师认为有必要才设置的。街道两侧设置护栏在伦敦并不少见，这回也被清除了，以免干扰视线。威登指出:“除去护栏是很有必要的。坐轮椅的人不喜欢护栏，因为会遮挡视线。骑自行车的人也不喜欢护栏，当他们过马路只过了一半时，会被困在汽车和护栏之间。而且事实表明，用护栏分隔开不同的车道，汽车的车速会更快，司机会认为那是自己的地盘。”针对这项规划也有批评的声音，市交通工程部门就不赞成这种做法。威登说:“伦敦交通局认为，我们这么做会带来极大的风险。但是，肯辛顿的工程师并不是随随便便就说‘我们把所有的交通标志牌都清掉吧’。他们一开始只是在一小段路上进行试点，然后观察会有什么效果。”

走在这条路上，我发现这里和德拉顿市一样，没有交通标线、护栏以及标志牌，道路非常干净，心情特别舒畅。它现在更像城市里的一条街道，而不是汽车专用道，也不是行人举步维艰的小路。人行道与街道连成一体。街道上仍有几处交通信号灯，尽管有的行人确实是按交通信号灯的指示过马路，但是路上并没有斑马线。总之，大部分人还是在其他地方过马路。行人不必再沿着护栏绕到人行横道，而是可以在街上的任何地方过马路，穿过速度较慢但很平稳的汽车、公交车和自行车车流，在马路中央的安全岛停留片刻，直到车流中有足够的空隙再穿行。

在清除了多年来为汽车及行人设置的安全措施后，结果会怎么样呢?一片混乱?事故频发?恰恰相反。行人重伤及死亡率下降了60%，轻伤率的下降幅度也基本相当。威登及其同事和其他人一样吃惊。他告诉我:“新方案从没打算降低事故发生率。当时只是为了使街道更美观，鼓励人们多来这里购物。我们发现，这个方案带来了一个副产品，那就是事故率下降了。”

将街道变美观的同时，安全性也提高了。也许这并不是巧合。城市是不同人聚集的地方，人与人会不期而遇，可以从人文层面观察到各种细节。(汉密尔顿–贝利表示，他采访的伦敦出租车司机说他们喜欢街道的新面貌，但是说不出为什么，不过他们确实提到了能看到更多“美女”，感觉不错。）汉密尔顿–贝利说：“这个世界充满了标准化、规范化的交通设施，到处是安全岛、灯箱、道路标线、安全护栏、标志牌、信号灯，与其周围发生的一切完全隔离开了。这是一个我们需要学习、制定规则的陌生世界。你必须要按个按钮才可以通过。”交通世界的各种制度免除了司机的社会责任，于是出现了“反社会”行为。有时行人被迫狼狈不堪地绕到很远的地方；有时应该行人先行，却经常被汽车挡住去路。行人开始对那些为了保护他们而设置的安全设施视而不见，结果，这些安全设施反而令司机和行人做出了更加危险的行为。

汉密尔顿–贝利喜欢举一个例子说明人们的行为可以有所改变，那就是伦敦的“七日晷”（Seven Dial）。这是位于考文特花园地区的一个小转盘路，七条街道汇聚于此。路口中央是一个小广场，标志物是一个日晷，经常会有人在这里享用午餐，或者漫步穿过环岛，同时周围有一辆辆汽车缓缓而过。没有护栏保护坐在道路中央的行人，附近也没有减速带。没有标志牌警告司机“前方有人在此用餐”。相反，空间的不确定性以及人文意识制约着人们的行为。人们可以从中感受到一丝惊喜和神秘。一个多世纪之前，查尔斯·狄更斯就在其著作《博兹札记》（*Sketches by Boz*）中对此做了描述：“初来乍到的人……面前是 7 条不起眼的街道，一时间无法确定要去往哪里，周围发生的一切无时无刻不在勾起他强烈的好奇心。”

直到今天，访客依然对此处充满好奇。对司机和行人而言，这意味着需要保持警惕。穿过“七日晷”时，我一片茫然。7 条街道，哪一条通向地铁呢？要是有个指路的标志牌该多好啊！然而，我停下脚步，环顾四周，决定选择人最多的那条路。这是一个社会化的世界，我要依靠人类的本能。我的选择是正确的，我找到了地铁站。

是宽容还是纵容？

汉斯·蒙德曼有很多关于交通的有趣观点，其中之一是，交通不仅是一个空间网络，还是一个时间网络。也就是说，我们行驶的距离越远，就会开得越快。他告诉我："当我刚出家门的时候，我开得很慢。所有的邻居都认得我，他们是我生活中的一部分，同时我也是他们生活中的一部分，在自家门前的路上高速行驶是绝对不可以的。但是几分钟后，认识我的人就没那么多了，而且认识我的人越少，离家越远，我开车的速度就越快。"在他刚出行时，他处在一个社会化的世界里，而在路程的终点，他可能到达了另一个村庄，他也是处在社会化的世界里。但是中间这段路程呢？这段时间，他的交通世界里只有标志牌、标线、安全设施以及速度。他说："当你想看到美丽的村庄时，你就会需要高速公路。"

但是，中间这段路程存在一个问题。在一些道路上，人们开得很快，好像是行驶在高速公路上一样，然而这些道路有时仍存在社会化世界的因素。公路附近有很多居民区，人们购物时会经过这里，也许还不得不步行穿过马路。蒙德曼评论道："我常常说中间部分是最危险的路段。这里不是高速公路，但也不是居民区的街道。这类道路的事故隐患最大。这类道路经常提醒你：这是一个交通系统，你需要的一切，我们都已经安排妥当。但是这些公路还像一把刀一样，将社会化的世界割开。交通世界和社会化的世界彼此争吵，互不相让。"

有人发现上述情形的有力例证不在荷兰，而是在佛罗里达州的奥兰多市。丹·伯登（Dan Burden）是一位广受好评的交通专家，现在效力于奥兰多的格拉廷·杰克森交通规划公司。我们开车沿着殖民东大道行驶，这是美国 50 号高速公路奥兰多路段，通往鲍德温公园。鲍德温公园是在前海军基地的基础上建立起来的新都市社区，伯登急于带我前去参观。伯登原本标志性的海象胡子修剪得十分精致，如今却刮得干干净净。（他解释说“这是为了慈善事业”。）行驶途中，伯登向我解说沿途的街道，他认为有一种说法很模糊：有分析称，这条道路在美国最危险道路中位列第12名。（根据另一项调查，美国最危险的道路是19号公路，也位于佛罗里达，距此不过几小时车程。）

一开始，我们行驶在殖民东大道的城区路段，途经奥兰多北部中心地带。这里看上去有点儿像洛杉矶，沿街矗立着一排排的商业楼，人行道上有几个行人。建筑物距离公路不远，道路两旁是一排水泥电线杆和其他障碍物。当我们经过一个限速标志时，我忍不住多看了一眼，上面写着“限速40英里”。我不禁感到奇怪，因为我们所在的这个路段最快也只能开到35英里。伯登表示，这在佛罗里达很常见，“如果对比其他城市和县城，你会发现我们这里的最高时速比大多数州要高出7~15英里。”

我们继续行驶在殖民东大道上，然后进入了小镇新规划的区域。道路发生了微妙的变化，车道变宽，限速提高到45英里，人行道不多，距离公路有几十英尺远。伯登说：“你瞧，人行道离得远吧。这得有多远呢，50英尺？离得这么远，感觉就像是另一个世界。这里没有树，他们把路侧净区安排在了尽可能远的地方。”我们把车停进OK便利店的停车场，看见公路和加油站之间的草坪上立着一个白色的小纪念碑。尽管略有争议，但佛罗里达是少数几个允许遇难者家属在事故地点放置纪念碑的州之一。（那些不允许设置纪念碑的州给出的理由五花八门，要么说纪念碑影响交通安全，要么认为它影响美观。）我不是第一次看到这种纪念碑了，但我还从来没在殖民大道的繁华地段看到这种纪念碑。是因为我看得不够仔细吗？还是另有其他原因呢？

殖民大道一分为二。其中一段车道较窄，有很多人行横道，人多车堵，有大量电线杆，停放的汽车也很多，还有其他危险物。这种道路从传统交通工程的角度来说是比较危险的。人越多，道路越拥挤，就越有可能发生事故。而在殖民大道新建的路段上，车道更宽，路侧净区（路边没有障碍物的地方）更宽敞。这里没那么拥挤，行人也不多。这样的路段被认为是比较安全的。

但是，得克萨斯农工大学的城市规划副教授埃里克·邓博（Eric Dumbaugh）对殖民东大道近 5 年的事故统计数据进行了深入分析，得出了出人意料的结论。他分析了两个路段：一个是他所谓的“宜居”路段，车道较窄而且没有路侧净区；另一个车道较宽，有宽敞的净区。这两个路段在很多方面都很相似，因此是理想的对比路段：两个路段平均每天的车流量相同，车道数量相同，车速限制也相仿（一个是时速 40 英里，另一个是时速 45 英里）。两个路段中央都有分隔往返车流的分隔带，且大小相近，车道长度也相同。甚至连交叉路口发生的事故数量都一样，事故中肇事司机的年龄也差不多。

邓博查看了两个路段行人过路时发生的事故数量。确切地说，宽车道和净区等安全措施能够有效避免此类事故，但他发现，不论从哪方面来看，“宜居”路段都更安全。在“宜居”路段，近 5 年没有发生任何死亡事故（因此这段路上没有白色纪念碑）。而另一个路段上，共发生 6 起死亡事故，其中 3 起事故的死者为行人。在“宜居”路段上，司机撞到“固定物体”的可能性更大，但与另一条采取了很多防护措施的道路相比，此类事故的实际发生数却更少。车与车相撞的事故呢？“宜居”路段上的每个司机在找停车位或者出停车位时都要减速，因为路边停靠的车一辆紧挨着一辆，发生交通事故的可能性应该更高。但是，综观所有数据，不论是追尾、正面相撞，还是转弯相撞、剐蹭事故，都在人们普遍认为更安全的那个路段发生得更多。

为什么会出现这种现象呢？若不重现每起事故的细节，我们就无法查明原因。但是我们可以做出合理的推测。首要的可疑因素是车速。车道较为宽阔的路段，路边没有任何障碍物，人们很容易忽略时速 45 英里的限速，一些司机开得几乎和在高速公路上一样快，而另一些司机正在缓慢地驶入沃尔玛或者驶出温迪快餐店。马路中央的分隔带使人们可以随心所欲地转弯，人们通常称之为“自杀车道”。但转弯要穿过多条车道，迎面又是飞驰而过的车流，正如第三章所讲到的，对行人而言，选择安全的车辆间隙通常不是一件容易的事。

对行人来说，汽车速度一个微小的变化将会决定他们的生死。佛罗里达的一项研究发现，在汽车与行人相撞的事故中，汽车时速为 36~45 英里时，行人死亡率几乎是汽车时速为 31~35 英里时的两倍，同时是汽车时速为 26~30 英里时的近 4 倍。在宜居路段，有足够的人行横道供行人穿行，人行道之间间隔很小。而在新修路段，人行横道数量有限，仅有的几条人行横道位于大型交叉路口，好几条车道的汽车都在这里转弯。“路缘半径”（或者说转弯的弯道）长而徐缓，司机可以直接高速通过，却没有任何措施提醒司机注意那些遵照弯道指示灯过马路的行人。在宜居路段，司机必须减速才能通过那些急转弯，当汽车偏离道路时，路边停放的汽车为行人提供了缓冲地带，保护他们不受到伤害。况且，停放在路边的汽车本身就可以使车速降低 10% 左右。

邓博的研究向交通工程界坚不可摧的传统观点——被动安全（passive safety）发起了挑战。这一观点兴起于 20 世纪 60 年代的美国，指的是公路工程师（也包括汽车制造商）与其试图阻止事故发生，不如试图减轻事故造成的后果，正如高速公路手册上所记载的：“减轻司机驾驶过失造成的后果。”工程师在“试验场地”的测试道路上测试汽车时发现，汽车一旦冲出车道，一般要在 30 英尺外才能停下来，于是将此定为最小“净区”的标准宽度。按规定，从道路边线开始的这段区域内不得有任何障碍物。通用汽车公司设计了一条“防止撞车公路”，净区有 100 英尺宽。公路设计师对其十分满意，甚至表示：“我们必须将 90% 以上甚至更多的街道按照高速公路一样布局……将公路和街道网络改造成高速公路，改善路面以及路边环境。”

像殖民东大道一样，许多地方都经历了这样的改变。交通世界进入了社会世界。道路设计完全符合当前的交通工程指导方针：“净区越宽，道路越安全。”但是，新设计的道路非但没有安全保障，发生的交通事故反而比传统的城市街道更多了，尽管二者的交通量相仿。问题出在哪里？

部分原因可能在于殖民东大道新修路段的中间部分。格拉廷杰克森公司的另一位著名交通工程师瓦尔特·库拉什（Walter Kulash）指出，有些时候不能归咎于交通工程师。他告诉我，很多公路，比如50号公路，它们的最终用途并不符合工程师的初衷。公路在设计之初是为了方便人们在两个城市间往返，结果却变成了促进郊区扩张的“主干道”，道路两旁建起了人流密集的购物中心和商业大厦。“工程师与此毫不相干。建筑物前停满汽车，顺着主干道绵延数英里，和在殖民东大道上看到的场景一样，”库拉什说道，“这会影响高速公路发挥其功能。这里每天的人流量达到5万人，对商家确实有不可抗拒的吸引力。你可能会说这又不是行人的错。但是，也很难将主要责任推到交通工程师身上。”

从工程角度来说，采取试验场地的方法是有道理的。英国中部地区的交通工程师菲尔·琼斯（Phil Jones）认为，工程师都是通过研究“失败”模式来制定方案的。设计公路桥时，工程师首先计算大桥需要承载的负荷，找出负荷达到哪个点时桥梁会塌陷，然后设计出比这个承载能力更强的桥梁，以保证桥梁的安全性。但是，如果其中涉及的因素不仅仅是承重和物理压力，还有方向盘后极其复杂的人类行为，这时会发生什么呢？

在设计丁字路口时，工程师会根据司机的反应时间确定适当的可见距离，即司机在多远的地方可以清晰地看到路口的状况。可见距离通常比实际需要的距离要长一些，为的是方便反应速度特别慢的司机（比如老年人）。正如在公路桥的设计中，工程师会设置一定的安全缓冲带来帮助司机应对极端情况。但是，琼斯解释道，根据较慢的反应速度设计道路会导致“可见距离过长，于是一些反应速度较快的年轻人就浪费了这份福利。这种安全模式没能意识到：老年人的确反应比较慢，但是，他们不是开得最快的人。设置较长的可见距离，其实是在允许司机开快车”。这也许就是为什么视野受限的铁路交叉口，虽然只能看到一小部分铁轨和驶来的火车，事故率却不比那些视野良好的铁路交叉口高。正如研究所示，如果司机感觉自己更安全，开车靠近铁轨的速度就会更快。

邓博称，本来是想设计一条“宽容之路”，结果却成了“纵容之路”。安全措施原本是为了减轻司机犯错的后果，结果却鼓励了司机以一种危险的方式开车。有时，被动安全工程反而令人们的处境更加危险。邓博研究了佛罗里达州的一段路，这段公路发生过数起汽车撞树或者撞电线杆的事故。解决方案很简单，是吗？清除路上的障碍物，加宽净区不就行了吗？然而，邓博仔细分析事故记录后发现，大部分事故在交叉路口和私家车道处，于汽车转弯时发生。问题出在障碍物上？还是如邓博的观点，因为道路设计使得司机误认为这样的速度是“安全的”，但其实他们的转弯速度过快，以至于无法完成转弯的动作？

在德拉顿和伦敦，工程师决定拆除交通标志牌和护栏等交通安全设施。做出这样的决定是为了让道路更美观，但是对道路安全来说却是不利的。将典型的高速公路工程解决方案应用于城市、乡村等人类居住区，这种做法存在一个问题：宜居的规划在交通工程师看来常常会是一种“隐患”。

比如树木。在我居住的布鲁克林街区，树木使街道更加宜人，也因此拉高了房价。它们可以避免行人被横冲直撞的汽车伤到。然而，它们也是交通工程师眼中的事故隐患。几十年来，工程师一直致力于清除路边的树木，这也许是出于好意。虽然很多人确实因为撞到树上而死亡，但是就树木本身来说，它并没有什么危险性。危险来自整个交通环境。邓博研究了佛罗里达的一段公路。这条路穿过斯泰森大学，距道路几英尺远的地方种着两排树。邓博发现，4 年来，这里没有发生过一起交通事故。而且，他还观察到大部分汽车都保持在时速 30 英里的限速，甚至低于这个速度（很多研究显示，这在城市里很少见，也许你自己也有所体会）。真正的隐患是那些安全设施。司机在没有机会犯错的情况下，似乎犯的错就更少，或者至少会保持一个较慢的车速，以便“弥补”自己犯下的错误。

两侧树木林立的道路违背了典型的道路工程模式，工程师认为有树不安全，需要清除。将树木这个交通事故的隐患清除之后，出现的普遍现象是：车速增加了。行人（大部分是斯泰森大学的学生）面临的风险随之增加，路上的行人很可能被撞到。警察开始设置测速区。最终，为实现交通稳静化，这里将安装减速带。本来是想通过移走树木让道路更安全，结果还要再增设新的设施来确保安全。

忽视环境中的其他因素，一味追求绝对安全，这种做法不仅让街道和城市不再吸引人，很多情况下还会让街道和城市变得更加不安全。加宽车道、提前预警、减少冲突、限制通行、清除障碍，这些公路措施在交通世界的效果非常好，但是在社会世界里几乎没有任何用处可言。

第八章
从交通知世界

德里的交通旋涡

睁开双眼，用不着捕捉任何细节特征，只要听一下街上来来往往的节奏，他就能知道自己身处何方。

——罗伯特·穆齐尔（Robert Musil），
《没有个性的人》（*The Man Without Qualities*）

“世界上还有哪座城市像德里一样？”德里联合交通局局长卡马尔·艾哈迈德（Qamar Ahmed）问道。我们一起坐在他的办公室里喝着印度红茶。艾哈迈德穿着一身卡其布制服，双肩佩戴着闪亮的肩章，办公桌上3部手机轮流响个不停，他的注意力在我和手机之间来回转换。雨季来临前的暑热笼罩着大地，空调吃力地运转着。“德里有48种交通工具，大家都在争抢车道。还有哪个城市是这样呢？”

刚出英迪拉·甘地国际机场，特别是在夜间国际航班到达时，钻进德里无处不在的黑黄色大使牌出租车，你立刻就卷入了机动车的旋涡之中。为了避免拥堵，卡车只允许在晚上10点到早上6点这个时间段进入德里，每到这个时候，原本人烟稀少的道路上就挤满了货车。货车摇摇晃晃，吐着浓烟，喇叭响个不停。大部分卡车尾部都有一行显眼的文字：请按喇叭，后面经常会加上一句“星光为你指夜路”（意思是“请开近光”）。过去车道很窄的时候，“请按喇叭”本意是告诉卡车后面的司机，如果想要超越缓慢行驶、堵着车道的卡车，就按下喇叭。我听说现在这已经成了一种纯粹的传统装饰。然而，道路上还是弥漫着刺耳的喇叭声。

白天的路况简直一团糟。德里街道上车流涌动，黄绿色机动三轮车左冲右撞，出租车飞驰而过，自行车见缝插针，牛车慢慢挪动，摩托车上满载着没有戴头盔的孩子和裹着纱丽的女子，她们扯着衣服以免卷进车轮，超载的公交车经常被挤出公交车道。因为没有人行道，公交车道往往被自行车和行人所占据。即使有人行道，也常常被占满了，有睡觉的流浪汉，有吃东西的人，有做买卖的生意人，还有只是坐在那儿看车来车往的人。一到交叉路口，截肢的乞丐和年轻的小贩一拥而上，扒着汽车车窗。司机两眼盯着交通灯的计时器，等着过马路。令人有些欣慰又有些失望的是，信号灯边上标着一个词：RELAX（放松）。在新德里的环形路口，车辆呼啸而过，交织在一起，完全不顾已经褪色的标志牌上直白的警告语："遵守交通规则，否则血流成河"，以及"开车切勿打盹儿，小心半路惊魂"。这些异想天开的警告语十分常见，让人不禁联想，在德里公共工程部的某处，伏案工作的某位官员一定有着一颗诗人般的心。

德里交通有一个最突出的特点：路上偶尔会出现一两头牛，它们经常悠闲地躺在中央分隔带上，离车流只有几步远。据说这个区域不仅干爽，而且来往车辆的疾风还能赶走讨厌的苍蝇，是一个不错的休息场所。就牛的问题，我请教了德里前高级交警马克斯韦尔·佩雷拉（Maxwell Pereira），他最近在印度版的《芝麻街》中扮演反间谍专家平托教授。坐在位于古尔冈区的办公室里，他对我说："我要纠正一个小误解。拥挤的城市地区出现一头牛不会造成什么危害。虽然我提倡交通更顺畅、更方便，也不喜欢有牛出现在道路上，但是牛的出现可以迫使人们减速慢行。总体效果是超速的少了，鲁莽驾驶、出现过失的少了。"第七章中讲到澳大利亚交通活动家戴维·恩格维特所说的心理减速带，实际上，牛在此处发挥了这一作用。正如恩格维特所说，牛使司机产生"好奇心和不确定性"，而且，通常德里的司机宁愿上班迟到，也不愿撞到一头牛。

在德里时，我常听印度人说"鲁莽的驾驶"，但是几天后，我发现这就是交通常态。长期以来，德里司机都倾向于随意变换车道，最危险的是居然还有人逆向行驶。司机常用的只有喇叭。很多卡车司机不用刹车灯（或者其他任何灯），而是在车背上喷上“保持车距”几个字，以便提醒后面的司机可能随时会刹车。还有一些出租车上则写着“保持车距，机动刹车”，意思是，我随时可能急刹车，当心措手不及。

很多汽车的两侧都没有后视镜，或者根本没有打开后视镜。机动三轮车干脆将后视镜放在里面，想必是为了防止它们被刮断，或者刮坏其他东西。变更车道时司机似乎从不看后视镜，而是靠后面的人鸣笛警示。另外，在这里常常会见到公交车上的很多乘客从窗户探出头来，告诉司机可不可以变道，或者试图自己指挥交通。得益于这种集体预警系统，在像新德里占帕特这样的道路上，喇叭声犹如鸟叫声一样不绝于耳。我问一位绰号为“JP”的出租车司机是如何应对德里的路况的，他很快回答道：“用好刹车，按好喇叭，祈求好运。”

在这座城市待过一段时间后，你会不确定德里的司机（以及行人）是世界上最出色的，还是最糟糕的。之所以说他们最出色，是因为他们面对狭小的空间和棘手的路况时可以应对自如；之所以说他们最糟糕，是因为如此恶劣的交通环境是由他们一手促成的。“这就解释了为什么在印度‘防御驾驶’（defensive driving）是个贬义词。”佩雷拉操着一口印度官员华丽而又正式的方言说道，“防御驾驶是为了让你远离各种变化无常的驾驶行为，包括其他道路使用者的鲁莽之举。”佩雷拉建议我先不要在德里开车上路，“毫无疑问，印度司机更多的是依靠自己的反应能力。你的反应能力还没有办法应对突发状况。”

相反，当佩雷拉到美国探亲时，他的亲戚无法体会德里交通带给他的挥之不去的“后遗症”，常常被他的驾驶风格搞得焦虑不安。“看到有汽车从边道开过来时，我马上紧张起来。我已经习惯了印度的路况，在印度，我不确定边道开来的汽车会不会闯进我所在的车道。”他补充道，“在美国，你知道他不会闯进来，而我却不知道。先刹车再前进的模式在这里已经不适用了。”

应该说任何地方的司机都应时刻警惕意外状况的发生，但这在德里已经成了一门精湛的艺术，意外状况在这里反而成了意料之中的事。在位于奥克拉工业区的办公室里，罗希特·巴卢哈（Rohit Baluja）告诉我，德里每天发生近1.1亿起交通违章事件。

巴卢哈衣装整洁，个子不高，是一位颇为成功的鞋厂老板，他成立了道路交通教育研究所（Institute of Road Traffic Education），以求改善印度道路交通状况。印度每年的道路死亡人数大约有10万人，占全世界道路死亡人数的1/10。在成立道路交通教育研究所之前，他多次前往德国。德国界定清晰、井然有序的交通系统令他大为震惊。他说：“我一回到德里，便觉得好像这里的每个人都在抢你的路权，而且没人知道还有路权这回事。”2002年，一群致力于研究德里交通的英国警察告诉巴卢哈，在英国，对一般道路使用者行为预测的准确性可达90%，而在德里，可以准确预测的行为不超过10%。他们称之为道路上的无政府状态。巴卢哈告诉我：“我们一直生活在一个无纪律的环境中，所以我们不觉得这是无纪律的。”

日常交通违规行为的统计数据是由道路交通教育研究所提供的，研究人员利用一辆配备有摄像机和雷达的越野车——他们称之为“拦截机”，在街道上跟踪并随机拍摄车辆。道路交通教育研究所的研究人员阿曼迪普·辛格·贝迪（Amandeep Singh Bedi）给我看了其中几段影像，佩雷拉一直谈论的“变幻莫测”的行为一一呈现在我眼前。在一段影像中，司机在一个繁忙的路段上突然把车停在了马路中央，导致汽车被追尾。他为什么停车？原来是路边站着一位交警，他停下来只为了系上安全带，免得被盘问或者罚款。在另一段影像中，公交车违规停在了距路边公交站台很远的地方，懊恼的乘客只得穿过好几道车流上车。真相立马清晰了，违章行为屡禁不止的原因之一是，一位司机违章了，其他司机也不得不违章：公交车道上挤满了行人和自行车（平心而论，行人和自行车确实没有其他地方可走），于是公交车无法行驶在公交车道上，由此引发了车流中接二连三的违章行为。

严格来说，不是所有的违章行为都要由司机承担责任。车道线常常无法辨认，破碎的汽车残骸横在车水马龙的道路中间，树木伸出的枝杈挡住了交通信号灯。而且德里的交通标志牌实在是太不醒目了，有时候只是贴在电线杆上的手写牌子，几乎无法辨认，写有“禁止掉头”的标志牌看上去更像是郊区车库的出售告示。这些标志牌是德里交通部门和艺术家的联合作品。“有时，他们设置的交通标志牌和我的要求之间有差距，”艾哈迈德叹了口气，对我坦承道，“为了弥补这个差距，我们增加了这些标志牌。”

乡下的情况更糟糕。巴卢哈说：“我们的公路是由来自世界各地的交通顾问设计的，他们不知道如何应对这里混乱的交通状况。公路横穿过村子，村民乱穿马路，而且从不使用地下通道。”于是，原本限行的高速公路无意间变成了乡村小道，牲畜横行，商贩在中央分隔带上卖水果和报纸，公交车直接停在了行车道上，乘客排着长长的队伍等着上车。原先的路口有护栏，但护栏被人偷去卖废品了。当地政府针对这种现象采取了一些措施，比如在高速国道上竖起了停车标志牌，这无疑将“意料之外的状况”提上了一个新高度。

在德里的最后几天，我目睹的一个场景刚好可以说明德里的交通体验有多么令人懊恼。一天下午，气温高达三十七八摄氏度，闷热的天气昭示着雨季的到来，我在旧德里熙熙攘攘的月光集市上看见一支送葬的队伍。一伙人抬着一具盖着白布和万寿菊花环的尸体，推搡着向前挪动，路上挤满了人力三轮车、行人、摩托车以及满载货物的推车。当时我产生了一个念头：诚然，生者在德里的道路上为自己的生命担忧，然而即便是逝者，也不得不为一点点空间而苦苦挣扎。

纽约的交通文化

人们每到一个陌生国家，首先注意到的便是交通。因为外国的交通和外国的货币或者语言一样，有一套不同的标准。外国的汽车看起来很奇怪（是谁把汽车制造成这样的？），道路宽度可能有些异乎寻常，车辆可能靠路的另一侧行驶，限速也比本国或高或低，交通标志牌可能看着眼熟，但是怎么都看不懂，就好像酒店里的淋浴喷头一样令人难以捉摸。某个标志可能代表“小心落石”或者“有羊群穿过马路”，抑或是同时代表两个意思。有一回，我坐在伦敦出租车的后座上，看见一个红白相间的交通标志牌上写着“前方变更优先通行权”。谁的优先权？我慌张地想。我的？还是所有人的？

大部分的标准事物都很简单，只要稍稍调整一下就可以适应。比较难理解的是不同的交通文化，也就是人们开车的方式，过马路的方式，交叉路口谁先谁后，以及道路交通模式。交通是可以深入了解一个地区的秘密窗口，是文化的一种表现形式，和语言、服饰、音乐同等重要。所以，罗马人按喇叭和斯德哥尔摩人按喇叭不是一个意思；对着其他司机闪前灯，在德国高速公路上是一回事儿，到了洛杉矶405号公路上则又是另一回事儿；在纽约总是有人乱穿马路，而在哥本哈根很少看见这种情况。这些印象一直留在我们的脑海中。

然而，这些交通文化该如何解释呢？它们从何而来？为什么我觉得德里的交通那么怪异？为什么比利时和邻国荷兰在各个方面都十分相近，但是路况却比荷兰更危险？是因为道路质量、汽车类型、司机的受教育程度、交通法规或者人们的观念不同吗？答案很复杂。可能每一种因素都与之相关。但是，其中确实有一个首要的“经验法则”，可以用来衡量一个国家的交通文化是井然有序还是一片混乱，是安全还是危险。下一节我们会继续讨论这个问题。

首先要明确的是，交通文化是相对的。德里的交通会让外地人感到紧张，原因之一是人口密度大：相同的空间内，德里市区的人口数量是纽约市人口的5倍，而纽约已经让人觉得很拥挤了。德里人多、车多、交叉路口多，它的交通看上去如此混乱（至少在我看来）的另一个原因是，交通工具五花八门，行驶速度、行驶方式各不相同。我在前面提到有48种交通方式，比我的家乡纽约多好几倍。在纽约大概只有5种：汽车、卡车、自行车、步行和摩托车（偶尔会看到载着游客的马车和人力三轮车）。美国很多地方基本上只有两种交通方式：汽车和卡车。

印度理工学院德里分校的基坦·蒂瓦里（Geetam Tiwari）教授指出，德里的交通在传统交通工程师（以及西方司机）眼中好像是处于无政府主义状态，其实它有自己的逻辑。她认为，德里“自我优化”的交通系统非但不会陷入严重的拥堵状态，在交通最繁忙的时段反而能够比标准交通模式帮助更多的人通行。当双车道和三车道上车流量不大时，外侧车道上往往会形成一个临时的自行车道。自行车越多，临时自行车道越宽。然而，当交通开始出现拥堵，每条车道上每小时有近2 000辆汽车或6 000辆自行车通过时，公路上的情形就会发生变化。自行车（和摩托车）开始“见缝插针”，钻入汽车和公交车之间的“纵向间隙”里。汽车车速大幅降低，自行车的速度也减慢了些。缓慢前行的车流不仅越来越长，而且越来越宽，充分利用了道路上剩余的承载力。

在所谓的“同质车流”中，每辆车的尺寸和型号都差不多，这时车道规范是有用的：两辆车不可能并行在同一条车道上。通过相对简单的交通模型，比如“跟车模型”（car following），我们可以计算出道路的最大通行量，而且可以很轻松地预测司机的行为。但是在“异质车流”中，比如德里，非机动车占全部交通的比例高达2/3，那些标准模型就几乎没什么用处了。比如，如果每条车道上都有一辆自行车或摩托车，路口将会出现严重的交通拥堵。

在德里的交叉路口，坐在机动三轮车的后座上，可以感受到几英尺内路人承受的压力，看着自行车在拥挤的货车间缓慢穿行，让人非常不安。当道路拥挤到这种程度时，工程师所说的摩擦点就会增多，简单地说，就是不同的人试图在同一时间占据同一空间的情况更频繁了。按照传统交通工程的理念，摩擦点越多，道路越不安全。但是，德里又一次挑战了世人的成见。蒂瓦里和一组研究人员对德里周边的多个地点做了调查，结果发现，摩擦点少的地方往往交通事故死亡率较高，而摩擦点多的地方往往死亡率较低。换句话说，表面上的混乱其实起到了某种安全设施的作用。摩擦点越多，车速就越慢，死亡事故也越少。反之，车速越快，汽车和卡车车流越顺畅，自行车和行人的处境就越危险。但是，拥挤的道路对骑自行车的人来说也极为不利。研究结果显示，发生在高峰时段的自行车死亡事故中，有62%是因为与卡车或公交车相撞——卡车或公交车往往和自行车使用同一条车道。自我调节显然有它的局限性。

其次，交通文化可以决定一个地方带给人们的直观感受，其作用比法律或者基础设施更重要。中国正处于历史上机动化发展最迅速的时期，交通文化的影响格外明显。一天下午，我在上海静安区观察那里的一个交叉路口，从13层的旅馆房间向下看，路面上的情况尽收眼底。乍一看，交叉路口四周尽是办公楼，各种标志牌以及信号灯都很齐全，并没什么特别之处。但是，我还是仔细观察了一下。

交通工程师指出，由信号灯控制的十字交叉路口总共有50多个摩擦点，在这些点上，司机转弯时可能会和往来的车流交会。在石门一路和威海路的交叉口，50个摩擦点这个数字似乎太少了。一个汽车群冲进另一汽车群，我预料肯定会发生碰撞。然而，时间似乎慢了下来，空间像手风琴一样在收缩，在拥挤的交通空间中，各种车辆和行人设法穿过马路。然后，手风琴再度伸展开，交通空间开阔起来，不论汽车还是行人都继续上路，速度也加快了。冥冥之中，好像有一双无形的大手精心安排着一切。

但是违规行为五花八门，令人震惊。威海路上的汽车会通过对面车道的左转道超车。从石门一路左转进入威海路的骑车人会在宽阔的交叉路口中间停下，等待从对面三条车道驶来的车流中出现足够的空隙，然后穿过去。一个行人避开了一辆右转的汽车，又险些被一辆左转的自行车撞到，而这辆左转的自行车差一点儿被一辆越过黄线的汽车撞到。这个路口没有左转箭头，所以当石门一路北向的信号灯变绿时，所有四个车道上的汽车都开动了。左转的车辆必须先穿过来来往往的自行车和电动车车流，然后再穿过斑马线上拥挤的人群。汽车很少会注意到过马路的行人，即使行人相当多，汽车仍然会强行通过，有时行人直接被困在了两股车流中间。来来往往的自行车流看上去不必遵守左侧通行或右侧通行的法则，在威海路上不时会看见两辆自行车险些迎面相撞的场面。

从理论上来说，这样的十字路口随处可见，无论是在休斯敦还是在汉堡。但是，这里的十字路口却完全是另一番景象。红灯亮起来了，人们还是继续过马路，行人似乎不要命了，而汽车好像也在全力满足他们的愿望。

几年前，一组研究人员分析了东京和北京多个类似的十字路口。这些十字路口的构造基本相同。但是，东京的十字路口每小时的通行量可以达到北京的两倍。区别在哪里？研究人员观点不一。一些人认为，东京的汽车更新、质量更好，起动和刹车更迅速。另一些人则认为，与东京相比，北京路面的自行车更多。据北京交通发展研究中心统计，2000 年，北京日常出行中骑自行车的仍可占到 38%，而开车的仅占 23%（此后二者之间的差距逐渐减少）。研究人员称，自行车经常混入车流，对车流造成了“横向干扰”。

其实，最主要的区别不在于北京的汽车质量或者交通构成，而在于道路上人们的行为。在东京，司机和行人严格遵守交通信号灯的指示，礼貌出行，就好像日本文化一样。而在北京，研究人员观察到，汽车司机（以及骑自行车的人和行人）违反交通信号灯的情况比东京多得多。研究人员发现，人们不但会在红灯亮起后继续过马路，甚至在绿灯还没亮起之前就开始过马路。长期在中国居住的奥美公关中国区总裁柯颖德（Scott Kronick）向我证实了这一点："在中国开车就像打仗一样，你要主动争取。绿灯时，你会看到，还没等直行车辆通过，就有司机想要左转。"

一天下午，我同乔纳森·兰德雷思（Jonathan Landreth）一起骑自行车外出。兰德雷思是《好莱坞报道》（*The Hollywood Reporter*）驻北京记者，喜欢骑自行车。即使是在自行车道，交通也比看上去更复杂。我们骑的是变速山地自行车，比骑"飞鸽牌"自行车更快。但我不是处在自行车道这条食物链上最顶端的人，电动车比我更快，我还差点儿与之迎头相撞。另外，还有残疾人用的机动三轮车。"这些人也使用自行车道，"兰德雷思告诉我，"如果你挡了他们的路，他们会很不高兴。"

《中国日报》的专栏作家刘式南（音译）向我给出另一种关于中国交通行为的解释。我在中国期间碰巧赶上几项重要活动，举办这些活动的部分原因是为了改善交通状况，为2008年北京奥运会做准备。在上海，官方称如果行人违反了交通规则，就会把照片贴在他们的工作场所。刘式南认为这个策略或许会奏效。在报社食堂，他告诉我："我们中国人特别爱面子。违反交通规则的人之所以不以为然，是因为周围没有人认识他们。他们不觉得丢脸。但是，如果你把照片贴到单位里，我就觉得特别丢人。"上海采取的举措大体上相当于eBay信誉管理系统，本书前面提到过。但是，为什么必须采取这样的措施呢？刘式南认为，中国的交通乱象有其历史根源。

这些不计其数的违规行为是集合了人们平日里对权威一点一滴的反抗吗？还是说，中国交通混乱的根源可以追溯到更久以前？比如，长期以来，一直有人认为，强调个人关系、注重培养个人美德的儒家思想导致公共道德缺失以及公民文化意识淡薄。1935年，林语堂在其畅销著作《吾国吾民》（*My Country and My People*）中写道，“个人权利”的缺失导致人们对社会共同利益的个人主义式的、根深蒂固的漠视。他写道：“人民之伟大……又足以细订弹劾官吏的完备制度，交通规则，公民服务条例，图书馆阅览章程，但又足以破坏一切章程制度条例，可以视若无睹，可以欺瞒玩忽，并可以摆出超越的架子。”不同于苏格拉底式的西方传统，儒家思想强调个人伦理及道德高于“法治”。法学家陈弘毅先生（Albert H. Y. Chen）写道：“发生纷争时，儒家思想鼓励人们妥协，做出让步，而不是通过诉讼维护自身利益和个人权利。”的确如此。你在中国的街头仍能看到类似的现象。几个星期之内，我目睹了几场轻微交通事故。在美国，当出现这种情况时，司机通常会互相交换保险信息，然后继续上路。但是在北京，事故双方可能会发生激烈的争吵，周边还常常聚集起一群看热闹的人。

在中国，交通发生了巨大的变化，政府对此应接不暇。几十年前，北京等城市的道路上还没有多少汽车，甚至路人也不多，很多人生活和工作都在单位里。1949 年，北京拥有 2 300 辆机动车；2003 年，这一数字达到了 200 万。机动车数量仍在飞速增长，北京每天都会新增 1 000 多辆汽车。2003 年，中国出台了首部《中华人民共和国道路交通安全法》，以应对道路交通的快速变化，但是该法也引起了一些争议，特别是在事故责任的认定方面。北京交通发展研究中心的张德欣（音译）向我讲述了一起著名的案件。2004 年，一对夫妇第一次进城，两人违规走进了高速公路并被一辆车撞倒，妻子身亡。尽管行人在高速公路上行走是违法的，但肇事司机仍然被判负有部分责任，并赔偿死者丈夫数十万元人民币（约合 2 万美元）。

理解交通文化的关键在于，法律本身可以解释的东西是有限的。文化准则，或者说一个地方的人们普遍接受的行为，与法律同样重要，甚至更为重要。其实，法律往往就是成文的准则。举个例子，在美国，法律规定司机必须靠右侧行驶，而在英国，法律规定司机必须靠左侧行驶。这些法规的确立没有经过细致的科学研究，至于哪种方式更安全，也没有经过漫长的立法辩论。法律沿袭了文化准则，而这些文化准则在汽车出现之前就已存在很长时间了。

历史学家彼得·金凯德（Peter Kincaid）指出，今天人们靠左侧行驶还是靠右侧行驶，与两个因素有关：其一，大部分人都是右撇子；其二，在制定道路规则时，不同国家使用的交通工具不同。第一个因素和第二个因素结合起来，可以解释我们今天为什么这样开车。比如，日本武士将刀鞘放在左侧，这样可以用右手拔刀，他们希望在路上遇到敌人时，自己处在敌人的左边。所以，日本规定司机靠左侧行驶。而在英国，马车通常由坐在马后坐位上的车夫驾驶。车夫大多是右撇子，会“很自然地”坐在右侧，左手拿缰绳，右手握马鞭。司机靠左侧行驶的时候，更容易判断迎面而来的车辆情况，所以英国规定司机靠左侧行驶。但是，在包括美国在内的很多其他国家，马车夫经常走在双马马车的左侧，或者骑在左边的马背上（超过两匹马时，则骑在左后方的马背上），这样他能用右臂更好地控制马车。这意味着最好靠马路的右侧走，这样才能更好地判断迎面而来的车辆状况并方便与其他司机打招呼，因此如今很多国家都规定司机靠右侧行驶。

即便不同国家的法律从表面上看没什么差别，但行为准则还是可以帮助人们理解为什么不同地方的交通给人的感觉各不相同。例如，如果你第一次行驶在意大利的高速公路上，你一定会非常吃惊。左车道专门用于超车，对于左车道上的很多司机而言，一路上就是不停地超车，这在意大利称为“il sorpasso”（超越），这个词在社会流动的层面上另有深意。如果你挡住了超车的人，后面的车就会疯狂地闪着车灯，并很快靠近你，你脖子后面甚至都能感觉到后面车灯的温度。这与其说是一种挑衅，不如说是对你违反“常规”的不解。

皮尔·加德尔（Per Garder）是瑞典交通工程教授，现在在缅因大学教书。“大多数欧洲国家的法律都规定，司机要尽可能靠右行驶。”他解释道，“但是在美国，法律不过是一纸空文，后面的司机基本上都会为前面的司机让路。而在意大利，前面的司机则要给后面的司机让路。这对美国司机来说很难理解，为什么你就不能用超车道呢？”在美国，有一个十分模糊的准则（在一系列令人费解的法律中也有规定），即左车道供速度较快的汽车使用，但是这个规定没有像在意大利那样严格地执行。事实上，在美国，如果司机被后面的汽车尾随，前面的司机偶尔会有所反抗（消极抵抗式的刹车、拒绝让路等）。美国人也许会有一种平等、正义或者个人权利受到侵犯的感觉，似乎会倾向于认为这些行为是针对自己的。而在意大利这个政府职能以及公民文化较弱的国家，公民对于公平和正义的诉求很少依赖国家。至少我在罗马的所见所闻印证了这一理论。意大利汽车俱乐部官员朱塞佩·切萨罗（Giuseppe Cesaro）说：“美国电影中经常有人说，‘我是纳税人。我有我的权利。’而在意大利却没人这么说。他们会说，‘你纳税了？你这个傻子。’”

准则也许是文化层面的，但是交通同样可以创造自己的文化。例如纽约市和哥本哈根乱穿马路的现象。在这两个地方，乱穿马路和闯红灯都是法律明文禁止的；在这两个地方，这样的行为都会被罚款。但是，今天游客在两地看到的情景却极为不同。纽约是“jaywalking”（乱穿马路）一词兴起的地方，最初指的是倒霉的乡巴佬（jays）初次来到大城市，对于应该如何在马路上通行一无所知。而现在，等待绿色信号灯亮起的人才被看作乡巴佬。相比之下，哥本哈根的居民通常对闯红灯有一种与生俱来的厌恶感。即使是在寒冬腊月某个星期天的清晨，路上看不到一辆车，他们也不会闯红灯。这种事情竟然发生在世界上最大的无政府主义所在地！他们会停下脚步，吸一口气，可能微微仰起头，看看从天而降的雪花。他们会凝视着商店橱窗或者站着发呆。然后，绿色信号灯亮起了，他们继续上路，甚至还有些不情愿。

人们很容易将这些差别单纯地归因于文化。纽约不仅是一个汇聚了各种相互冲突的传统的大熔炉，还是冷酷可憎的个人主义温床。在这里，乱穿马路是一场都市勇气测试，可以使你与众人相区别。纽约市交通工程师迈克尔·金（Michael King）对我说："行人看车而不看路灯。"乱穿马路也可以缓解十字路口的交通拥堵。在哥本哈根，长久以来人们更倾向于保持一致性，寻求共识，所以乱穿马路在他们看来是一种不好的行为，它打破了维持集体存续的和谐状态，这种行为不应该存在。等交通信号灯变绿，就好像等待春天一样，似乎是对坚忍、冷静的斯堪的纳维亚民族精神的考验。20 世纪 30 年代，丹麦裔挪威小说家阿克塞尔·桑德摩斯（Aksel Sandemose）受故乡丹麦小镇的启发，提出了一系列法则［被称为"詹代法则"（Jante laws）］。这些法则有一个共同的主题：不要认为你比其他人更优秀。对于斯堪的纳维亚社会更为强烈的社会凝聚力以及平等主义天性，詹代法则虽看似简单，但现在仍然流行。不难想象，人们会用它来解释交通现象。乱穿马路，就像超速行驶或者频繁变换车道（在丹麦的道路上几乎看不到这种现象）一样，只不过是一种自我陶醉的炫耀，扰乱了共同的乡村生活。

坐在哥本哈根的办公室里，我就这些理论询问了著名城市规划师让·格尔（Jan Gehl）。他把这个说法直接推翻，并提出了另一个与之对立的理论："我认为，城市的所有哲学在于高质量的人行道和数量众多的十字路口。你只需等一小会儿，绿色信号灯就会亮起。"他的公司最近对伦敦交通展开了一项研究。他说："我们发现，在伦敦穿过任何一条街道都是相当复杂的。只有 25% 的人遵守了交通规划师的建议。"格尔认为，行人所处的环境越复杂，他们在交通系统中的处境就越糟糕，"拿起法律武器的人就越多"。我回想起纽约，第五大道上的交通信号灯似乎总能让人每到一个十字路口就停下来。会不会是纽约的交通系统，而非纽约人，让美国的首都成了乱穿马路之城。

交通工程领域有一条铁则：行人过马路时，等绿灯的时间越长，越可能会闯红灯。行人乱穿马路的临界点大约为30秒（事实证明，当汽车需要左转时，如果等待时间超过30秒，司机也会冒险从更窄的间隙穿过）。回到伦敦后的一天下午，我才意识到等待时间或许才是乱穿马路的罪魁祸首。当时我正和智能空间（Intelligent Space）负责人、城市规划师杰克·德斯拉斯（Jake Desyllas）在计算机屏幕上查看人行横道地图，上面用醒目的颜色标出了行人过马路的情况。他指出，在伦敦一些街道上，等到绿灯才过马路的行人占75%，但是在临近的另一条街道上，这个比例大幅下降。并不是因为另一个街区的交通文化发生了变化，而是因为其中一个十字路口的设计比另一个更人性化。所以这不足为奇：在需要等待更长时间才能过马路的那个路口，违规的行人更多。伊斯灵顿区横穿A1街通向天使地铁站的路口是伦敦最糟糕的地方。德斯拉斯发现，去中央岛的行人等绿灯要花62秒。实际上，是城市本身在逼迫行人乱穿马路。

交通的复杂性远不止于此，它还有另外一个问题。交通常常将遵守不同文化准则的人聚在一起。因为双方都确信自己是正确的——根据交通法或许两者谁都不对——他们会时刻准备着与他人的“不良行为”作斗争（比如，并线晚了、左车道追尾行驶）。马路上还混杂着了解情况的当地人和人生地不熟的外地人。赶时间的当地人被一伙慢吞吞的游客挡在后面，他们肯定会有相同的感受。正因为如此，有人提议要在纽约时代广场或者伦敦牛津街为行人规划一条“快速通道”。或者为当地司机规划这样一条道路，在他们被不熟悉路况的人挡住去路时使用。有些道路当地司机已经走过无数次了，只想快点开过去，而对另一个司机来说却可能是一处迷人的景致，值得慢慢欣赏。佛罗里达的两张保险杠车贴突显了这一冲突：“我踩下刹车，欣赏海滩”和“我们中的某些人可不是来度假的”。

令人吃惊的是，外地人熟悉当地交通准则的过程很短暂。多年来的驾驶训练和形成的习惯就像挡风玻璃上的脏东西一样一冲就走。以色列班古里昂大学的交通心理学专家戴维·希纳尔（David Shinar）表示："如果你把一个以色列司机带到佐治亚州的萨凡纳，我敢保证，两个月内他就会像那里的人一样开车，跟身边的人没两样。如果你把美国中西部的一个人带来特拉维夫，没几天工夫他也会像以色列人一样开车。因为要是不这样，他就哪儿都去不了了。"所以，就好像到英国的游客慢慢喜欢上微温的啤酒一样，聪明的司机也会模仿当地人的行为，比如"匹兹堡左转"（Pittsburgh Left），这一规则最早在这座钢铁城市试行（在北京也有），在这里，绿灯亮起是"非正式"信号，意味着左转司机可以快速转弯穿过迎面而来的车流。刚到洛杉矶的人很快就会熟练地进行"加州卷"（California Roll），也叫作"回转寿司停车"（sushi stop），是指开到了有停车标志的地方而车还没完全停下。

交通好比一门语言。只有每个人都懂，都遵守语法规则，运行效果才会更好，但俚语的作用也不容忽视。如果你一点儿都不熟悉俚语，就会觉得困惑。学习了一些俚语单词之后，其中的规律便渐渐显现了。你越来越熟练，突然之间开始明白它们的意义。关于这一点，罗马是一个颇为有趣的案例。我在前言中提到，罗马自建城以来，就被各种交通问题所困扰。恺撒曾试图禁止马车上路，"20世纪的恺撒"墨索里尼也尝试过，想靠自己一时的兴致整顿这座城市。据传，这位领袖对混乱的十字街头失去了耐心，试图强制行人只往一个方向走，结果是白费心机。在这座被神话故事淹没的历史城市，罗马的司机似乎享有神话般的地位。

罗马交通在空间和时间上被划分得清清楚楚。大多数街道都十分狭窄，路面上手动挡的小型汽车起步很快，更增强了司机的速度感。司机集中精力，"见缝插针"。一天下午，在位于民族大街的办公室里，意大利汽车俱乐部官员切萨罗解释道，罗马交通行为"不过是适应了需求，拥挤的道路上有那么多车，通常都是车挨着车，有时候司机还互相聊天，一直等到交通灯变换了两三次。有时我们都成了朋友"。堵在交通灯前的汽车司机会注意到不停有摩托车循着缝隙慢慢向队伍前端聚集，像是水晶球里的雪花落到球底。谈到罗马的摩托车大军，同样就职于意大利汽车俱乐部的保罗·伯格恩（Paolo Borgogne）说："他们应该像汽车一样遵守交通规则。但是出于某些原因，人们认为没这个必要……比如交通信号灯，他们把它当作道路拐角处的摆设。"但是情况正在发生改变：多年以来，摩托车司机不需要考取小型机动车驾驶证，而现在则必须配备。

然而，就像德里一样，如果占交通总量1/5的摩托车像汽车一样行驶，不难想象罗马的交通拥堵现象该有多么严重。传奇般"疯狂"的罗马交通可能只是个人的解读不同罢了。马萨诸塞的物理教师马克斯·霍尔（Max Hall）经常在罗马骑他收藏的小型古典摩托车，有时也会骑自行车。他说他发现在罗马骑摩托车比在波士顿更安全。马克斯断言，这不仅仅是因为美国司机对摩托车比较陌生，还因为他们特别讨厌被摩托车超车。"在罗马，汽车和卡车司机知道他们最好不要在路上轻举妄动，免得撞到突然出现的两轮车。而两轮车一般来说也不会被加塞儿。"从这个意义上说，罗马比其他意大利城市更安全，因为其他城市戴头盔的骑车人更少。研究结果显示，摩托车与汽车相撞的可能性更大。霍尔从物理学的角度得出结论："最理想的结果是，四个轮子的汽车像固定物体一样，彼此间的相对速度很小，即使是在高速行驶的情况下，相对位移也非常小，而两个轮子的摩托车就在这些相对静止的大型车辆中间'穿梭'。"

我意识到或许物理学才是真正解开罗马交通之谜的钥匙，所以一天下午，我前去拜访了罗马大学复杂系统实验室的物理学家安德里亚·德·马蒂诺（Andrea De Martino）。在位于罗马大学的办公室里，他在黑板上画了一个图表，谈论"网络优化"（network optimalization）和"资源竞争"（resource competition）。然后他谈到了罗马。他说："我女朋友家不在罗马，她不是意大利人。她试图理解罗马交通背后的逻辑，想了解为什么即使看到有人过来，车辆还是会径自穿过马路。这里没什么逻辑可言。"他对比了德国的交通，觉得在德国开车的感觉“棒极了”。我已经不止一次听到罗马人夸奖其他国家更加“有序”的交通。我问他，既然每个人都这么喜欢，为什么在罗马不这样开车呢？他回答说：“我喜欢德国的交通系统，但只是在德国才喜欢。”

你可以在法兰克福像罗马人一样开车，或者在罗马像法兰克福人一样开车，只是两种情况下你的感受都不会太好。但这是什么原因呢？这些准则是怎么来的？最简单的答案可能是，罗马人之所以这么开车，是因为其他罗马人都这么开。

心理学家罗伯特·恰尔迪尼（Robert Cialdini）所做的一系列实验验证了这一观点。在一项研究中，研究人员在车库里往汽车挡风玻璃上放传单。这个车库有时候很干净，有时候会有垃圾。在多次实验中，附近的“实验助理”有时乱扔垃圾，有时只是从车库走过。研究人员发现，当受试者走到自己的车前，如果车库是干净的，他们就很少会扔垃圾。同时研究人员还发现，当看到有人扔垃圾时，受试者也可能会扔垃圾，不过前提是这时车库里本来就不干净了。

这是怎么回事？恰尔迪尼认为，人的行为遵循两种不同的准则：一个是“禁令准则”（injunctive norm），即人们应该怎么做（“应该”准则）；另一个是“描述准则”（descriptive norm），即人们现实中怎么做（“现实”准则）。尽管禁令准则有其影响，但清楚地指导人们行为的却是描述准则。如果很多人乱扔垃圾，其他人也会扔垃圾；如果在干干净净的车库里只有一个人扔垃圾，人们就很少会扔垃圾。这也许是因为那些人的行为明显违反了禁令准则。恰尔迪尼等人认为，这就是那么多的公益广告没有人理睬的原因。一则关于偷税漏税使政府损失了数十亿美元的广告会引起大家对这一问题的关注，但是同时人们也会想：看吧，那么多人都在偷税（而且都没出什么事）。违反准则的人是谁也很重要。关于行人的一些研究显示，如果一位“地位高”的人，比如穿着得体的人，先闯了红灯，其他人更容易闯红灯；如果这个人没有闯红灯，其他人闯红灯的可能性也会比较小。而“地位低”的人的行为，不论是以上哪种，模仿者都更少。

交通中充满了禁令准则，告诉司机应该做什么，不应该做什么。但描述准则常常也有话语权，而且十分有力。最常见的例子是车速限制。美国很多高速公路都规定最高车速为时速 65 英里，但是渐渐形成一条不成文的准则，即 65~75 英里范围内的速度都是合理的。提高最高限速标准，这条准则也会相应改变，按最高限速行驶就开始变得危险了。

有一些准则看上去比其他准则更有影响力。物理学家出身的交通安全研究员伦纳德·埃文斯（Leonard Evans）在通用汽车工作了 30 多年。他举了一个例子：“当时是夜里两点，为了节省时间，有个司机开得特别快。接着他来到一个十字路口，周围一辆车也看不到。然而他停下来等了 30 秒。客观地讲，超速驾驶的潜在危险要比他在红灯前停下来，左看右看然后直接过马路的风险大。但美国有一条被普遍接受的社会准则：人们不能有意识地故意闯红灯。遗憾的是，我们没有类似的社会准则禁止司机在绿灯亮起的时候超速行驶。”严格地说，两种行为都是违法的，对两者的处罚也差不多，但是前者看上去比后者更恶劣。也许超速行驶时，司机感觉自己可以控制局势，而闯红灯时，即便再小心，个人安危也不受自己掌控。因为其他人超速，所以我们也会超速（然而，如果所有人都决定闯红灯，就说明无政府主义盛行了）。

世界各地的大部分交通法规都极为相似，很多地方的道路规划和交通标志也比较相近，但是每个地方的准则却略有不同，而准则是一种十分强大且难以捉摸的东西。在英国或者中国，法律不会规定应该怎样排队，很多人认为也没这个必要，但是在这两个国家排队时你会发现二者之间显著的区别。在英国，队伍出了名的整齐；而在中国，所谓的排队在现实中很少见到。插队和乱穿马路一样，是中国政府在 2008 年奥运会之前重点消除的不文明行为之一。

与此类似，长久以来经济学家一直被一个现象所困扰。在大多数地方，餐馆顾客在接受服务之后付给服务员小费，可以激励服务员提供更好的服务，但后者几乎不会激励顾客支付更多的小费。同样难以理解的是，即使这些激励作用进一步减弱——对服务不满意，或者不打算再光顾这家餐馆了——顾客也还是会给小费。研究结果显示，小费和服务质量之间的关系不大。人们付小费，似乎是因为他们认为应该这么做，或者因为他们不想让别人觉得自己没有做应该做的事情。没有法律规定顾客必须支付小费，他们只是在遵从准则。

在交通中，准则体现出和法律之间某种微妙的互动。准则和法律要么步伐一致，要么其中哪个落后了一步。在佛罗伦萨，作家贝佩·塞维利格尼（Beppe Severigni）观察发现，当地人谈论交通信号灯时常用到一个词“rosso pieno”，意为“全红灯”。也就是说，有的红灯是“不完全的”。这些区别没有写进法律里，但它们可以解释人们在现实中的行为。然而，这些准则从何而来？它们是如何合乎法律，又是如何背离法律的？法学家阿米尔·利希特（Amir Licht）曾指出，所有准则中最重要的，大概是“更深刻、更普遍地遵守法律的准则”。绿灯亮起后，你从路缘走下来或开车通过路口，你都认为不会被其他司机撞到。从本质上来说，保护你的不是法律，而是其他司机遵从法律的意愿。法律解释了我们应该做什么，而准则解释了我们现实中是怎么做的。二者之间的区别正是理解不同地方的不同交通行为的关键所在。

从交通看腐败

1951 年，中国的交通事故死亡人数大约是 852 人；同年，美国的交通事故死亡人数为 35 309 人。截至 1999 年，中国的交通事故死亡人数猛增至近 84 000 人；而在美国，这一数字为 41 508 人。这段时间里，两个国家的人口数量几乎都翻了一番。为什么中国的交通事故死亡人数上升得如此之快？

答案在于两个国家的机动车数量。1951 年，中国大约有 6 万辆机动车，美国差不多有 4 900 万辆。截至 1999 年，中国机动车数增加到 5 000 万辆，而美国超过了 2 亿辆，是中国的 4 倍之多。然而，中国交通事故死亡人数却是美国的两倍。为什么机动车数量这么少的国家竟会有这么高的交通事故死亡率呢？

这一奇怪的等式被称为斯米德定律（Smeed's Law），该定律由英国统计学家及道路安全专家R. J. 斯米德在 1949 年的一篇论文中提出，论文题目不太起眼，叫作《道路安全研究中的一些统计问题》（*Some Statistical Aspects of Road Safety Research*）。斯米德定律表明，包括美国和新西兰在内的很多国家，道路交通死亡人数往往随路上车流量的增多而增多，直至达到一定数值，死亡率才逐渐开始下降，通常绝对死亡人数也出现下滑。

斯米德推测，造成这一现象的原因有两个：（1）随着死亡人数的增加，提出抗议、要求采取措施的人不断增多（正如 20 世纪 60 年代的美国，当时每年的交通事故死亡人数多达 5 万人）；（2）斯米德提出，某种“国家学习曲线”在发挥作用。道路上的汽车越多，人们就越“成熟”，越懂得如何处理交通问题——道路工程更出色，法律法规更有力，车辆更安全，交通文化也更成熟（再加上道路可能更拥挤，这往往降低了交通死亡率）。

在中国，一些情形让人看了不禁毛骨悚然，比如自行车上了限行的高速公路，摩托车载着好几个没戴头盔的孩子，司机把车停在高速公路上大小便。但是，也许很多年后，路上的这些状况会大大改善。斯米德定律可以解释北京工业大学交通工程师荣建（音译）教授提到的一个奇怪现象。他说，研究显示，有隔离带的高速公路上的事故发生率，事实上要比双车道的乡村公路更高。这与其他地方的情况截然相反。他推测，司机对新的高速公路还不习惯。“司机习惯了在开放式的道路上低速行驶，”他解释道，“如果让他们在高速公路上开车，他们还是会按照原来的习惯开车。如果半路上车出故障了，他们会直接把车停在路边，不采取任何警示措施。很多撞车事故因此而起。”

假如历史重演，依据斯米德定律，我们不能单纯地盯着中国、印度等国家惊人的交通事故死亡人数和相对较低的汽车保有率，不能简单地断定随着越来越多的人拥有汽车，死亡人数也会相应增长。虽然令人难以置信，但中国已经取得了一些进步。尽管中国现今的交通事故死亡人数比以往任何时候都多，但其死亡率，也就是平均每千辆登记车辆对应的死亡人数，实际上正在下降。

然而，中国和印度在某些方面和斯米德研究的国家有所不同，这使得情况变得复杂起来。其一，发展中国家交通事故中的大部分死者不是在车内身亡，而是在车外。美国交通事故死亡人数中超过一半是司机或者乘客；而在肯尼亚这样的国家，司机和乘客所占的比例仅为 10%；在德里，乘客仅占死亡人数的 5%，而行人、骑车人、摩托车手所占比例高达 80%。在美国、英国等地，机动化是一个逐步进化的过程。当第一辆汽车，即“没有马的马车”问世时，它和以往的马车还是有很多相似之处的。当时的车速没那么快，汽车数量也不多。

相反，中国和印度见证了现代汽车如洪水般涌入了还算不上现代化的道路。雷克萨斯和人力车行驶在同一条路上。飞速发展的现代化令人眼花缭乱，其带来的另一个影响是，不论老少，之前从未开过车的人一下子都上了路。据统计，2004 年，北京道路上几乎每 7 个司机中就有一个是新手。中国保险业正在快速发展，但它面对的客户在短短几年合同期内的索赔可能高达 30 次。有些保险公司的报告称，某些类别的个人保险单存在的风险接近 100%，其实这些风险单已不属于“事故风险”了，而应归类为“确定会发生的事故”。

用晦涩的经济学语言来说，发展中国家居高不下的交通事故死亡率以及不安全的道路系统，可以暂时被视作必要的“负外部性”（negative externalities）。换句话说，与污染和糟糕的工作条件一样，它们也是这些国家为了跟上时代步伐必须付出的代价。实际上，我们可以将这些疯狂的交通行为视为新兴工业城市的灵魂，其在某种程度上表达了工业城市的嘈杂、脏乱与喧闹。这么看来，安全稳静的交通对那些可以负担得起的国家来说当然是很好的（比如瑞士）。而我们先让汽车和摩托车上路，让人们可以乘车上下班，然后我们再考虑安全问题。因此，尽管许多国家越来越富裕，但交通事故死亡率这一“发展病”还是持续上升，直至到达了斯米德定律构想的那个临界点才开始下降。1990 年，民主德国和联邦德国重新统一，民主德国的交通死亡率增至原来的 4 倍：买车的人多了，开车的次数也多了，开车速度更快了（之前民主德国高速公路的车速限制为 100 公里每小时，后来统一采用联邦德国的时速 130 公里的限速标准）。尽管德国东部的死亡率仍略高于西部，但 1991 年之后，整个国家的交通事故死亡率开始下降。

交通事故死亡率和经济发展之间的关系相当密切。一个国家的机动化程度，与其国内生产总值（GDP）在一定程度上存在线性关系：人均 GDP 越高，汽车的数量越多。研究人员以人均 GDP 5 000 美元为基准，当人均 GDP 超过这一数字，汽车保有率开始快速增长。世界银行经济学家伊丽莎白·科佩茨（Elizabeth Kopits）和莫琳·克罗珀（Maureen Cropper）指出，人均 GDP 非常低的国家，单位人口的死亡率也较低（不过，由于没有那么多车，平均每辆车导致的死亡率可能会很高）。随着人均 GDP 的增长，死亡人数急剧上升。随着 GDP 的小幅增长，平均每辆车导致的死亡率开始下降。例如，人均 GDP 从 1 200 美元攀升到 4 400 美元时，每辆车造成的死亡风险下降到原来的 1/3。通过研究 88 个国家 1963—1999 年的数据，科佩茨和克罗珀得出结论：只有当一个国家的人均GDP达到8 600美元时（以1985年的美元为基准），人均死亡率才会开始下降，最终会降到比那些贫穷国家的死亡率还要低的水平。根据这些分析结果，科佩茨和克罗珀认为，以印度为例，其2000年人均GDP（同样以1985年为基准年）为2 900美元，因此直到2042年，印度的道路人均死亡率才会开始下降。

事情必须这样发展吗？未来一定要步历史的后尘吗？一定要有那么多人在公路上命丧黄泉吗？如果对比一下人均GDP的排名和交通死亡率，的确会发现二者之间存在联系。比如挪威，根据国际货币基金组织的统计，2005年，挪威人均GDP位列世界第三，同年，其道路交通安全性也跻身世界前三名。而乌干达人均GDP世界排名第154位，其交通死亡率也排在世界前列，每一万辆车造成的死亡人数大约为160人（据推测，随着人均GDP的增长，这个数字可能还要上升，直至达到临界值）。原因不难理解：道路和基础设施质量差，医生和医院少，车辆安全系数低。在尼日利亚，当地人把公交车称作“移动的停尸房”或“飞行的棺材”。一位路人这样描述这一状况：“很多人都知道大部分公交车都是死亡陷阱，不过出租车太贵，我们坐不起，只能坐公交车了。”

但是，一些人均GDP水平相差无几的国家在交通风险水平上却各不相同，其中最显著的例子便是比利时和荷兰。这两个国家的人均GDP几乎一模一样，但比利时的交通事故死亡率是荷兰的两倍多（尽管比利时的人均寿命略长一些）。这两个国家毗邻，甚至使用的语言也相同，为什么比利时的路况就这么危险呢？这也许和人口密度有关。研究显示，人口密度越小的地方，交通事故死亡风险越大。而且，事实正是荷兰地少人多，比利时却是地广人稀。另外，在人口较稠密的地方，非致命性事故的发生率往往更高：因为撞车事故波及的人数更多。然而在比利时，非致命性事故的发生率依旧是荷兰的两倍。机动化水平呢？机动化水平越高，死亡风险越小。1999年，荷兰每1 000人只有422辆车，而比利时有522辆。交通法律似乎可以给出一个不错的解释，不过比利时和荷兰的限速标准和血液酒精含量限制都很相似。

那么，为什么在比利时开车更危险呢？我们也许可以从另一项指标中找到答案，这项指标多多少少和GDP有关，但也常常存在有趣的差异，这就是：贪污腐败。反腐败监督机构“透明国际组织”（Transparency International）公布的清廉指数显示，2006年，荷兰排名世界第9位，而比利时的排名落后很多，排在第20名。

这和交通有什么关系呢？大部分人往往认为，根据定义，腐败指的是擅用公职谋取个人利益。不过，深入理解其本质，我们可以认为腐败反映了对法律缺乏信任的程度。法学家汤姆·泰勒（Tom Tyler）在其著作《人们为什么遵守法律》（*Why People Obey the Law*）中指出，通常情况下，人们之所以遵守法律，更多的是因为他们害怕违法会受到处罚，或者认为遵守法律符合他们的自身利益。泰勒称，只有人们认为法律权威是合理的，他们才更倾向于认为遵守法律是自己的本分。而上交通法庭的人并不怎么关心结果——即使可能面临一笔巨额罚款，他们更关心过程是否公正。当人们不再那么尊重法律时，违法所需付出的成本就越小（或者获益会越大）。管理的低效意味着法律的低效，人们也更可能不遵守法律。

相对而言，比利时的腐败现象更严重，公众遵守交通法规的意愿也不是那么强，这或许并非巧合。比利时哈赛尔特大学经济学家洛德·威里克（Lode Vereeck）在调查人们对于交通法规的态度之后指出，比利时人似乎有反抗心理。他们比邻国国民更加敌视交通法规，比如系安全带、降低最高限速、禁止酒后驾车等规定（如果他的调查结果可信，那么我们可以确定，比利时人更有可能在开车前喝酒）。与此同时，据威里克称，在1993—1999年，比利时警方记录的违规数量出现下滑趋势，但比利时的路况明显没有变得更安全。而且，与北部邻国相比，比利时司机收到交通罚单的概率也更小：2000年，荷兰人口比比利时多出大约一半（而且荷兰的机动化水平更低），但是，荷兰开出的罚单数量是比利时的近 8 倍。

尽管比利时和荷兰的法律相似，但人们遵守和执行法律的态度却并不相同。一些研究人员认为，在比利时，一些没有标线的十字路口存在的让行规则，即要给右侧的车让路，是比利时交通死亡率较高的真正原因。这些路口被称为priorité de droite，意为“右侧先行”。但这样的交叉路口大部分都在市区，这些地方发生的交通故事通常都是非致命性的。不管怎样，priorité de droite反映出一个更深层的问题：法规的实施（对停车标志或交通灯的抵制）遇到阻力，而且人们遵从现行规则的兴趣不大。正如第七章的案例指出的，即使完全没有标志牌，交通也能运转得又好又安全，但前提是存在强有力的社会准则。

清廉度排名靠前的国家，例如芬兰、挪威、新西兰、瑞典和新加坡，也是世界上开车最安全的地方。当然，瑞典简直就是“安全”的代名词，看看它的王牌产品沃尔沃汽车，再看看其致力于彻底消除交通死亡事故的“零死亡愿景”（Vision Zero）政策（尽管瑞典已经拥有世界上最低的交通死亡率，但他们还是通过了这项政策），足以说明瑞典对于安全的重视程度。英国交通心理学家伊恩·沃克告诉我，曾有一组研究人员在一辆车上安置了摄像头，并让几位瑞典军队的义务兵来开车，目的是想看看乘客如何影响新兵的驾驶方式。沃克说：“他们以为让 4 个年轻的新兵坐在一辆车里，让他们随心所欲，他们就会疯了似的乱开。事实上，这些小伙子一直在提醒司机，‘小心，慢点儿开。’”

芬兰是世界上事故发生率最低的国家之一，司机缴纳的罚款金额是以个人税后所得为基础，通过复杂的公式计算出来的。这项法律试图消除超速罚单给社会造成的负面影响（罚款数量占穷人收入的比例高于占富人收入的比例），不过也由此导致了一些轰动一时的超速罚单事件。例如，互联网企业家亚科·吕索拉（Jaakko Rytsula）因在限速 25 英里的路段，以每小时 43 英里的速度超速行驶，被罚款 71 400 美元。一些人对此颇有怨言，特别是富人，但这项法律仍然很受欢迎。2001 年，立法机构以压倒性的优势拒绝为罚款数额设置上限。与男性相比，女性似乎认为这样的罚款更合理（这一有趣的现象有很多原因，待会儿我就会讲到）。但是，按收入比例浮动的超速罚单的卓越之处并不在于它能否促使人们慢点儿开车，而是芬兰立法者有信心通过这样一项法律，严厉制裁违法行为；交通警察事实上真的会开罚单，而不会接受巨额贿赂，而且公众大都认为这种做法很公平。

的确，挪威和瑞典都是世界上比较富裕的国家，其社会基本需求已经得到满足（比如，每个人都有饭吃、有水喝，并且政局稳定等），可以关注更多社会问题，比如道路安全问题。但是，正如比利时的案例所显示的，GDP 本身不能代表道路安全水平。法国一直是开车风险较大的欧洲国家之一，其道路死亡人数从 2001 年的 7 721 人，下降到 2005 年的不足 5 000 人。而法国的 GDP 在此期间并没有上升，实际上一直是停滞不前。

法国采取的措施是，大批采购呼吸检测仪和自动测速摄像头，并改革交通违规扣分制度。长期以来，扣分制度一直存在“作弊”问题。一项研究发现，国有公共事业单位的男员工中，有 1/3 经常在罚单问题上作弊，这些人也更容易引发交通事故。自 1958 年开始，每届总统都会宣布赦免一些违反交通法规的司机，有情节轻微的，也有情节比较严重的。这一举措可谓自己拆自己的台，这种做法本身就会导致每年有数百人死于交通事故。雅克·希拉克总统在任时采取了一些限制措施，罚单“休假”的做法似乎有望被完全废除。至少在这个方面，法国的腐败现象逐渐减少了（的确，那些年法国的腐败度排名确实降了几位）。

从法国的这段经历可以看出，富裕程度似乎会影响交通死亡人数，但是腐败的影响可能更大。富裕程度之所以会对死亡率产生影响，也许只是因为 GDP 的提高减少了腐败现象，进而降低了交通死亡率。但是，美国经济学家发现，腐败（根据《国际国别风险指南》监测数据）和交通死亡率之间的关系，实际上要比收入和交通死亡率之间的关系更紧密。这说明光有钱是不够的。尽管一些国家已经足够富裕，可以将注意力转移到交通安全等问题上来，但它们仍然需要可靠的法律，以及守法的人民。新西兰是世界上五个清廉国家之一，其GDP水平不及澳大利亚和西班牙等国家，但是，从平均每一万辆汽车造成的死亡人数来看，新西兰的道路却更安全。相比之下，俄罗斯的腐败现象比处于同等发达水平的其他国家更严重，其道路安全情况呢？莫斯科到处都是因腐败而臭名昭著的交警，很多汽车都安装上了伪造的蓝色警笛，在拥堵的公路上呼啸而过。据报道，俄罗斯的交通事故死亡人数占欧洲道路死亡人数的2/3。

为什么越贫穷的国家好像越腐败？腐败本身是件坏事吗？这个问题很复杂，经济学家和社会科学家对此一直争论不休。一些人认为，“高效率的腐败”（efficient corruption）有益于经济迅速发展，是为发展付出的必要代价。行贿受贿、打规则的擦边球，可以制衡腐朽的集权政府。其他人则反驳说，腐败政客不一定是高效率的政客，他们可能会草草完成开发项目，或者拖延项目进度以便索取更多钱财。他们认为，腐败制约了发展，在经济崛起的同时腐败现象也较为猖狂，如果腐败得到遏制，发展速度会更快。前者认为，如果体制腐败，那么公司必须给腐败的政府官员回扣，而且最“高效”的投标公司也有能力承担高额的回扣。而后者坚称，这样的体制对那些效率低下的公司有利。世界银行经济学家丹尼尔·考夫曼（Daniel Kaufmann）是批评腐败的代表人物之一。他指出，有的公司会因为其竞价低于腐败官员可接受的“最小值”而失去资格。

就交通而言，可以说腐败阻碍了发展。没有哪个经济学家会将交通拥堵视为对资源的有效利用，不过交通拥堵可以体现一个国家的经济活力（原因很简单，那就是在经济繁荣时期，行驶里程数通常会增加）。我们可以把“糟糕的”交通视为经济发展的结果。但是，腐败自身可以导致很多交通问题，从而抑制经济增长。以在很多发展中国家常见的各种路障为例。这些路障通常和汽车检查或者道路安全没什么关系，在很大程度上可能是因为警察或官兵想捞点好处。腐败不会使司机更快地通过交通领域的官僚程序，相反，这些程序正是因为腐败才得以存在。

在一些地方，这些体制根深蒂固，甚至可以挑战经济体系的逻辑，以“腐败定价”代替了“拥堵定价”。印度尼西亚卡车司机需要向军事关卡行贿，研究人员针对这一现象展开了研究。结果显示，卡车司机越接近目的地，行贿的数额越高。（印度尼西亚官员向新卡车和运载贵重货物的卡车索取的贿赂也更多。）如果军队逐渐缩小势力范围，从关卡撤军，关卡的数量就减少了，但平均每个关卡的受贿数额却增加了。研究人员最后得出结论：也许交通官员越少越好（尽管他们离开之后可能会有其他“不法分子”取代他们的位置）。

经济学家蒂姆·哈福德（Tim Harford）访问了界上最贫穷也最腐败的国家之一——喀麦隆，发现交通腐败导致了严重的不公平现象，而且使得道路交通效率极低。耗时的“检查”和讨价还价的过程减慢了货物运输和人员通行的速度。资金全部进了收入不高的官员的口袋，而不是用来修路或者增加道路安全性。出行的时间和成本变得难以预测。《经济学人》杂志驻非洲记者罗伯特·盖斯特（Robert Guest）曾有过一次喀麦隆之旅。他与一位运送吉尼斯啤酒的货车司机同行，全程约 300 英里。在别的地方，这样的出行大概 20 小时就可以搞定，但这次却用了 4 天时间。部分原因是道路坑坑洼洼，再加上沿途经过了 47 个关卡，每到一个关卡都被迫停下来进行所谓的“安全检查”，还要付给检查员小额贿赂。司机必须付钱才能使用公路，而且还要克服糟糕的路况。贿赂和随之产生的延误以抬高售价的方式转嫁到啤酒消费者身上。盖斯特建议：“清除这些路障，让警察赶紧把地上的坑填起来吧。”

腐败从街道上就开始出现了。交警是糟糕交通的代理人，他命令摩托车靠边停车，理由是莫须有的违规行为，这不仅阻碍了交通，而且挫伤了所有司机遵守交通法规的积极性。有些人认为严查交通违规行为会让司机更愿意遵守交通法规，以免给交警留下开罚单的口实。不过，这个想法的前提是，交警叫停司机的理由是正当的。作为普通人与法律打交道的媒介之一，交警成了政权合法性的标志。那么他所指挥的交通呢？腐败同样也对交通产生了影响。

再看看混乱的德里街道。在我的印象中，很多司机似乎并不具备驾驶资格。这其中有一个很重要的原因。美国国家经济研究局的一组研究人员研究了在德里考取驾照的过程。他们跟踪了 822 个受试者，将受试者分成三组：一组是“奖金”组，这组受试者如果能在法律允许的范围内以最快的速度领到驾照，就能获得一笔奖金；一组是“课程”组，研究人员在考驾照前给这组受试者安排了免费的驾驶课；还有一组是“对照”组，这组受试者没有接受任何特殊的指导。

研究人员发现，想以最快的速度拿到驾照的一组，也就是奖金组，比其他两组人数更多，用时更少。原因是，同德里的很多司机一样，他们利用“代理”加快了中间流程。但研究人员事后让所有的调查对象参加了一次驾驶测试，结果奖金组中没通过测试的人占 69%，课程组中没通过测试的只占 11%。然而，认真学习开车显然并不意味着就能拿到驾照：驾驶技术最优秀的人与驾驶技术最糟糕的人相比，拿到驾照的概率低 29%。腐败确实能加快拿驾照的速度，但代价却是开车人的水平不达标。研究人员写道：“腐败似乎取代了真正的驾驶技能。”

这项研究为我们提供了一个线索，可以解释前面章节提到的“准则”是如何演变、如何发展的。每个月德里都有很多新手司机上路，他们学习的交通系统准则是由现有司机的共同经验组成的，而这些司机正是通过向地区交通办公室行贿才拿到驾照的。难怪这个交通系统中没有人小心谨慎地遵守。根据作家帕万 · 艾尔玛（Pavan Varma）对印度腐败背后动机的描述，我们不难理解这个国家交通行为背后的深层原因：“在这个残酷的世界，最紧迫的任务是好好工作，达到想要实现的目标，设法克服障碍。人们十分重视实用主义和灵活性，机会到来时抓住机会，如果可能的话，还要尽可能从中谋取利益。关键之处不是忠于原则，而是明确自己的目的。”

令人吃惊的是，这些腐败的“准则”如此根深蒂固，在其他环境中亦然。经济学家雷·菲斯曼（Ray Fisman）和爱德华·米德尔（Edward Miguel）研究了1997—2002年纽约市外交官收到的违规停车罚单数量。在此期间，外交官可能会被开罚单，但即使他们没有缴纳罚金，相关部门也不会强令缴纳。这种特权导致外交官被开出的罚单多达15万张。

收到罚单的外交官的分布并不是随机的。收到罚单最多的外交官通常来自那些被透明国际机构认定为较腐败的国家（这些国家的外交官也收到了很多“恶劣行为”罚单，比如停放的车辆挡住了消防栓）。没有收到任何罚单的外交官大多来自瑞典、挪威、日本以及丹麦，这些国家的清廉度排名都比较靠前。这些国家严格执行法律，即使在明显没有必要的情况下也是如此。或许你想知道印度的的情况。印度的罚单情况排名，与其腐败程度的排名差不多，都处在比较靠后的位置。为避免你们认为我挑印度毛病，我们可以再来看一下美国驻伦敦大使馆的情况。以2007年为例，美国驻伦敦外交官未支付的交通拥堵费金额最高（甚至超过腐败横行的尼日利亚）。美国声称其外交官不需要缴纳拥堵费。但美国也不是十大清廉国家之一（2007年，美国排名第20位。芬兰是最清廉的国家，其外交官不需要缴纳拥堵费，但是他们还是支付了罚金。）

在交通中，只有认可法律的重要性，法律才具有效力。这也许就是为什么（如我在第七章讨论过的）工程师汉斯·蒙德曼撤掉交通环岛上的标志牌之后，荷兰司机仍然可以负责任地安全驾驶，而在其他国家，交通环岛上虽然有标志牌，但司机还是会不负责任地危险驾驶。这又让我们重新思考以下两个问题：发展中国家注定要有很多人死于交通事故吗？这些死亡事故中有多少是因为贫穷，又有多少是因为腐败弱化了法律和准则的效力？乘客之所以挤上危险的超载公交车，也许是因为这是他们唯一支付得起的交通工具，也许是因为没有人治理公交车超载的问题——政府可能认为自己没钱解决超载问题。

我在德里的时候学到了印度语里的一个俚语：jugad，这个词可以恰到好处地表达这一困境错综复杂的特点。这个词有很多不同的解释，大多围绕着“即兴创造”这一核心意思。一方面，它可以指印度的一种应急汽车，在乡村地区特别常见。据说，没钱买车的农民会用旧摩托车、车轴和柴油发动机组装成一辆可用的汽车。这种依靠创造性制造出的汽车不怎么安全，至少在和新汽车行驶在一条路上时是这样，而这就是没有钱造成的交通风险之一。

jugad也用来表示“贿赂”，这时它指的是想方设法做成某事。德里司机可以快速拿到驾照，就是jugad在实际生活中的一种表现形式。想获得驾照的人都知道，对付腐败的政府时，金钱比车技更有效。这种腐败引发的连锁反应导致德里每天会发生无数交通违规行为。研究显示，交通违规现象越严重，伤亡人数越多。这种腐败纯粹是资源匮乏导致的吗？或者说，正如一些人所认为的那样，恰恰是这些腐败现象阻碍了一个国家的发展？如果GDP和交通死亡人数有关，GDP和腐败有关，交通事故死亡人数和腐败也有十分紧密的关系，那么打击腐败，也许是降低交通事故死亡率、提高GDP的最佳途径。

毕竟，有很多极具创意的方法可以打击腐败，而且不需要花费很多资金。在墨西哥城，城市交通长官阿尔弗雷德·埃尔南德斯·加西亚（Alfredo Hernández García）介绍了一种全新的打击腐败、改善交通安全状况的计划。他指出，2007年该市最后一位男交警离职，换成了清一色的女交警（人称cisnes，即“天鹅”）。为什么？“因为女性更不容易收受贿赂。”他在公共安全秘书处的办公室里向我解释道。之前，墨西哥城交警向人们索要饮料，这一点是出了名的，也就是说，收受贿赂就不开罚单。据加西亚称，“天鹅”开出的罚单数量比原来增加了约3倍。她们配备了手持设备，可以开罚单，确保收到罚金——司机可以刷卡，另外还能拍照。“有的人不承认自己违反了交通法规，”他说，“所以我们不得不拿出证据。”

女性不容易收受贿赂的理论也许不仅仅基于警察局几个上级领导的直觉。美国经济学家经研究发现，女性卷入虚拟的腐败事件中的可能性较小。而且他们也研究了一些国家的女性管理者，发现她们卷入实际腐败事件的可能性更小。在全球最清廉的几个国家中，政府部门的女性成员往往更多。也许情况确实如此。芬兰是世界上最清廉的国家，2007年芬兰创下世界纪录，政府中内阁级别的职位中，女性官员居多。你应该已经发现了，女性通常不会在交通罚单上做手脚。

第九章

道路风险认知

下意识的害怕

在密歇根州底特律市红砖筑成的亨利福特医院里，一组研究人员过去几年中一直在地下实验室研究人类开车时大脑的反应。由于测量人脑微弱磁场的设备体积太大，无法装进汽车，所以研究人员安排受试者在医院的脑磁实验室观看汽车在车流中穿行时的影像片段，从而进行研究。我曾躺在脑磁实验室舒适的床上感受了实验过程。通用汽车科学家、项目组负责人理查德·杨（Richard Young）告诉我："最大的问题就是受试者在床上睡着了。"

受试者在观看交通录像的过程中需要将自己想象成视频中的一名乘客，为了让他们保持清醒，研究人员给他们布置了一个简单的"事件检测任务"。当屏幕附近的红灯亮时，连接脑磁图扫描仪的受试者需要踩下模拟刹车踏板。看到红灯（也就是刹车灯）就刹车这个动作，司机一年要重复大约 5 万次，这个动作会触发大脑进行一系列的活动。红灯亮起时，视觉皮层被激活的时间为 80~110 毫秒。这表示你看到了信号灯，这时大脑中负责决策的左前额叶开始活跃。在这短暂的瞬间，你需要根据获取的信息决定下一步的动作。这时你需要做出的反应很简单，那就是踩刹车板。在你真正做出这个动作之前，有 300 毫秒的时间间隔。刹车前大约 180 毫秒，运动皮层开始活动，向你的脚下达移动的命令；踩下刹车后大约 80 毫秒，视觉皮层再次被激活，你注意到红色信号灯熄灭了。

科学家正在探索他们所谓的"驾驶思维"所涉及的神经通路，从中可以知道开车时打电话或者做其他事情会对我们的大脑产生什么影响。但是，他们通过观看实时交通人脑成像视频发现，有时情况会出人意料。

有一次，在观察一位受试者的实时功能磁共振成像数据时，杨捕捉到一个突发的大脑活动，不是发生在刹车的时候，而是在正常的驾驶过程中。杨回忆道："信号突然增强。情绪皮层、杏仁体、边缘皮层、下脑等部位被激活。"这种反应比刹车或者保持汽车在路上以某一速度行驶时表现出的情形更加复杂。发生了什么？杨将大脑活动图像和实时驾驶影像做了比较。当司机经过一辆半挂车时，他的大脑开始兴奋。实验过后，杨问受试者是否注意到"最后一轮有些不寻常之处"。受试者回答说确实不同寻常："哦，是的，我经过了一辆 18 个轮子的车，每次我遇到这种车都非常紧张。"

科学家对司机大脑活动的监测揭示了一个简单但却未被充分认识的真相：当我们身处交通中时，我们都变成了实时风险分析师。我们需要在很短的时间内不断地快速做出决定：在迎面而来的汽车前转弯是否安全？过弯道时车速应该多快？当远远地看见前方多辆汽车闪着刹车灯时，我们应该什么时候踩刹车？我们做这些决定时，并没有在大脑里计算数学概率之类的东西，比如"我成功超过这辆车的概率是 97.5%"，而是借助人类自身的一系列复杂"工具"。它们可能是潜伏在人类大脑中的原始本能，也包括一生中积累的开车经验，或者我们昨天从电视新闻里听来的信息。

另一方面，底特律司机看到一辆 18 轮卡车时感到害怕，这是非常自然、正常且理智的反应。站在小汽车的角度来说，大型卡车是很危险的。因为二者在体积上有巨大的差异，卡车比小汽车重 20~30 倍，根据简单的物理学原理，两者如果发生碰撞，对小汽车极为不利，十有八九都是卡车司机能够险中逃生。

受试者的大脑活动似乎表明，这是人类的一种本能。比如说，我们在公路上挨着一辆渐渐逼近的卡车驾驶时会感到不舒服，就像我们的史前祖先遇到一只大型食肉动物时会胆战心惊一样。实际上，底特律司机脑中被激活的杏仁体，被认为是和恐惧情绪相关的脑区。这个脑区甚至在认知区域活动前就会被激活。神经科学家称杏仁体是一个警报系统，可以让我们注意到可能让我们感到害怕的东西。而且，我们大概都见识过卡车的危险性。我们曾目睹路边撞碎的汽车；听到过关于卡车司机的新闻报道，货运行业缺乏监管，司机工作时间越来越长，不得不靠酒精让自己兴奋起来；也很容易回想起曾被疯狂的卡车追尾或者加塞儿的经历。

卡车被认为是公路上最大的安全隐患，但一项研究撼动了这一论断：大多数情况下，在轿车和卡车相撞事故中，轿车负有更大的“事故责任”。密歇根大学交通研究所的研究人员丹尼尔·布洛尔（Daniel Blower）仔细分析了两年的联邦事故数据，最终得出这一令人吃惊的结论。

这一发现颇具争议。首先，布洛尔要确定他的结论不是来自“幸存者偏差”（survivor bias）。“也就是说，在85%的交通事故中，卡车司机是唯一的幸存者，”他解释道，“我们听到的事故发生经过出自他一人之口。警察的案宗记录反映了这一点。”于是，他深入研究了这些报告，分析事故发生前车辆的相对位置和运动情况。布洛尔没有轻信幸存司机的陈述，而是分析了“确切无误”的物理证据。他说：“在某些类型的事故中，比如正面相撞，与没有越过道路中心线的车辆相比，越过道路中心线的车辆更有可能负有事故责任。同样，在追尾事故中，大多数情况下，与被撞的司机相比，撞车的司机更可能负有事故责任。”通过研究5 000多起卡车和轿车相撞致死的案件，布洛尔发现，在70%的案件中，轿车司机对事故负有全部责任。

这并不意味着卡车不危险，而是说，卡车之所以危险，似乎更多是因为轿车司机的行为以及卡车的物理特征（例如，在正面相撞的事故中，卡车明显不会轻易偏离车道），而与卡车司机的行为没多大关系。布洛尔说：“我们在漫画里看到公路上充斥着疲惫不堪、吸毒成瘾的卡车司机，我认为这会让人们产生错误的印象。”的确存在一些粗鲁的卡车司机，也有吸食冰毒的司机，但证据表明，更重要的问题似乎是当轿车司机遇到重型卡车时，并不能充分认识到自己所面临的危险。在学习开车的时候不一定会有人教给我们这些。布洛尔说道："坐在小型汽车里，害怕卡车经过是正常反应，但这并不是因为开卡车的净是些技术不佳、行为恶劣的司机，而是因为卡车的物理条件、设计以及不同的性能特点。你遇到一辆普通小汽车，在它旁边犯了个错误，你可以活着回来并跟人讲你的经历。但是，如果你在卡车面前犯了同样的错误，你很可能早就没命了。"

所有这一切似乎都说明，轿车司机害怕的不应该是卡车，而是他们在面对卡车时的反应。几年前，我第一次坐上一辆 18 轮牵引式挂车，目睹了类似的惊险场面。我看到轿车在卡车旁边飞驰而过，距离近得吓人，时不时地消失在卡车又长又高的引擎罩下。那么，为什么几乎所有人，就好像我在前言中提到的那位拉丁语老师那样，都有过与疯狂卡车司机相关的恐怖经历呢？

答案或许要从底特律司机的大脑活动中寻找。司机感觉到害怕，甚至在知道害怕的原因之前就开始害怕了。卡车的大块头儿让大多数人感到紧张，这也是理所当然的。如果我们曾和卡车擦身而过，或者看到汽车和卡车相撞之后的惨烈景象，毫无疑问，这会在我们的意识中留下十分深刻的印象，并可能扭曲我们的世界观。布洛尔表示："被一辆大卡车追尾给人留下的印象，相当于被 50 辆普通小汽车追尾。这种印象一直伴随着你，你又将它进一步放大。"（研究表明，人们认为的道路上卡车的数量，比实际数量要多。）

这里有一个难题：如果汽车司机不只是出于本能，甚至在更高级的智慧层面都惧怕卡车，那么，为什么轿车司机会在卡车附近做出如此危险的举动呢？答案是，正如我们将要看到的，我们在道路上对于危险以及导致危险的因素做出的判断并没有那么准确，而且，我们甚至都没有意识到自己根据这些有偏差的认识采取了行动。

为什么道路风险如此复杂？

心理学家认为，我们看待风险时，大体有两种不同的方式。一种方式被称为“风险分析”，即通过推理、逻辑判断和仔细思考来确定做出各种选择可能产生的后果。比如，在前往机场的途中，你很紧张，你会告诉自己“从统计上来说，坐飞机比开车要安全”。

另一种方式被称为“风险感知”。正是因为它，你预先感觉到了紧张。这也许是因为要离开地面：即使你一直安慰自己，但你仍然感觉在天上飞比开车更危险。研究表明，当我们只有很少的时间做决定时，我们更倾向于依赖“风险感知”，这似乎是一种生存本能。底特律的轿车司机靠近卡车时能够感知到危险，这是很明智的，但是，本能的恐惧反应并非总能帮助我们。比如，在汽车和鹿相撞的事故中，司机面临的最大危险在于他试图避免撞到鹿。当意识到有鹿出现时，任何人都不想撞到它。但是，我们愚蠢地将鹿本身当成了最大的安全隐患。因此，交通标志牌上通常会写着:“看到鹿时请勿转弯”。

我们考量风险时会依赖我们的感觉，其中一个合理的解释是，“风险分析”是一个异常复杂和棘手的过程，数学家和保险精算师对此更在行，但对普通司机来说却很难掌握。即使我们知道了道路风险的实际概率，关键时刻也经常感到茫然。以开车到底安不安全为例，思考这样一组统计数据：在美国，汽车每行驶一亿英里，就有 1.3 人死亡。1 亿英里是一段非常长的距离，相当于穿行美国 3 万余次。再来思考另一组数据：假设和许多美国人一样，你每年平均行驶 15 500 英里，在你一生 50 年的行车生涯中，死于交通事故的概率为 1%。

对大部分人而言，第一组数据听上去比第二组要好多了，每一次出行都相当安全。通常情况下，你每次开车上班或购物，死于交通事故的概率是百万分之一。然而，在你整个驾驶生涯中，这个数字听上去就没那么好了。你怎么知道这次出行不会成为那个 1% 呢？正如你可能猜到的，心理学家发现，我们对后一种数据更敏感。在一项研究中，研究人员会告诉受试者“每次出行”或“每个人一生”死于交通事故的概率，当得知一生中死于交通事故的概率时，受试者中有更多的人表示支持使用安全带的相关法规。

有人认为，这就是长久以来难以说服人们安全驾驶的原因。每一次安全出行，都强化了“开车是安全的”这一印象。既然发生交通事故的概率那么低，出门到当地不远处的一家商店，有时看上去没必要系安全带。但是，从概率上看肯定不会发生的事情，有时却会以奇怪的方式出现（风险学者将这类情形称为“黑天鹅”）。或者，这样表述可能更准确一点：当这种发生概率极低的事情真正发生时，我们毫无防备，比如平常没有火车经过的铁路交叉口突然有一列火车经过。

关于开车的风险，我们可以用不同的方式来表述。一种是，大多数人一辈子都不会经历致命的交通事故；另一种是，正如一项研究所表明的，“到目前为止，交通死亡事故是人们出门在外所面临的最大威胁”。如果你听到前一种表达，你开车的时候可能就不会有危险意识；如果你听到第二种表达，你或许再也不想坐车了。在考量开车所面临的危险时，人们会陷入一个固有的两难困境：考虑到开车频率和车程，开车可以说是安全的，但是，它还可以更安全。它可以多安全呢？据估计，按照美国职业安全与健康管理局规定的服务行业死亡人数标准，每年的交通事故死亡人数应少于 4 000 人。然而，实际死亡人数是这一数字的 11 倍之多。那么，告诉人们开车时存在的危险，会有助于减少交通事故死亡人数吗？

我们经常在电视机或者收音机里听到“每 15 分钟就有一位司机死于醉驾”或者“每 13 分钟就有一人死于交通事故”。这种表述大概不仅仅是强调问题的严重性，它还想告诉人们交通死亡事故在任何地方、任何人身上都可能发生。事实的确如此。然而，即使这些口号省略了“平均”这个字眼——事实上经常会被省略——我们也不会理解成每隔 15 分钟就会死一个人。

这样的平均值模糊了一个事实：道路风险并不是平均分布的。以周末深夜时分为例。这段时间有多危险呢？美国平均每年在星期六和星期日的午夜至凌晨 3 点死亡的人数，比周一至周五同时段的死亡人数总和还要多。换句话说，这一时段中，仅周末两晚的死亡人数就占了一周全部死亡人数的一半以上。在星期日午夜到凌晨这段时间，不是每 13 分钟有一位司机死亡，而是每 7 分钟就有一位。相比之下，星期三凌晨 3 点至 6 点这段时间里，每 32 分钟才有一位司机死亡。

一天中的不同时刻对事故的类型有着巨大的影响。在早晚高峰时段，司机面临的事故风险最大，因为此时的交通量最大。但是，在高峰时段，死亡事故的发生概率要小得多。研究发现，在非高峰时段，每 1 000 起交通事故中有 8 起会造成人员丧生，而在高峰时段，每 1 000 起交通事故中只有 3 起会造成人员死亡。有理论称，工作日有某种“通勤者法则”（commuters’ code）在发挥作用。路上满是赶着上班的人，他们开车行驶在严重拥堵的道路上（针对死亡事故，拥堵是最好的道路安全措施之一），头脑基本上都是清醒的。就致命和非致命事故而言，美国早高峰时段的安全性是晚高峰时段的两倍。下午，人们开车外出购物、接孩子或者去干洗店，这使得道路更加拥堵。司机也很有可能去喝一两杯酒。“午后困乏”，也就是常常在下午两点左右出现的周期性疲劳，同样增加了交通事故风险。

周末凌晨死亡人数如此之多，这不免会令人感到疑惑。虽然路上的人非常少，但喝过酒的人却相当多，估计能占到 1/4。再来看看 7 月 4 日美国独立日，这是美国交通最繁忙的一天。据统计，这也是美国路况最危险的一天。原因并不仅仅是这一天开车出门的人更多，从而可能发生的死亡事故也多——即使的确如此，这一天的路况也不会比平常更危险。事实上，真正的原因取决于独立日这天人们做了什么。研究结果显示，与之前或之后一星期中的同一天相比，7 月 4 日发生的醉驾事故更多——事实上，比其他任何节日都要多。

酒驾司机带来的实际风险是什么？为了抵消这些风险应该制定怎样的惩罚措施呢？经济学家史蒂芬 · D. 莱维特（Steven D. Levitt）和杰克 · 波特（Jack Porter）认为，晚上 8 点到凌晨 5 点之间，酒驾的司机造成死亡事故的可能性，比清醒的司机高出 13 倍；酒精含量在法律允许范围之内的司机造成死亡事故的可能性比未饮酒的司机高出 7 倍。在他们研究的死亡事故中，死于酒驾事故的 1.1 万人中有 8 000 人是司机和他们的乘客，其余 3 000 人则是其他司机（绝大多数并未饮酒）。莱维特和波特认为，在美国，如果将酒驾导致的外部效应计算在内，酒驾司机的罚款金额应该设在 8 000 美元左右。

道路风险的分布并不是完全随机的。在交通中，"赌盘"正在旋转。你是谁、你在哪儿、你年龄多大、你怎么开车、你什么时间开车，以及你开的是什么车——这些都会对快速旋转的"赌盘"产生影响。其中有一些可能在你的预料之中，也有一些出乎你的意料。

如果可以的话，想象一下蒙大拿州有个离婚医生弗雷德，他看完"超级碗"后开着皮卡车出门兜风。显然，弗雷德是一个虚构的人物，即使他真的存在，也没有办法判断出搭他车的风险到底有多大。但是，关于弗雷德的每个小细节，以及这些细节的相互作用，都能很好地呈现弗雷德在公路上造成的风险。

最重要的风险因素是速度，速度和其他所有因素之间有着微妙的关系。交通事故中，死亡的风险随速度的增加而增加。这是常识，许多研究也都证实了这一点。如果交通事故发生时的车速为每小时 50 英里，造成死亡概率要比车速为 25 英里时高出 15 倍，并不是车速快两倍，死亡概率也同样增加两倍。二者之间不呈比例关系，而是呈指数关系：风险的增长比车速的提高快得多。每小时35英里的车速比每小时30英里的车速造成的正面损伤多1/3。

有关速度和事故可能性之间的关系，争议较大。我们知道，经常超速的司机往往卷入交通事故的可能性更大。但是，研究人员分析了特定路段发生撞车事故时的车速，将其与没有发生事故时的车辆时速进行对比，试图查明车速如何影响撞车事故的发生概率。（问题是，确定车祸发生时的汽车时速是相当困难的。）研究得出了一些粗略的参考值。澳大利亚的研究人员发现，平均速度（而不是最高限速）为时速60公里（约合时速37英里）时，时速每增加5公里，事故风险翻一番。

1964年，美国联邦公路管理局研究人员戴维·所罗门（David Solomon）发表了一份关于车速的事故风险研究报告，他在这份最著名的研究报告中提出了“所罗门曲线”（Solomon Curve）。通过研究乡村公路多个路段的事故记录，所罗门发现，事故发生率似乎呈“U”形曲线分布：中等车速时，事故发生率最低；随着速度加快或减慢，事故发会率就会增加。最令人吃惊的是，所罗门报告称，“车速较慢的司机比车速较快的司机更可能发生交通事故”。

半个世纪已经过去了，所罗门的发现已成为车速限制争论中一个重要的（而且被误解的）检验标准，它成了提高车速限制的支持者们手中挥舞的一面旗帜。他们坚称，威胁交通安全的不是实际车速本身，而是速度差异。如果那些车速较慢的司机能加快速度，道路上的车流将非常顺畅和谐。不是速度害人，而是速度差异害人。（研究表明，大部分年轻男士最支持这一观点——毕竟他们才最有发言权，他们发生车祸的次数最多。）那么，是什么导致了速度差异？答案是，车速限制标准定得太低了！

亲爱的读者，虽然我也很想相信这个说法，而且惭愧地讲，我和所有人一样，偶尔也很想超速行驶，但是，反对上述观点的论据极为充分。这种说法假设被撞的司机本来就打算慢慢开，却突然被速度中等或者更快的汽车撞到，而不是单纯因为拥堵或者要转弯才放慢了速度。所罗门本人承认（但是被轻视了），近一半的汽车追尾事故都是因此而发生。研究发现，在大部分追尾事故中，都有一辆停着的车，而且司机停车大多是有正当理由的，并不是想挡住后面“超车狂魔”的去路。此外，明尼苏达大学的工程学教授加里·戴维斯（Gary Davis）再次证明，统计数据是交通中最大的威胁之一。他认为速度差异研究报告中存在一个断层——统计学家称之为“生态谬误”（ecological fallacy）。个体风险和“整体”风险被混为一谈，在现实中对整体适用的理论可能对个体并不适用。

单纯从交通工程理论来讲，公路上的所有汽车都以相同的速度行驶，这是一件好事。但这样的交通世界只存在于计算机屏幕上和交通工程师的梦里，这和现实生活中司机的行为大相径庭。你超过的车越少，撞到某人或者被某人撞到的概率就越小。但是，这意味着不能存在汽车减速的情况，不管你是为了改变车道、驶入高速路，还是因为一时迷了路，抑或是遇上了交通拥堵。不管怎样，如果“车速较快的汽车会因为车速较慢的汽车而陷入危险”，那么超车将是公路“大屠杀”的幕后主使。但事实上，研究发现，1996 年，相同方向行驶的两辆汽车发生致死事故的数量仅占所有致命车祸的 5%。死亡事故中更常见的情况是，一辆高速行驶的汽车冲出了公路，撞向某个完全静止的物体。在这类事件中，速度差异真的是相当致命。

我们再来看下一个风险因素，这个因素也许是这段描述中最怪异的：周日“超级碗”比赛[①]。研究人员对比了之前所有“超级碗”比赛开始和结束时的事故数据，他们将所有周日“超级碗”比赛分为 3 个时段（赛前、赛中以及赛后）。然后，他们对比了举办“超级碗”比赛和不举办“超级

① 周日超级碗比赛，是橄榄球联盟年度冠军赛，一般在每年 1 月最后一个星期天或 2 月第一个星期天举行。——译者注

碗”比赛的星期天。结果发现，在比赛开始前，死亡事故没有显著的差异；在比赛进行期间，路上的人应该比平时少，死亡事故发生率比普通星期天低了 11%；比赛结束后，研究人员报告说，死亡事故增加了 41%。输掉比赛的队伍所在地区发生车祸的风险相对更高。

如前文所述，赛后交通事故风险增加最主要的原因是饮酒。在举行“超级碗”的星期天，啤酒的消费总量比平常多出近 20 倍。弗雷德的风险值显然与他喝了多少啤酒有关（至少在美国，大部分因酒驾接受盘查的司机喝的都是啤酒）。大量研究表明，血液酒精浓度仅为 0.02% 时，事故风险开始增加；当浓度达到 0.05% 时，事故风险显著增加；而当浓度达到 0.08%~0.1% 时，事故风险直线上升。

当然，根据血液酒精浓度判断交通事故风险值也要因人而异。20 世纪 60 年代，研究人员在密歇根州大急流城进行了一项著名的研究，许多国家法定的血液酒精浓度限值就是依此设定的。研究人员随机拦下司机进行调查，结果发现，血液酒精浓度为 0.01%~0.04% 的司机，实际上比血液酒精浓度为零的司机发生的交通事故还少，人们将这一现象称为“大急流城下滑”（Grand Rapids Dip）。这引发了人们富有争议的猜测：“只喝了一点儿酒”的司机更清楚酒驾的风险，或担心被警察拦下，于是开得更小心了；还有人认为，经常喝酒的司机一般都能“应付”得了几杯酒。

“大急流城下滑”现象在其他研究中出现过，但被淡化为又一个统计谬误。例如，在密歇根州血液酒精浓度为零的人群中，年轻司机和老年司机居多，从统计数据上看，他们的安全程度更低。然而，即使是对此项研究持批评态度的一方也指出，尽管研究报告显示喝酒较频繁之人的驾驶记录比滴酒不沾的人更安全，但这并不意味着喝酒的人才是更优秀的司机，或者喝酒可以让你成为更优秀的司机。但怎样才能算作安全的司机，这个问题不仅仅是喝不喝酒那么简单。伦纳德·埃文斯指出，酒精对司机驾驶“表现”的影响众所周知，但是，酒精对司机驾驶“行为”的影响却是无法凭借经验来预测的。因此，喝了酒的司机和未喝酒的司机会有不同的行为方式：喝了一点儿酒的司机谨慎地驾驶车辆，小心遵守车速限制；开小差的清醒司机则一边超速行驶，一边打电话。两人开车的技术大概都没有他们自认为的那么好，一个反应迟钝，而另一个不能及时发现危险。虽说只有前者被妖魔化了，但其实两个人的行为都很危险。

第二个主要的风险在于弗雷德自己。这不是因为他叫弗雷德，没有证据表明叫弗雷德的人比叫马克斯或者杰瑞的人更容易发生交通事故。原因在于弗雷德是男性。在美国，在所有年龄层中，男性都比女性更容易发生交通死亡事故。事实上，每年死于车中的男性平均数量是女性的两倍，尽管美国的女性人口比男性人口更多。全球范围内的这一比例甚至更高。的确，男性比女性更经常开车，但是，即便将这一差异考虑在内，男性的事故死亡率仍然高于女性。

据卡内基–梅隆大学的研究人员估计，男性死亡率为每 1 亿英里 1.3 人，而女性死亡率为每 1 亿英里 0.73 人。平均每 1 亿次出行，就有 14.51 名男性死亡，而死亡的女性只有 6.55 人。最重要的是，平均每行驶 1 亿分钟，就有 0.7 名男性死亡，而女性死亡人数为 0.36 人。男性可能确实更经常开车，出行时间更长，但这并不能改变一个事实：每一次出行，在路上的每一分钟、每一英里，男性的死亡概率和导致他人死亡的概率都比女性更大。

人们不禁想到利用这些信息来判断男性和女性谁是“更优秀的司机”。但是一个事实让这个判断更复杂了：在美国，女性发生非致命性交通事故的概率高于男性。部分原因或许是男性更经常在容易发生死亡事故的路段上行驶（比如双车道的乡村高速公路）。或许还有一个原因，那就是男性比女性开车更鲁莽。男性司机可能比女性司机更优秀，也可能不是，但他们似乎为了证明自己的车技更好而更多地走向死亡。

从性别角度来看，男性受到两种化学物质的影响：酒精和睾丸素。男性发生酒驾死亡事故的概率是女性的两倍。他们喝酒更频繁，喝得更多，酒后驾车的可能性也更大。至于睾丸素，男性中系安全带的较少，无论以哪种方式来考量，男性开车都更加鲁莽。骑摩托车的男性比女性多，骑摩托车比开汽车的死亡风险高22倍。不论是在越南、希腊还是美国，戴头盔的男摩托车手都比女摩托车手少。我们都知道，酒精和睾丸素会以一种令人不快的方式相互作用，于是，喝过酒的摩托车手比没喝酒的摩托车手更有可能不戴安全帽，就好像喝过酒的男司机比清醒的男司机更有可能不系安全带一样。

离婚进一步将弗雷德推入了危险的境地。法国研究人员分析了13 000多名公司员工8年间的经历，结果发现，近期离婚或失恋的员工发生至少负有部分责任的交通事故的风险增加了4倍。其中的原因有很多：这些员工承受着情感上的压力（正如约翰·海特在一首分手情歌中唱的“开车的时候不要想着她”），而且喝酒的可能性更大；或者他们的生活习惯变了，比如周末要去看孩子，开车的机会更多了；又或者离婚的人本来就是那种喜欢冒险的人。新西兰的一项研究或许能给弗雷德一点安慰。研究人员发现，未婚人士发生交通事故的风险比离婚人士还要高。（研究过程中考虑了年龄因素和性别差异。）

弗雷德也许没有生活伴侣，但如果你想搭他的皮卡，他应该会很高兴：乘客的存在似乎可以起到避免车祸的作用。不管是在西班牙还是在加利福尼亚，许多研究都得出了相同的结论，如果车上有乘客，司机发生致命交通事故的概率更小，特别是当司机是中年人时——尤其是当乘客为女性，司机为男性时。（究竟是因为男司机载着女乘客时会更加小心，还是因为女乘客会提醒男司机开车多注意安全，这一点仍有待讨论。）

这里有一个例外，那就是青少年司机。车上有乘客时，青少年司机系安全带的可能性更小，喝过酒的可能性更大。很多研究表明，车上有乘客时，青少年司机更可能发生交通事故。因此，很多地方禁止青少年在刚学会开车的最初几年搭载同龄乘客。

研究人员开始一层层揭开青少年驾驶风险的神秘面纱。他们分析了10所中学，看司机们是怎样驶离停车场的。研究发现，比起其他司机，青少年司机似乎开得更快，与前车的距离更近。男孩儿比女孩儿开车更爱冒险。这是一个常识，有保险费率为证。但是，他们的风险性也有差异：当身边有男孩儿保驾护航时，男孩儿司机开得更快，与前车的距离更近；当有女孩儿坐在前排时，他们的实际行为就不会那么冒险了，而且他们独自开车时也会更安全（女孩儿开车时也有这个规律）。

当车中有女同伴（可能是女朋友）时，彰显男性存在感的需求转变为一种保护欲，当然，也有可能是女同伴此时不停地提醒男孩儿注意安全。这种“女朋友效应”似乎很早就已经根植于男性心中，而且会持续一生。这位女同伴并不一定是交往的对象：为降低士兵出行时的道路交通死亡率，以色列国防部队训练了一批女兵（外号“天使”），为她们的男性战友在开车时发挥“稳静”作用。

考虑一下弗雷德在哪儿开车。蒙大拿州有什么问题吗？2005年，蒙大拿州道路交通事故死亡人数为205人，差不多是新泽西州死亡人数的1/3。但是，蒙大拿人口总数还不到新泽西的1/10。显然，蒙大拿的居民开车更多，但即便是依据这一因素做出调整之后，蒙大拿的司机在马路上死亡的概率仍然是新泽西的两倍。其中的元凶是酒精：蒙大拿司机发生酒驾死亡事故的概率几乎是新泽西的3倍。同时，蒙大拿的限速标准比新泽西更高，而且违反交通规则被抓的概率更小。最重要的是，蒙大拿的大部分公路都是乡村公路。

从理论上来说，没有比在乡村开车更舒服的事了，它可以让你远离城市里“疯狂的交通”。但是，也没有比这更危险的事了。我们都应该留意标志牌上的文字：“这里是人间天堂，不要开得像在地狱。”即使是根据车流量差异做出相应调整之后，除州际公路之外，乡村公路的死亡率仍是其他公路的2.5倍以上。在乡村公路上转弯，其危险程度是在其他公路上转弯的6倍多。大部分事故都是汽车冲出了路面，这可能是因为道路标线不完整，司机车速过快、疲劳驾驶，甚至开着车睡着了，或者酒后驾驶——也可能是其中几种因素甚至全部因素综合作用的结果。当事故真的发生了，医疗救助人员往往又距离太远，从而进一步推高了车祸死亡率。

在弗雷德的例子中，他就是一个医护人员。然而，即便他是医生又怎样呢？为什么这也算是一个风险？医生通常都接受过良好的教育，家境富裕，是社会中的佼佼者。他们常开着价格不菲、性能优良的汽车。质量规划集团（Quality Planning Corporation）是一家总部位于旧金山的保险调研公司，该公司研究人员针对100万名司机进行了为期8个月的抽样调查，发现医生发生事故的风险排在第2位，仅次于学生（学生的风险很大程度上受到年龄的影响）。为什么会这样？是因为医生过于自信吗？刚做完心脏外科手术，就急着赶去高尔夫球场？

一个简单的解释可能是很多医生都是男性（2005年时接近75%），至少在美国是这样。消防员和飞行员通常也以男性居多，但这两个职业的风险排名最靠后。消防员大部分时间都在消防站，不在路上，而飞行员大部分时间都在空中。发生交通事故的风险和在路上的时间有关，房地产经纪人的事故风险排名也十分靠前，大概就是这个原因，他们常常要开车挨家挨户登门拜访。（建筑师的事故风险排名也处在前几位，据质量规划集团副总裁推测，他们经常因为观察路上的建筑物而分心！）医生经常开车，而且经常在市区开车，还经常发生紧急状况，说不定还得通过手机会诊。最重要的是，他们可能还很疲惫。《新英格兰医学期刊》（*New England Journal of Medicine*）上的一篇报告称，每次哈佛医学院的实习生超时值班，他们当月发生交通事故的风险就增加9.1%。值班次数越多，他们在停车时甚至开车过程中睡着的可能性就越大。

现在我们来谈一下弗雷德医生的交通工具——皮卡。皮卡在美国越来越流行，1977—1990年，拥有皮卡的家庭数量增长了近50%，而且皮卡登记数量每年都在增加。皮卡也是公路上最危险的交通工具：在美国，每1亿辆登记车辆中，皮卡造成的交通事故死亡人数比其他任何车型都多。

同时，皮卡给其他司机造成的威胁也是最大的。研究表明，福特F–350皮卡对其他汽车造成的风险，是道奇凯领小型面包车的近7倍。从汽车的角度看，皮卡较高较重，车前端较结实，这意味着与车辆发生碰撞时对方车辆要承受更大的冲击力。当皮卡撞上其他车辆时，皮卡司机的死亡率更低。根据简单的物理学原理可知，大型汽车撞击面积更大，材料通常更结实，所以抵抗撞击的能力更强。

然而，事情并非总是如此。一些碰撞测试显示，汽车撞向固定物体时，比如一堵墙或者一棵大树，其自身重量通常起不到作用。密歇根大学物理学家马克·罗斯（Marc Ross）告诉我："计算固定障碍物时，车重等产生的影响出现大幅下降。"汽车的设计，即可以转化自身动能的能力，和汽车的大小同样重要。多年前，公路安全保险研究所的研究人员进行了一项碰撞测试，汽车载着碰撞试验人偶以每小时40英里的速度撞向障碍物。有两种车型：重约5 000磅的大块头福特F–150皮卡，以及重量不足2 500磅的小型Mini Cooper。你更想坐哪一辆？测试图片清晰地给出了答案：Mini Cooper。尽管福特皮卡使司机和障碍物之间的间隔更远，但皮卡的"乘员舱内陷严重"，"司机几乎没有生存空间"。而Mini Cooper进行碰撞测试后，人偶和方向盘、仪表板的相对位置表明，司机的生存空间保持得很好。

马尔科姆·格拉德威尔（Malcolm Gladwell）在《纽约客》杂志中提出，体积庞大的重型机动车更难掌控，刹车更慢，司机在第一时间避免事故发生的难度更大。但是，研究人员的一项发现使事情变得更加复杂了。在美国，小型汽车比大型汽车更容易发生交通死亡事故，而体积较小的汽车的灵活性更胜一筹，本该可以更好地避免这类事故。小型汽车或许更加灵活，但是小型汽车司机往往是爱冒险的年轻人；性能优良的越野车虽然容易掌控，但往往也是喜爱冒险之人的首选。美国国家公路交通安全管理局的研究人员提出了另一个问题：小型汽车良好的灵活性会不会使司机更喜欢冒险？他们认为："小型汽车较快的反应能力，也许给了普通司机更多犯错误的机会。"

风险有时是会骗人的。"开哪种车上路最危险？"这个问题的答案比看上去复杂得多。仅仅根据"汽车因素"来确定风险有其局限性，因为这就忽略了谁在开车，以及怎样开车。原通用汽车研究人员伦纳德·埃文斯指出，双门车比四门车发生事故的风险更大（达到一定重量后，两者发生事故的风险持平）。"坚信汽车因素至关重要的人会说，'我懂了，只要在车上多加两个门，你的车就更安全了。'"

多出来的两个门常常与工程学无关，而与生活方式有关。比如，双门阿库拉RSX系列轿车和四门丰田花冠就分别体现了不同车主的不同生活方式。在美国，2002—2005年，阿库拉司机死亡率是慢吞吞的花冠的两倍多。在重量方面，两种车型几乎完全相同。事故发生率的差异更多应归咎于四门车和双门车的司机，而不是汽车本身。

开车的人（以及开车的方式）影响着车的风险值。马克·罗斯和汤姆·文策尔（Tom Wenzel）提出的有关福特维多利亚皇冠车和水星侯爵车的案例，很好地说明了这个观点。维多利亚皇冠车和同一公司旗下的水星侯爵车都是大型、稳重的V–8引擎轿车，基本属于同种车型，两款车的维修手册是通用的。考虑到它们的相似性，不难猜到驾驶这两款车的相对风险是一样的。但是，统计数据显示，维多利亚皇冠车比其他车型更危险。为什么呢？维多利亚皇冠车是非常流行的警用车，这意味着与水星侯爵相比，它参与危险高速追逐的场景更多。（这里必须指出一点，维多利亚皇冠车还是纽约市出租车选用的主要车型。）

有时候，“较安全”的车里有一位危险的司机，“较危险”的车里却有一位安全的司机。小型汽车，比如微型汽车，的确会在发生事故时给司机带来更大的风险。当然，价位较高的微型汽车比价位较低的微型汽车造成的风险要小，但是同时，驾驶微型汽车的，经常是那些交通事故风险较大的司机（比如年轻司机）。然而，年龄只是行为因素的一种，它和所驾驶的汽车车型相互影响。实际上，小型汽车司机会因为汽车较小而更加谨慎，我在下一节会讲到这一点。据统计，大型客车最安全，是因为它们没有越野车那么容易翻车吗？还是因为它们比小型汽车更重？抑或是因为驾驶大型客车的司机大多属于安全的司机群体？

再说回弗雷德和他的皮卡：很难说清一种风险在哪儿结束，另一种风险又将从哪儿开始。开皮卡的男性往往比女性更多，男性往往不系安全带，住在郊区的男性更有可能开着皮卡不系安全带。另外，除摩托车之外，皮卡司机发生致命交通事故时，喝过酒的可能性很大。这些可能只是一部分潜在的风险因素。例如，澳大利亚研究人员发现，黑色的车比白色的车更容易发生事故。是因为可见度不同？还是因为开黑色车和开白色车的人群不同呢？我们都知道，没有人会洗租来的车，那么司机在驾驶租来的车时会更加不顾危险吗？（一些证据表明的确如此。）以色列研究人员发现，发生自杀式炸弹袭击后的头一两天，司机在路上死亡的人数减少了，但到了第三天，死亡人数又开始增加了。是因为炸弹袭击余波未平，人们一开始不敢出门，过了两天才集体出动吗？（还是因为恐怖袭击的阴影让人们更加爱惜生命了呢？）

风险专家约翰·亚当斯（John Adams）可能会说，对风险的理解不同于复杂的火箭研究，它比火箭研究更复杂。他从英国的统计数据中得出，年轻男性比中年女性死于交通事故的概率高 100 倍。星期天凌晨 3 点开车的人比星期天上午 10 点开车的人死亡风险高 134 倍。患有人格障碍的司机比其他人发生严重交通事故的概率高 10 倍，血液酒精浓度超出 BAC 标准2.9倍的司机比清醒的司机发生事故的概率高20倍。

“那么，如果这些都是自变量，”他告诉我，“你可以将它们相乘，然后得出结论：精神失常且醉酒的年轻男性星期天凌晨开车上路，其发生严重事故的可能性要比正常且清醒的中年女性早晨开车去教堂高出大约250万倍。”然而，这些变量不是独立的。亚当斯指出：“星期天凌晨3点，路上精神失常且醉酒的年轻男性相对较多。”现在再多考虑几个因素。汽车轮子有没有问题？当时有没有雾？司机是疲惫还是清醒？亚当斯说：“一旦你开始试着想象所有的因素，你会发现人与人之间的风险差异可能会很悬殊。”他用这个例子试着定义他所谓的风险“里氏震级”（Richter Scale）。比如，一个人在交通事故中受伤甚至死亡的概率为1/8 000，而在踢足球时受伤或死亡的概率为1/25 000。“这些表格的提供者称，制作这些表格是为了指导普通大众认识到自己面临的风险。但普通大众根本不知道如何运用这些数据。”

关于你应不应该搭乘虚构的弗雷德的顺风车，这里有一个实用的小建议：坐在后排座位上（前提是如果他的车有后座的话）。后排座位的死亡风险比前排座位低26%。后排座位比安全气囊更安全。不过，如果这么做的话，你可能会得罪弗雷德。

道路中隐藏的危机

当心点儿，有所忌讳最安全。

——威廉·莎士比亚，《哈姆雷特》

20世纪50年代，美国交通事故死亡人数达到了历史最高点，《美国医学协会杂志》（*Journal of the American Medical Association*）刊登的一篇文章指出，“拆除汽车内部的危险机械装置”，比如金属仪表盘和坚硬的转向柱，几乎可以使每年的道路交通死亡人数减少近 75%，拯救大约 28 500 个生命。

汽车制造商曾试图将交通死亡事故的责任转嫁至“方向盘后的疯子”身上。此后的几十年里，在公众的强烈抗议以及随之而来的法规要求下，汽车内部构造已经变得安全了许多。在美国（以及其他大部分地区），如今开车的人更多了，在路上的时间也更多了，但在车中死亡或受伤的人数已经低于 20 世纪 60 年代的水平。但是，尽管不断配备安全装置，从安全带到安全气囊，死亡人数实际下降水平仍然没能达到最初的预期。想一想所谓的第三制动灯 CHMSL。CHMSL 指的是“中央高位制动灯”（Center High-Mounted Stop Lamp, CHMSL）。经过几十年的研究，20 世纪 80 年代，第三制动灯正式成为汽车标配。

至少在理论上，第三制动灯听上去是个不错的主意，前车司机正在刹车时，可以给后车司机更多的提示。普通刹车灯是从一种红色变为另一种红色（一些工程师认为，直接更换颜色更能引起人们的注意），而第三制动灯不同，它只有在刹车的过程中才会亮起。当司机透过汽车挡风玻璃观察前车，衡量交通状况时，可以获得更多的信息。研究结果显示，高位制动灯可以缩短司机的反应时间。专家预测，第三制动灯有助于减少某些类型的交通事故，特别是汽车追尾事故。早期，研究人员在一些出租车上试装了这种刹车灯，结果显示，追尾事故可以减少 50%。但是，之后又经过重新估算，发现交通事故减少的比例只有 15% 左右。现在又有研究表明，第制动车灯“最多”可以减少 4.3% 的汽车追尾事故。这无疑证明了安装第三制动灯的成本是合理的，但是，它显然没有达到当初发明它的人所期望的效果。

防抱死制动系统（Antilock Braking System, ABS）刚刚问世时，人们

也对它寄予了同样的厚望。ABS有助于避免车轮发生“制动锁死”，可以在制动过程中，特别是在潮湿的环境中，使司机完成更大幅度的转向控制。但是问题来了。一项针对德国慕尼黑出租车司机的著名研究发现，安装了ABS的汽车比没有安装的汽车车速更快，与前面车辆的间隔更小。同时，与没有安装ABS的车相比，这些车发生的交通事故也更多。另有研究表明，安装ABS的司机与前车追尾的事故发生率减少了，但是被追尾的事故却增多了。

难道在司机感觉更安全的时候，驾驶行为会更危险吗？也许他们只不过是将与其他汽车相撞的事故，换成了更危险的“单车冲出道路”的事故。研究人员对试车道进行了分析，发现与没有安装ABS的汽车相比，安装了ABS的汽车在试图避免事故发生时，更容易因突然转弯而冲出道路。研究人员还发现，很多司机不清楚如何正确使用ABS刹车。事故原因或许不是使用了ABS的司机开车更粗暴，而是司机的制动方式不对。也有可能是车内安装了ABS的司机开了较长时间的车。无论哪种情况，美国公路交通安全管理局在1994年发布的一份报告中指出：ABS对交通事故（致命及非致命事故）发生的总体净效应几乎为零。（其中原因至今仍是一个谜，正如公路安全保险研究所于2000年总结的：“对于安装了防抱死制动系统车辆早期的糟糕体验，至今仍没能给出合理的解释。”）

似乎总是有新的保护措施不断涌现。最近的一项发明是“电子稳定控制系统”，有望极大地改善交通安全。这项技术可谓“翻车克星”，据说每年可以拯救近1万人的生命。如果真是如此，那就再好不过了。但是，历史会告诉你，你恐怕不能如愿。

为什么这些安全措施似乎从未达到过预期的效果呢？难道仅仅是因为预测时太不切实际了吗？最令人头疼的答案，也是困扰了交通安全数十年的问题，正如我们在第七章中提到的，即汽车越安全，司机越喜欢冒险。

虽然这一观点自机动车发明之初就以各种形式存在着——其实，它曾被用作反对铁路安全改善措施的论据——不过，它最著名，也最有争议的一次亮相，要数1976年芝加哥大学经济学家萨姆·佩兹曼（Sam Peltzman）发表的一篇文章。文中描述道，尽管法律要求新车必须配备新的安全技术——最著名的是安全带——但路况还是没能变安全。这一观点后来被称为“佩兹曼效应”。他总结道:“汽车安全法规并没有对道路死亡率产生影响。”虽然司机的事故风险降低了，“驾驶强度”却提高了。他断言，即使车上的人更安全了，汽车安全性能的提升也会被那些没有受益于汽车安全性能的人群“抵消”，包括行人、自行车手、摩托车手，他们的死亡率会升高。在司机感觉更安全的同时，其他人有理由感觉没那么安全了。

由于车祸及其诱因往往盘根错节，我们很难对驾驶过程中某个变量的变化会怎样影响交通事故做出明确的推断。司机人群的平均年龄、经济状况、执法环境变更、保险因素、天气情况、驾驶方式及车型、通勤模式变化，以及模糊不清的事故调查……所有这些因素，都发挥着微妙的作用。在很多情况下，得到的数据只是一个估计值。

预期的安全效果和实际达到的安全效果之间的差距，或许可以用另一个理论解释——即“选择性采纳”，它完全颠覆了风险假设。依据这一理论，在安全带法规通过后，司机从不系安全带到系安全带的转变并不是随机的。首先，系安全带的司机可能原本安全性就很高。研究结果显示，不喜欢系安全带的司机，他们更喜欢冒险，系安全带的概率更小——而且即使他们系了安全带，他们的危险性仍然很大。

研究人员分析事故统计数据后发现，2004年，美国因客车事故死亡的人中，没有系安全带的人比系安全带的人多——不过，如果联邦数据可信的话，超过80%的司机都会系安全带。如果不系安全带，司机在严重交通事故中幸存的概率更小。而且正如伦纳德·埃文斯指出的，大部分严重交通事故也往往发生在不系安全带的司机身上。所以，虽然我们可以预测系安全带大概能降低多少风险，但这种方法并不适合用来预估司机死亡人数的减少量。

经济学家间流传着一个老套的笑话：最有效的汽车安全措施，大概就是在方向盘上插一把匕首，刀尖直指司机。如此一来，司机安全驾驶的动机会非常强烈。如果不系安全带，死于严重交通事故的概率会增加一倍，而这么做实际上相当于在方向盘上装了一把危险的匕首。

然而，就像经济学家罗素·索贝尔（Russell Sobel）和托德·内斯比特（Todd Nesbit）问的那样，如果你的车足够安全，就算以非常快的速度撞上一堵水泥墙，你也可以毫发无损，这意味着什么？这意味着你可能会“在小小的椭圆赛道上，以时速200英里的速度行驶，和其他车只保持几英寸的距离，而且事故不断”。这是两位经济学家在跟踪调查了美国汽车比赛协会（NASCAR）5位车手十几年的赛事记录后得出的结论，而在这10年间，汽车的安全性却越来越高。他们发现，交通事故数量增加了，而受伤人数却减少了。

当然，这并不意味着普通司机会做出同样的事情，他们不像赛车手那样爱冒险。一方面，即使开得再快，也没有人会给普通司机发奖金；另一方面，赛车手配有阻燃赛车服和头盔。这就出现了一个有趣又有点儿荒诞的问题，为什么几乎所有轮式交通工具的使用者都戴头盔，而只有汽车司机不戴？没错，汽车的确提供了一个很好的、带气囊的金属保护壳。但是，澳大利亚联邦道路安全办公室（Federal Office of Road Safety）的研究结果表明，车内人员头部受伤的治疗费用占澳大利亚交通伤害医疗花销的一半。与防侧撞气囊相比，头盔既便宜又可靠，它可以减少交通伤害，并使死亡人数降低25%左右。这个想法有点儿疯狂，也许吧。不过，当初引入气囊的想法在当时的人们看来也很疯狂。

安全带及其效果比经济学家所谓的激励机制还要复杂，激励机制把我们所有人看作可以做出前瞻性决定的理性行为者。一直以来，我不是将系安全带当作可以开得更野蛮的激励机制，而是将它作为对自身生命安全的严峻警示。这并不意味着我不受“行为适应”的影响。即使我无法想象安全带会让我的行为更冒险，但我至少可以想到如果我出于某种原因在开车时没有系安全带，我的行为会发生怎样的变化。我会提高警惕，这也许正好抵消了不系安全带增加的风险。

暂且不论安全带拯救了多少生命，毫无疑问的是，安全感的提升促使我们更愿意冒险，而当安全感减弱时，我们则会更加小心。这种情况并非经常发生，我们对行为行进调整的原因不同，调整程度也会不同，我们也许并没有察觉到自己正在这样做；但是，事实上我们这样做了，这也是此类争论仍在继续的原因所在。这大概可以解释，为什么会如佩兹曼所说，现在平均每英里道路死亡人数每年的降幅，仍然与20世纪上半叶基本相同，而当时安全带和气囊等安全措施还没有出现。

20世纪头10年，有47人试图攀登北美最高峰——阿拉斯加州麦金利山。当时他们的装备很差，一旦出现意外，获救的机会几乎为零。然而，他们当中无一人丧生。20世纪末，登山者携带的都是高科技设备，直升机协助救援也已相当常见，但是，在麦金利山坡上每10年都会有数十人死亡。人们似乎出现了某种行为适应：人们知道自己可以获救，一些登山者选择了更冒险的登山方式（比如英国登山者乔·辛普森[①]），还有一些不怎么会登山的人也跃跃欲试。美国国家公园管理局关于改进安全性的政策不仅花费了大量资金，还造成了更多人丧命。讽刺的是，这样一来，人们又会进一步呼吁增加“安全性”。

在跳伞运动中，最致命的风险曾是晚开伞或者未开伞。通常是主伞没能打开，跳伞员忘记打开备份伞（或者打开得太晚了）。20世纪90年代，

---

① 乔·辛普森（Joe Simpson），英国登山运动家。1985年，乔和西蒙·耶茨（Simon Yates）尝试攀登南美秘鲁安第斯山脉的一座山峰。在信念的支持下，乔克服了重重困难，最终死里逃生。——译者注

美国跳伞员开始使用德国设计的装备，必要时可以自动展开备份伞。因此，晚开伞或未开伞导致的死亡人数大幅减少，1991 年的死亡人数为 14 人，而到了 1998 年，此类事故的发生率为零。同时，曾经不常发生的开伞死亡事故——伞已经打开，跳伞员在落地时死亡——一跃成为致死的首要原因。随着跳伞的安全性不断提升，跳伞员不再只想着安全着陆，而是在伞展开的情况下尝试急转弯、猛冲等危险动作，这让跳伞变得更危险了。

心理学家杰拉尔德·王尔德（Gerald Wilde）将这一现象称为“风险平衡”。风险平衡理论指出，人们对于风险水平都有一个“心理目标”，就像家里的恒温器设定为一定的温度，它可能不时出现一点儿波动，但是整体会保持在设定的平均温度上。在位于安大略省金斯顿的家中，王尔德告诉我：“有了可靠的开伞索，人们会希望尽可能多地增加在空中遨游的时间。因为跳伞员想要待在天上，而不是待在地上。”

在交通中，随着预期收益的增长，我们会不断调整自己愿意承担的风险。正如我在前文中提到的，研究显示，面对迎面而来的车辆，汽车打算左转时等待的时间越长（完成转弯的欲望增强），司机越倾向于从较小的间隙中穿过（转弯的风险也会增加）。30 秒似乎是人们等待左转的时间极限，超过 30 秒，我们冒险的意愿就会开始增强。

当情况变得更加危险时，我们的行为可能也更加谨慎。例如暴风雪来临时，我们都见过公路上汽车打滑、缓慢行驶的画面。新闻里也在大肆报道“因暴风雪导致的”交通死亡人数。然而，交通事故统计数据揭示了一些有趣的现象：暴风雪期间，撞车事故的数量增多了，但是致命性交通事故的数量却减少了。危险的暴风雪像是一把双刃剑：导致更多司机发生事故，同时又迫使司机放慢速度，从而避免发生死亡事故。当然，暴风雪也迫使人们放弃开车出行，这本身就是风险调节的一种形式。

在左转穿过车流的时候，这种行为的风险和回报一目了然。但是，我们的行为始终如一吗？我们对即将面临的实际风险或安全有清晰的认识吗？我们总是会把风险推向“最大值”吗？我们知道所谓的“最大值”是什么吗？风险平衡理论的批评者指出，鉴于我们实际上对风险和概率评估知之甚少，并且我们在开车时容易受到误解和偏见的影响，维持某个固定的风险水平对我们来说简直是奢望。例如，自行车手也许认为，在人行道上骑车比在街上骑车更安全。但是很多研究发现，在人行道上骑车更容易发生交通事故。为什么呢？尽管与车道是分开的，但人行道不仅要穿过行车道，还要穿过交叉路口——这里是汽车与自行车相撞事故频发的地方。转弯的司机很少料到——因此也不会看到——会有一辆自行车正从人行道上驶来。自认为很安全的骑车人也很少留意汽车的存在。

批评者称，在安全带或者隐藏在方向盘内部的气囊的保护下，很难预测发生重大交通事故时生还的可能性有多大。不过，任何驾车去拉斯维加斯的人都会发现，我们似乎可以根据风险和概率的不完整信息轻松地做出选择。关于“风险代偿”及其各种衍生理论的争论非常激烈，各方有时甚至会恶语相向，争论的焦点似乎很少关乎它会不会发生，而是更多地关乎它是不是经常发生，或者究竟是因为什么而发生。

大多数研究人员都赞成一点，那就是行为适应似乎在有直接反馈时更明显。当你可以切实感觉到某件事时，你更容易因此改变行为。我们感觉不到气囊和安全带的作用，也不经常测试它们的性能——如果说这些安全设备让我们感觉更安全，其实这种感觉并非来自设备本身。另外，雪天出行时，我们不必依赖早已内化于心的风险评估方法：开车的时候，人们就可以感觉到路况是危险还是安全。（研究显示，换上冬季防滑轮胎的司机比其他司机开得更快。）

我们开车时获得反馈的典型方式，是所驾驶汽车的大小。反馈的来源很多，从贴近地面的程度，到道路噪声水平，不一而足。研究显示，小型汽车司机比大型汽车司机面对的风险更小（根据车速、与前车的距离，以及系安全带的情况就可以看出）。很多司机，尤其是在美国，驾驶越野车是因为越野车的重量和更开阔的视野使他们感觉更安全。但是，有证据表明，越野车司机更加激进的驾驶行为抵消了这些优势。研究表明，越野车总体而言并不比中型或大型客车更安全，甚至不如小型客车安全。

研究还表明，越野车司机之所以开得更快，可能是因为感觉上更安全了。他们的其他驾驶行为也有所不同。新西兰一组研究人员观察了途经车辆的司机双手放在方向盘上的位置。研究人员认为，通过这种位置关系可以判断出司机感知到的风险水平。例如，有研究表明，当公路上的车道更多、行驶速度更快时，多数司机的双手握在方向盘的上半部分。新西兰的研究人员发现，与小汽车司机相比，越野车司机开车时往往单手握方向盘，或者双手握在方向盘的下半部分，这种位置关系显示出司机感知到的风险较小。另有研究人员分析了伦敦多个地点的情况。通过观察 4 万余辆汽车，研究人员发现，与小汽车司机相比，越野车司机开车时打电话的情况更多，不系安全带的情况也更多，而且毫不意外，他们在打电话的同时不系安全带的情况也更多。

也许开车的时候打电话且轻视安全带作用的人群，正好也喜欢开越野车。但是，他们喜欢开越野车，会不会是因为他们认为越野车更安全，开着越野车可以在路上更加肆无忌惮呢？说回我们虚构的人物弗雷德，皮卡司机比其他司机更不喜欢系安全带。根据风险补偿理论，他这样做是因为他在皮卡里感觉更安全。但他会不会以更危险的方式开车，然后系上安全带以减少危险驾驶的“代价”呢？所有问题都指向一点：我们判断自己是危险还是安全的信息是从哪里获得的？这些信息又是如何左右我们的行为的？由于很少有人亲身体验过发生严重交通事故时气囊弹出的情况，我们对于“有气囊的汽车比没有气囊的汽车更安全”这句话会有准确的感知吗？这种感知足以让我们改变自己的行为吗？

风险从来没有表面看上去那么简单。人们可能认为，在路上，最安全的做法是驾驶最新款的汽车，新款汽车配有最先进的安全设施和最新的技术。新车肯定比你之前的车更安全。但是，挪威的一项研究发现，新车发生的事故最多。这不是因为路上的新款汽车更多，而是因为新款汽车发生事故的概率更大。通过研究超过 20 万份汽车记录，研究人员总结道："如果你驾驶一辆新款汽车，汽车损坏以及人员受伤的概率比驾驶旧款汽车要大。"

鉴于新款汽车在交通事故中可能会起到更好的保护作用，研究人员认为，最有可能的解释是，司机开新款汽车时的行为发生了变化。他们认为："开旧款汽车时，司机可能感觉没那么安全，所以开得更慢，而且更专注、更小心，也会尽可能和前车保持更远的距离。"包括美国在内的其他地方的研究人员也发现，新款汽车发生的交通事故最多。不过他们给出了另一种解释：人们买了新款汽车后，开新款汽车的次数比开旧款汽车的次数多。然而，这本身也许是风险补偿的一种微妙形式：开新款汽车感觉更安全，于是开新车出行的次数更多了。

与火箭研究不同，风险研究更复杂。客观地说，汽车变得越来越安全，但是真正的挑战在于：怎样设计一款可以克服人类天性中固有风险的汽车。

在世界上大部分地区，自杀事件比他杀事件多。从全球来看，平均每年大约有 100 万人自杀，比他杀和在战争中死亡的人数总和还要多。看到这些数据我们常常会感到吃惊，其实我们也知道令我们产生误解的主要原因之一是：媒体对他杀事件和战争致死的报道比对自杀事件的报道多，所以他杀和战争事件导致的死亡人数看上去才显得更多。

出于类似的偏见，在美国等国家，每年车祸造成的死亡人数未能引起更多注意。如果媒体报道可以被看作对公众关注点的真实表达，我们可能会认为，在过去的几年里，各国面临的最大威胁就是恐怖主义了。这一观点无时无刻不在强化。我们不断听到某公共场所发现"可疑包裹"之类的新闻。我们在机场要接受安检，也看到其他人接受检查。我们生活在美国国土安全部发出的警告中。偶尔会有恐怖组织的窝点被摧毁，但大部分时候他们不过是一群愤世嫉俗之人。

自 20 世纪 60 年代美国国务院开始有记录以来，美国不幸死于恐怖主义的受害者总人数不到 5 000 人。有人指出，这个数字相当于同期被闪电击中死亡的人数。但是，美国每年的车祸死亡人数高达 40 000，这个数据有时还会出现波动。每个月死于交通事故的人，比“9 · 11”恐怖袭击中的死亡人数还多。恐怖袭击发生后，民意调查显示，许多市民同意放弃部分公民自由，以帮助打击恐怖主义的威胁，保护他们的“生活方式”。同样是这些公民，无论是在民意调查中还是在个人行为方面，却经常反对为减少交通事故死亡人数而制定的交通措施（比如，降低车速限制、设置更多电子眼、更严格的血液酒精浓度标准，以及更严格的手机使用规定）。

讽刺的是，与这种对正常生活造成威胁的事件相比，我们竭力去维护的正常生活对普通大众的危害更大。例如，“9 · 11”事件发生后 3 个月的道路死亡人数，比之前两年同期高出 9%。鉴于这段时间坐飞机的旅客减少，可以假定一些人选择了乘车而不是坐飞机。也许正是因为所有人提高了警惕，自“9 · 11”事件之后，美国没有再出现因恐怖袭击而致死的事件，而道路交通事故的死亡人数却超过了 20 万。这就提出了一个问题：为什么我们不能在提高国家道路的“安全”方面也像对待恐怖主义一样齐心协力？相反，“9 · 11”事件之后，报纸上随处可见交警被指派前去反恐的报道。

20 世纪 90 年代，英国道路死亡人数减少了 34%，而美国仅减少了 6.5%。为什么会出现这样的差别？英国的气囊更好、汽车更安全吗？研究表明，主要原因在于车速（尽管美国司机每年的行驶里程要比英国司机多很多）。英国采用测速摄像头的时候，美国却在抵制摄像头，而且还提高了车速限制值。据称，如果美国当初采取了和英国一样的措施，将会有 1

万人免于死亡。

为什么每年如此庞大的道路交通死亡人数没有得到足够的关注呢？一个原因可能是我们很难理解庞大的数字，这要归咎于所谓的“心理麻木”（psychophysical numbing）。研究显示，人们认为从一个小难民营救出一定数目的人，比从一个大难民营救出相同数目的人更重要：从一个 50 人的难民营救出 10 人，似乎比从一个 200 人的难民营救出 10 人更有价值，尽管此 10 人无异于彼 10 人。我们似乎对较大的数字不那么敏感。

相反，根据“可识别受害者效应”（identifiable victim effect），我们对个人的痛苦遭遇十分敏感，比如一位重病患者。美国心理学家及风险分析专家保罗·斯洛维克（Paul Slovic）研究发现，人们更倾向于捐赠更多钱给一个孩子，而不是以多名儿童的名义进行慈善活动——即便募捐对象只多出一名儿童，情况也是如此。

数字非但没有引起人们对问题的关注，反而让我们更加麻木了。（这也许要追溯到进化论的小团体假说。）交通死亡事故也引出了另一个问题：鉴于处境危险的司机也可能获救，我们无法提前断定谁将是交通事故的受害者——毕竟，即使是醉驾的司机，往往也可以平安到家。在交通死亡事故中，受害者往往当场死亡。死亡事故从空间和时间上分散开来，没有人会定期统计和报告死亡事件。这些交通死亡事故的受害者，没人为他们守夜，没人给他们募捐，只有一些悼词、宽慰的话，以及诸如“事情可能发生在任何人身上”之类的感慨。不过，交通死亡事故的发生在统计学上并没有我们想象的那么随机。

心理学家认为，人们的恐惧感往往会因为“忌惮”和“新奇”而加剧。生物恐怖袭击是让我们忌惮不已的新威胁，因为它似乎超出了我们的控制范围。另外，一个多世纪以来，一直有人死于车祸，而车祸原因往往在他们的控制范围之内。我们在感知风险时，似乎还会认为个人可以从中获益的事物（比如汽车）是较安全的，而个人无法从中获益的事物（比如核能）是比较危险的。不过，即使在交通领域，人们对风险的认识也会有所偏差，比如所谓的“路怒症”。在枪支自由的美国，据非官方统计，道路上每年被枪杀的人数大约是 12 人（比被闪电击中身亡的人少很多）。然而，疲劳驾驶导致的交通事故却占到了全部事故的 12% 左右。我们更应该提醒大家警惕打哈欠的司机，而不是持枪的司机。

英国风险专家约翰·亚当斯认为，我们应该害怕的风险种类，受几个重要因素的影响。我们是不是自愿的？风险在我们的控制之中，还是超出了我们的控制范围？可能获得什么回报？有些风险是我们自愿承受的，在我们的控制之中（我们认为），而且会带来回报。亚当斯说：“可以控制、自愿承受的风险，比如攀岩，风险本身就是回报。”没有人强迫攀岩运动员去冒这个险，如果攀岩运动员不幸身亡了，没人会感觉受到了威胁。（自杀的情况也是如此。）还有一些风险虽然是我们自愿承受的，但是我们无法控制，比如城际大巴旅行，我们无法左右旅途中的状况。想象一下，你在公交车站看见一个司机在酒吧喝啤酒。当你上了公交车，却发现开车的正是那个喝啤酒的司机。你会有什么感觉？我猜你会紧张。

再来想象你在酒吧喝完啤酒自己开车回家的场景。你会同样感到恐惧和惊慌吗？可能不会，因为至少你认为，控制权在你手里。你是自己的风险管理者。这就是为什么如果让人们自己选数字，他们会觉得彩票中奖的概率更大（诚然，这样玩儿也更有意思）。风险的控制权掌握在别人手中时，我们会感到紧张。对于那些非自愿的、超出我们的掌控，并且没有回报的事情，我们往往会将风险最大化。亚当斯说：“7 月 7 日伦敦爆炸案的死亡人数，相当于 6 天的道路交通死亡人数。爆炸案发生后，上万人聚集在特拉法尔加广场悼念罹难者，但却没有人在那里悼念过去一周死于交通事故的人。”

为什么没有人为此感到愤怒？开车是自愿行为，在我们控制范围内，而且还有回报，于是我们不能认清汽车带来的实际危险。例如，美国一项研究显示，远郊地区——老城内环郊区之外的广阔区域——对居民构成的风险比整个中心城区的更大。尽管人们通常认为情况正好相反。真正的元凶是什么？交通死亡事故。环境密度越低，反而越危险。如果想一夜之间大幅提高道路安全性——死亡率几乎为零——其实并不是难事，只要我们把车速限制降到每小时 20 英里就可以了（就像在荷兰的“Woonerven”区域一样）。这听起来很荒谬吗？在 20 世纪头几年，当时的最高车速正是 20 英里。在百慕大，每年很少有人死于交通事故。全岛的车速限制为每小时 35 公里（约合每小时 22 英里）。举一个例子，比如美国佛罗里达州萨尼贝尔岛，它和百慕大差不多，车速限制为每小时 35 公里，进入 21 世纪以来，岛上没有发生过一起交通死亡事故，尽管岛上的汽车和自行车都非常多。澳大利亚研究人员发现，即使平均时速仅仅降低一英里，交通事故风险也会随之下降。

当今社会，随着人们的生活距离范围越来越大，我们已经逐渐接受越来越快的速度，亚当斯称之为“超流动性”。越来越快的速度使得我们的生活更倚重时间而非距离。如果询问某人上下班路程多远，他肯定会告诉你路上用了多少时间。汽车的工程结构为这样的高速度提供了一定的安全保障。但是，这样说也有些武断，一项每年致死数万人、造成更多人重伤的活动，怎么称得上安全呢？我们开车的时候似乎感觉所向披靡，但其实在可能发生的交通事故中，气囊和安全带在多数情况下无法救我们于危难。正如澳大利亚交通事故研究人员迈克尔·潘恩（Michael Paine）指出的那样，在正面相撞导致的死亡中，有一半是系了安全带的司机，而且撞击时的时速仅为 35 英里，甚至还达不到这个速度。

我们认为机动化带来的回报值得我们为之冒险。我们自己手握方向盘的事实扭曲了我们的观念。我们不仅认为自己比一般的司机开车技术更好——“乐观偏差”再次发挥作用——研究显示，我们还认为自己发生交通事故的可能性比一般司机更小。控制权在握的感觉削弱了我们对风险的感知能力，使我们认为超出自己控制的事情看上去更危险。据估计，90%的交通事故是由“人为因素”导致，而非车辆故障、道路问题，或者天气原因。

在路上，我们利用不完美的人脑运算能力判断什么是危险的，什么是安全的。我们认为大型卡车是危险的，但当我们靠近卡车时，却没有以足够安全的行为驾驶。我们认为交通环岛比十字路口更危险，实则不然。我们认为在人行道上骑自行车更安全，但事实并非如此。在“危险”的节假日，我们担心会发生车祸，而在工作日却不再担心。我们不让孩子步行上学，其实乘车才更危险。我们使用免提手机，以避免拨号时发生危险，却冒着风险长时间地通话（或做其他事情）。周围没有车的时候，我们小心地停下来等红灯，却在其他时候不顾车速限制，超速行驶。我们买越野车，因为我们认为它更安全，但是一旦上了车，我们的驾驶方式却变得更加危险了。我们紧紧贴着前车行驶，超出了避免追尾的安全距离，但我们仍然盲目地相信前面的司机不会出于某种原因紧急刹车。如今我们已经制造出了比以前更安全的汽车，然而交通事故死亡人数依然居高不下。这些我们都心知肚明，但是做起事来却好像对此一无所知。

后 记

驾驶课程

写这本书之前，对于驾驶，除了当初学开车时候的认知，我从来没有考虑过这么多，我的驾照也是考了两次才拿到的。自那以后，我已经行驶了约几十万英里的路程，经历过几次并不严重的撞车事故（如果你非要深究的话，可以说是“交通事故”，不全是撞车，都是因为我开车不小心导致的过错，具体细节在这里就不再透露了），每 10 年左右去一趟机动车辆管理局，测一测视力，然后去脾气暴躁的工作人员那里办理驾照年检。大多数时候，我只是坐在方向盘后面，听着收音机，怀着焦虑和惊奇的心情上路了。焦虑是因为路上的重重危险、路边撞瘪的汽车、不道德的差劲儿行为，以及出门时亲朋好友紧张的叮咛——“路上注意安全”。同时我还感到惊奇，因为所有人都以这么快的速度前进，路上有这么多人，公路却依然如此顺畅。

在花费了大量时间仔细研究交通理论和科研成果之后，我好奇关于开车是不是还有什么可以探讨和学习的方面。我想，为什么不去问问那些把驾驶当作运动或者谋生手段，不断超越极限的人？与他们相比，平日里最疯狂的司机也相形见绌。赛车手会给普通司机什么建议呢？于是，一天上午，我来到位于凤凰城南边的鲍勃·邦杜兰特赛车指导俱乐部（Bob Bondurant School of High Performance Driving）。在明亮的教室里，我弓着身子和一群人坐在带课桌的小椅子上，身边有嚼着口香糖的青少年，也有头发灰白的六旬老人。教室前面站着的是莱斯·贝奇纳（Les Betchner），他皮肤晒得黝黑发亮，留着金色的鸡冠头。贝奇纳有时会参加汽车赛，各种行话随口就来，不时流露出惊人的天赋，就像飞行员和体育教练拥有的那种与生俱来的能力。

你已经很清楚，司机往往会自我感觉良好。我们对自己的驾驶能力很敏感。人到40岁就不愿意承认自己还有需要学习的新东西。然而，事实恰恰如此。贝奇纳说："方向盘用处不大。你要用踏板控制方向。"什么?我突然留心起来。用踏板控制方向?他用幻灯片演示如何克服弯道侧滑问题。赛车手讨厌侧滑，原因不是侧滑的时候他们会失去控制，而是，用他们的话来说，侧滑会减慢速度。贝奇纳说："我们从来不希望发生侧滑，在赛道上侧滑会影响速度。"

你可能想到驾驶课上讲过的两种弯道侧滑，一种是"转向不足侧滑"，另一种是"转向过度侧滑"。在赛车道上，所谓的转向不足侧滑是指汽车车头先撞向护栏，而转向过度侧滑则是指汽车车尾先撞向护栏。两种侧滑里都有"转向"一词，但对于怎样应对及矫正转向不足或转向过度的情况，转向只不过是其中的一个步骤。转向常常弊大于利。贝奇纳说："要是再转动一下方向盘，你就可能直接冲出赛道了。现在，物理学已经成为你生活中的一部分。"

他解释道，控制侧滑的关键在于"重心转移"。当因转向不足发生侧滑时，汽车前轮失去牵引力。这时试图转向只会让情况变得更糟。刹车可以将重心转移至汽车前身，增加抓地力。而在因转向过度发生侧滑时，汽车后轮失去牵引力，导致车体打转。后轮侧滑角，即汽车轮胎所指方向与实际移动方向之间的角度差，比前轮侧滑角更大。控制后轮的第一步，就是进一步加大转向辐度。所以，你不应该朝转弯的方向打方向盘，这样会增大侧滑角度。你必须"顺着侧滑转向"，也就是说，朝汽车车尾运动的方向转向。我们很多人都知道"顺着侧滑转向"的意思，却不知道到底应该怎么做。贝奇纳指出，更重要的问题是，从来没有人教司机接下来应该怎么做。他询问了教室里的人，只得到几个模棱两可的回答。没有哪两个答案是一样的。“那就祈祷吧？”有人开玩笑道。

答案和你想的可能正好相反：踩油门。“如果犹豫不决，那就猛踩油门。”贝奇纳指导说。（“其实，”他补充道，“你只需加一点点油门。”）当然，人们的自然本能是踩刹车。但问题在于，刹车会将重心转移至汽车前部，而这恰恰是你应该极力避免的。你的汽车本来就重心靠前，这样做又会使汽车后轮失去本来就所剩无几的抓地力。它们需要更多的压力。下面还有最后一个问题，你不能一直顺着侧滑转向。“这会给我们带来麻烦。”邦杜兰特赛车指导俱乐部的另一位教练迈克·麦戈文（Mike McGovern）说。“开始的部分我们做得很好。但是当汽车恢复动力，逐渐回到正轨上时，我们仍然紧紧抓住方向盘，而不把它打回去。这就是在命令汽车再转一个弯，这时你再次发生侧滑。”这又是一个有点违反直觉的道理：要想完全夺回对汽车的控制权，你需要停止转动方向盘，让重新调整过的轮胎来帮你完成转动方向盘的工作，让方向盘在你手中反向滑过。

另一个道理看上去显而易见，但是在测试车道上试验时，却可以发挥出惊人的威力，那就是邦杜兰特赛车指导俱乐部的格言：“眼睛看向想去的地方。”这让人想起了“飞蛾效应”和视觉研究人员仍在争论的类似“鸡生蛋、蛋生鸡”的问题：我们是不自觉地向着眼睛看的方向前进，还是事先找到一个目标位置，然后一直看着那个方向来维持前进的路线呢？我们是向着眼睛看的方向行驶，还是眼睛看向车行驶的方向呢？答案应该是前者。研究表明，司机存在一种系统的、可靠的倾向，即他们行驶的方向往往追随视线的方向，而且很多情况下，他们完全意识不到这一行为。

这看上去可能偏学术了，跟你没什么关系。但是想想看，如果你正在郊区公路上快速行驶，有一辆车突然冲到你面前。如果你这时——用邦杜兰特赛车指导俱乐部教练的话说——“目标锁定”[①]了，也就是说你的眼睛盯着冲过来的汽车，而不是看向你为了躲开车祸应该前进的方向，那么你避免发生交通意外的概率是不是更小了呢？视觉研究人员所谓的“注视偏心距”会对你避开障碍物的能力造成负面影响吗？

科学界对此目前尚无定论，但在邦杜兰特的“侧滑试车场”中，赛车手格言“眼睛看向想去的地方”的效果十分惊人。我驾驶着一辆后面配置有防护车轮的庞蒂亚克（Grand Prix）。眨眼之间，教练就模拟了让汽车快速侧滑转弯的动作。我一遍一遍地绕着环道练习，尽力避免因转向过度侧滑。我发现，当我不去关注路边起防护作用的那个巨大的橡胶轮胎（必须承认，要想忽视它可不是件容易的事），而是将精力集中在弯道另一边我想去的地方时，我可以更加轻松地避免发生侧滑。

这里有科尔维特（Corvettes）跑车，按照“汽车大奖赛”的标准建造的训练场上有很多环形跑道，这里弥漫着烧焦的橡胶以及汽车尾气的刺鼻气味。这里是一直束缚在日常驾驶世界中的人们满足疯狂欲望的运动场。事实上，这个地方充满一种强烈的“中年危机感”。我时常会在心里想，我以前怎么就不知道这些呢？

“驾校会教你怎么拿到驾照，”鲍勃·邦杜兰特在办公室里告诉我，如影随形的昆士兰赫勒犬鲁斯蒂则在一旁喘着粗气，“但它不会教你如何控制侧滑，或者如何紧急避让。”1967年，鲍勃·邦杜兰特原本大有前途的赛车生涯被迫终止，他驾驶的迈凯轮马可福音二代（MK II）赛车，在以时速150英里行驶时，转向臂突然折断，车子失控冲向了路堤，赛车飞至“电话线杆那么高”。在那之后，他开始当教练，指导别人怎样开车，其中包括演员克林特·伊斯特伍德（Clint Eastwood）和詹姆斯·加纳（James Garner）。

---

① 目标锁定（target fixate）：由于大脑专注在某一物体上，从而降低了对其他障碍物或危害的注意力。有时人们的精力过于集中在目标物体上，会忘记采取必要措施，以致发生碰撞。——译者注

当然，他教的内容可不是我们大多数人所学的。邦杜兰特说："驾驶教练就像你的英语老师。"他的意思是这些人对驾驶的了解程度和普通人差不多。在大多情况下，这样就可以了。尽管梅赛德斯–奔驰公司创始人卡尔·本茨（Karl Benz）曾预言，全球汽车市场的发展空间将是有限的，因为只有相对较少的一部分人能够掌握驾驶汽车所需要的技术。我们大多数人，正如邦杜兰特所言，"只不过是一屁股坐在驾驶座上，发动汽车就上了路"。

事实上，我们在日常生活中不能效仿赛车手的行为。20 世纪 70 年代有一项著名的研究（但是此后没有人重复这项研究），美国公路安全保险研究所的研究人员调查了一些赛车手的场外驾驶记录。毫无疑问，和普通司机相比，这些车手完全可以应付急转弯，出色地提前预料下一步的动作，而且反应更迅速。但当他们下了赛道，在公路上的实际表现究竟如何呢？他们不仅收到了更多的交通罚单（由于他们热爱冒险，这也在预料之中），而且发生的交通事故也比普通司机更多。的确，他们对汽车有着高超的控制能力，但只有控制力还不足以赢得比赛。他们同时还需要内在的某种不可言喻的东西，告诉他们再努力一点儿，超出自己的极限，也超出其他所有司机的极限，赢得这场比赛。正如车手马里奥·安得雷蒂（Mario Andretti）所说："如果一切还在掌控之中，就说明你开得还不够快。"可能有人会说，赛车手将自己置于一种时刻挑战极限的境地，驾驶技术并不总能保证他们的人身安全。

在日常交通中，"良好的驾驶行为"与高超的弯道技巧或者快速穿过拥挤车流的能力无关。良好的驾驶行为更多指的是遵守规则，保持清醒，不要撞到别人。但这并不代表我们的日常驾驶无法从赛车中吸取经验。贝奇纳说，赛车手坐得笔直，身体前倾，时刻留意从脚踏板和方向盘传来的反馈信息，而普通司机的坐姿通常十分糟糕。他说："我们大多数人都是身体靠后，司机和汽车之间的互动糟透了。"他说，很多司机坐得太靠后，甚至不能保证踩下刹车时可以启动防抱死制动系统。再说一说视觉，视觉被认为占到驾驶活动的90%。赛车手信奉的真理是，你应该时刻看向你下一刻想去的地方，这有助于车手高速转过弯道。这个真理完全可以应用在通过交叉路口这一普通的动作上。行人过马路时被转弯的汽车撞倒的事故相当多，原因之一就是司机没有看对地方，他们可能只注意转弯的动作了（特别是司机在打电话，或者做其他分心的事情时），而没有注意他们转弯的后果。在赛场上，这样做会降低你的速度；而在现实生活中，这意味着你可能会撞到某人。

在日常驾驶中，时常也会发生仅凭以前的经验无法做出充分准备的情况，比如迎面驶来的汽车越过了道路中央线，车前灯突然发生故障。在邦杜兰特赛车学校，我一遍遍地演练，比如，以最快的速度穿过一组定位桩、猛踩刹车启动防抱死制动系统（这个动作我着实练了好多次），然后转弯驶入设置了另一种定位桩的狭窄车道。在把刹车踩到底的情况下，我还能对汽车拥有很好的控制力，这让我感到十分震惊。防抱死制动系统没有加快我刹车的速度。实际上，在另一个练习中，我需要根据教练的指示将汽车转向三条车道中的一条，这让我切实体会到，面对那些一旦踩了刹车就不可避免的车祸，只要转好弯就可以十分轻松地避免。然而，这的确让我见识到，在安装了防抱死制动系统的情况下，司机完全可以在刹车的同时转向。

和邦杜兰特的其他课程一样，这看上去可能只是十分普通的常识。但是，通过研究司机在遇到紧急情况时的实际反应，科研人员得出大量证据表明事实并非如此。首先，当前面突然出现障碍物时，司机实际上很不愿意转向。大部分司机都是先刹车，然后才转向，甚至不转向，尽管一些测试表明转向是避免车祸的唯一途径。这可能是因为转向看上去会令司机处于更危险的境地，也可能是因为司机不知道可以这样驾驶汽车，也可能是因为这只是一种“操作性条件反射”——和不要驶出车道一样，踩刹车在日常驾驶中通常是正确的反应，于是它似乎成了唯一可以做的事。但是，研究还表明，司机几乎很少将刹车踩到底。其他研究显示，当试图转向时，司机的转弯方向往往与障碍物运动的方向一致，由此可见，司机没有“看向他们想去的方向”（并朝着那个方向前进），而是把注意力集中在了他们想要躲避的障碍物上。

我在测试课上练习的躲避障碍物动作的“肌肉记忆”，能否在平安无事地驾驶多年之后仍然得以保留呢？这很难说。主要的问题是，交通中可能会出现的状况太多，没有办法一一教授解决之道，更别说让人们全部记住了。再加上这些状况都是意料之外的，我们的反应速度又会慢上几拍；而在可能发生车祸时出现的情绪压力，会使我们的反应更加迟钝——研究显示，有时我们甚至会一点儿反应也没有。

再者，交通具有动态变化的本质。很难说在试图躲避另一辆车的那一刻，“正确”的回避操作是什么。任何操作都可能因为对方司机做出的意想不到的应对策略而失效。研究人员让 49 位司机坐进戴姆勒–奔驰的一个驾驶模拟器进行模拟实验。当他们驶近交叉路口时，路口停靠的一辆汽车突然加速，冲向交叉路口，停在被试司机所在的车道上。理论上，每位司机的反应时间足以避免这场车祸。但是，49 人中只有 10 人做到了。部分原因是，时间仅够他们应对逼近的汽车，却不足以让他们分辨清楚这辆突然闯入的汽车将要采取的下一步行动。与其告诉司机何为正确操作，还不如掷骰子撞大运。

从长期来看，高级驾驶员训练能否对司机有帮助，仍是道路交通众多富有争议的未解谜题之一。但是，在邦杜兰特大开眼界之后，我十分好奇，我们买了车——对大部分人来说，这是他们这一生买过的最昂贵的物品之一——但是，我们却没能彻底搞清楚该怎么使用。可以说有很多东西都是这样的，但是，不知道微软 Word（文字处理软件）中快捷键 F9 的功能，不会像不知道怎样正确操作防抱死制动系统那样会直接危及生命。

这个令人不安的想法是驾驶以及交通中存在的众多未解的冲突和矛盾之一。汽车本身就是一个矛盾体，它天生具有与时间赛跑的基因，而如今它通常只是组织松散、效率极低的公共交通系统中的一个组成部分，一个"轮子上的客厅"。安全驾驶常常意味着驾驶体验会变得非常枯燥，可能会让我们走神儿，反而更不安全了。另外，如果我们都像赛车手一样开车，我们可能不会分心或者睡着，但是驾驶的安全性就会不可避免地降低。（即使是驾驶技术最高超的司机，也不能克服基本的物理特性，比如刹车距离。）我们都认为自己比普通司机开得要好。我们在步行时，认为汽车会对行人造成威胁；而我们在开车时，则会认为行人的举动很危险。我们想要更安全的汽车，于是我们就可以开得更猛。开车赋予我们令人兴奋的速度和无限的个体流动性，奇怪的是，它既是积极向上的，让我们感到生命的存在，同时对我们大多数人来说，它又是生活中最致命的存在。我们都希望成为路上的独特个体，但是顺畅流动的交通需要的是一致性。我们希望所有的信号灯都是绿灯，不过，当我们到达交叉路口时，我们希望只有自己去的方向是绿灯。我们希望自己所在的街道上车少一点儿，但又希望在不远处有一条非常方便的十车道高速公路。我们都希望别人不要开车，那么我们出行时就会快一点儿。马路上对我们自己来说最好的，往往对其他人而言并不是最好的；反之亦然。

关于汽车对环境的负面影响，我一直避而不谈，这是因为我认为，正如之前说过的，从车上拆除内燃机，比从车上把司机赶下来更容易。随着未来一些可再生、可持续的能源不断发展，解放能源经济，我所描述的所有交通问题只会变得越来越重要。通用汽车公司研发及战略规划副总裁拉里·伯恩斯（Larry Burns）这样对我说："汽车带来的所有外部性——能源、环境、机会均等、安全性以及交通拥堵等，其中我认为最难以解决的，就是交通拥堵。"

即使司机仍然坐在车里，未来是否需要司机驾驶就是另一个问题了。我们在驾驶时遇到的几乎所有的感知局限——视觉盲点、超速行驶时车前灯无法提供足够的视野，以及判断物体逼近速度时的误差等——科学家和汽车制造商都在着手解决。高端汽车已经为此增加了大批功能。宝马xDrive四驱系统可以“通过传感器监测前方路况”，一则宝马xDrive广告简洁明了地道明了这一切。“xDrive驱动系统反应时间：100毫秒；司机反应时间：不需要。”“视线检测”技术可以通过跟踪眼球运动轨迹在司机分心时提醒司机集中注意力。各种类似的技术正在蓬勃兴起。

未来的驾驶体验可能不至于像在邦杜兰特试车场上的情况那样，而是更像世界智能交通系统大会期间AT&T球场（平时为旧金山职棒巨人队主场）20万平方英尺的停车场。停车场被改造成展示无数高科技交通设备的“创新机动展台”，看上去像是挑战人类极限的奇特大狂欢。这里有“智能交叉路口”，当传感器和算法程序计算出正在靠近的司机没有要停车的打算时，路口会给司机以提醒；还有“动态停车”演示，这项技术借助实时传感器提供车位信息，也许司机以后再也不用四处寻找空车位了。

我与通用汽车的两名研究人员C. 克里斯托弗·凯勒姆（C. Christopher Kellum）和比央达·穆德里格（Priyantha Mudalige）一同坐进一辆凯迪拉克CTS。这辆车通过GPS技术和接收器，可以与同样配备了这一技术的其他汽车通话。通用称这项技术为“车对车”（vehicle to vehicle），其设计理念是，将所有汽车连接在一个移动网络中，利用共享的信息帮助你留意其他车辆的动态。屏幕上显示我们已经和其他两辆车相连。研究人员清楚地知道，任何应用于现实世界的系统，都必须能够做到一次应对成百上千辆车。凯勒姆说：“我们做了大量模拟试验，研究同一地点出现2 000辆车时会发生什么。我们需要一种智能的方式，分析出哪些信息重要，哪些信息不重要。如果前方一英里的地方发生了交通事故，这个信息对你来说很重要。而如果前方一英里的地方只是有几个人在开车，你其实对此并不关心。”

这是不是听上去有点儿耳熟？的确如此。这项事件探测及评估技术正是斯坦福团队要完成的主要任务之一，他们要确保机器人汽车朱尼尔在城市交通中能够顺利通行。我意识到，我驾驶的这辆车正是朱尼尔的表兄弟。凯勒姆让我变道，但我知道，在当时的情况下，旁边一辆车已经悄悄驶入了我的盲点区域。我正要变道时，后背感觉到一丝微颤。这就是所谓的“触觉警告”，它可以让司机不至于淹没在各种视觉和听觉信息中，并强调司机可能忽略的警告信息。（感觉就像是汽车驶出了路面，开在坑坑洼洼的碎石道上，“触觉警告”真是简单有效。）困扰“车道偏离警告”等驾驶辅助技术的问题之一是，虽然这些警告可以变得越来越有预见性，越来越先进，但它们发挥作用的前提是司机必须用心留意这些警告，并做出相应的反应。

也许不必如此。接着，凯勒姆让我不断加速，驶向停在远处的一辆汽车。他说："没关系，放轻松。"他不让我踩刹车。"我们只管往前开，我们的车会自动刹车，"他说，"我们可以实时评估我们与那辆车的距离、逼近速度是多少，以及什么时候开始刹车。我在时速 75 英里的速度下试验过。"这和在邦杜兰特的练习基本是一样的，但当时教练让我启动防抱死制动系统，而现在他们却让我靠后坐，什么也别做。我坐在机器人汽车朱尼尔的前排。那辆停着的车快速进入视野。时间似乎一瞬间慢了下来。（研究表明，现实中时间可能会加速，这不过是记忆和我要的小把戏。）一股寒气穿过我的身体，脖子后面的汗毛都竖了起来。弹出的气囊和碰撞测试中系着安全带的人偶在我的脑海中浮现，好像一个飞逝的噩梦。然后汽车来了个完美的急刹车。

在将来某个时候，人类可能会进化成为完美的司机，拥有高度适应驾驶环境的视觉和反应能力，可以实现高速驾驶。也许我们会像蚂蚁一样，可以在公路上愉快地合作，使交通极为高效地运转，没有并道、追尾的行为，也没有人竖中指。然而，在这些远未实现之前，不久的将来我们可能会看到：汽车实现无人驾驶，彼此之间车速平稳同步，实现了最大的交通流量，并能保证足够安全的行车间距，车内配置了可以实现最大通行能力的算法程序，这一切全部由网络路由器监控，这些路由器引导汽车驶入最高效的路线。也许这就是我们一直在寻找的交通天堂。不过，我们最好记住 20 世纪中期著名交通工程师亨利·巴恩斯的警告："随着时间的推移，技术越来越自动化，而人却越来越难以掌控。"即便司机有朝一日可以远离方向盘，但我们可以做到让人类远离交通吗?

致 谢

尽管手上拿着叫作驾照的证件，但在整个写书过程中，我还是这一复杂领域中的新手。依靠来自世界各地许多人的帮助，这本书才得以完成，没有他们的帮助，我是不可能做到的。

接下来，请允许我一一表达对这些人的谢意，排名不分先后，如有遗漏，实属无心之举。按地理位置，我先从美国中西部开始。感谢艾奥瓦大学及其下设的国家高级驾驶模拟器实验室的丹尼尔·麦吉、约翰·李、奥马尔·阿麦德以及特拉·斯迈泽，耐心地向我讲解了他们的科研成果，而且当我在世界最先进的驾驶模拟器里打滑失控时，他们扭头看向了别处，以免让我尴尬。密歇根大学交通运输研究所的迈克尔·弗拉纳根和丹尼尔·布洛尔，以及工程部的巴里·坎特威茨，向我普及了人体工程学、视觉等领域的知识。在密歇根州沃伦和底特律，通用汽车公司的理查德·A. 杨、拉里·伯恩斯以及琳达·S. 安吉尔向我展示了汽车制造商的研究发现。在芝加哥，电子地图开发商Navteq公司的霍华德·海斯和拉里·彼得森向我展示了公司的交通监测系统，同时简·高尔尼基开着安装了Navteq电子地图的汽车带我游览郊区。在北达科他州大学，马克·纳夫罗特教给我运动视差的基础知识，还有其他很多东西。

我要特别感谢洛杉矶交通部的副主任约翰·E. 费舍尔，以及加州交通局第七区执行副主管弗兰克·库翁，他们与我分享了自己对于洛杉矶交通状况的见解和渊博的知识。同时还要感谢加州交通局的马尔科·鲁阿诺、道恩·赫鲁、阿夫萨奈·M. 拉扎维以及珍妮·邦菲利奥，还有洛杉矶交通局的詹姆斯·冈崎、卡提克·帕特尔以及韦雷·扎诺扬。感谢奥兰治县“清晰频道”交通新闻台“空中观察”栏目的克里斯·休斯、克莱尔·西格曼以及沙恩·诺维茨基，还有哥伦比亚广播公司洛杉矶第二分公司的维拉·希门尼斯，他们为我呈现了洛杉矶各种各样的交通状况。加州公路巡逻队的萨金特·约瑟夫·基吉让我亲身体验了一次公路巡逻，并回答了我关于数据方面的诸多问题。在加州大学洛杉矶分校，来自不同院系的许多友人与我分享了他们的专业知识，他们分别是：唐纳德·舒普、杰·费伦、布莱恩·D. 泰勒、兰德尔·克兰以及杰克·卡茨。感谢斯坦福大学的塞巴斯蒂安·特龙和迈克尔·蒙特梅洛。

我还要感谢纽约市交通局的凯·萨林、瑞恩·鲁索以及迈克尔·普莱姆吉亚。山姆·施瓦茨有限公司的山姆·施瓦茨和尼尔森/奈加德咨询中心的迈克尔·金与我分享了他们对纽约交通的宝贵见解和评价。亚伦·纳帕斯特克是我源源不断的交通灵感之源，由他主笔的交通博客streetsblog.org一直以来都是世界上最佳交通新闻及观点的唯一来源。在特伦顿的新泽西交通局，加里·托特和约斯利·贝克耶带我参观了城市公路的整修现状，还耐心讲解了什么是“新泽西匝道”以及这个花园之州其他独特的交通现象（本书开始时提到的地方）。在华盛顿特区环线地区，我要特别感谢南希·麦古金和艾伦·皮萨尔斯基；还要感谢联邦公路管理局的汤姆·格兰达、卡尔·安德森、道格·希科克斯、约翰·麦克拉肯、迈克尔·特伦塔科斯特、比尔·普罗瑟以及雷·克拉梅斯，他们带我参观了特纳–费尔班克实验室，大家进行了热烈的圆桌讨论，随后还聊了很多。感谢国家公路安全管理局的查尔斯·卡亨和帕特丽夏·埃里森–波特。

加拿大的加里·王尔德与我分享了他关于风险平衡的理论（还有品质上乘的特浓咖啡）。智能交通运输系统中心以及多伦多大学测试平台创始人兼负责人巴赫·阿杜哈向我解释了“基本图表”以及其他复杂的交通知识。在墨西哥城，马里奥·冈萨雷斯–罗曼带我参观了宏伟的Segundo Piso纪念碑，并在其他很多方面给予我极大的帮助。同时也要感谢奥古斯丁·巴里奥斯·戈麦斯和阿兰·斯金纳。墨西哥城公共安全秘书处交通控制及工程执行总管阿尔弗雷德·埃尔南德斯·加西亚带我参观了科洛尼亚奥夫拉区的城市交通管理中心。还要感谢克劳迪娅·阿黛丝，她所在的组织Mué vete por tu Ciudad在整治墨西哥城恶劣的路况中做出的努力值得称赞。

感谢英国伦敦交通拥堵收费项目主管马尔科姆·默里–克拉克，以及伦敦交通控制中心的菲尔·戴维斯。皇家自治镇肯辛顿–切尔西区交通管理部门的彼得·维登慷慨地与我分享了他的专业知识。伦敦大学学院荣誉教授约翰·亚当斯分享了他关于风险的犀利见解。在沃金厄姆的交通研究实验室，珍妮特·肯尼迪分享了她的专业知识，带我参观了实验室的驾驶模拟器。同时还要感谢萨里大学的约翰·格罗杰、“智能空间”的杰克·德西拉斯，以及“空间句法”的比尔·希利尔和阿兰·恰拉迪亚。德国杜伊斯堡–埃森大学交通运输物理学系的米夏埃尔·施莱肯伯格为我召开了一次具有启发意义的研讨会，旨在讨论个人及系统范畴的交通物理学。在德国贝尔吉施–格拉德巴赫的联邦公路研究所，卡尔–约瑟夫·霍恩沙伊德和克斯廷·莱姆克回答了我关于德国高速公路等话题的提问。同时还要感谢全德汽车俱乐部的约尔根·贝立兹。感谢哥本哈根扬·格尔协会受人尊敬的交通权威扬·格尔，还有哥本哈根交通规划办公室的斯蒂芬·拉斯穆森。非常感谢意大利汽车俱乐部的保罗·博尔戈尼奥内和朱塞佩·切萨罗，他们与我分享了很多交通知识，还有美味的意大利菜。同时还要感谢罗马大学复杂系统实验室的安德里亚·德马蒂诺，还有物理教师、喜欢骑摩托车的马克斯·霍尔。

感谢北京交通发展研究中心的王书灵、线凯，以及张德兴[①]，为我解说中国首都不断演变的复杂交通史。还要感谢北京工业大学的荣江教授和陈燕燕教授，以及李德辉。同时也感谢《中国日报》的刘式南，以及柯颖德、乔纳森·兰德雷思和亚历克斯·帕斯捷尔纳克。感谢王建硕和上海同济大学的郭忠印，还要感谢丹·沃什伯恩的热情款待和建议。感谢日本的保罗·诺拉斯科、今井·智美以及詹姆斯·科比特，他们安排我参观了丰田集成系统名古屋工程分部。感谢越南河内的瓦尔特·莫尔特和格里格·克拉夫特，他们以各自不同的方式致力于改善城市的交通运输及安全状况。感谢德里的马克斯韦尔·佩雷拉，印度理工学院的基坦·蒂瓦里和迪内希·莫汉，以及身兼交通委员和警察二职的卡马尔·艾哈迈德。同时还要感谢道路交通教育研究所的罗希特·巴卢哈、吉里什·钱德拉·库克雷蒂，以及阿曼迪普·辛格·贝迪。

此外，还必须感谢世界各地许许多多与我讨论研究成果的人，感谢他们为我指路并纠正错误。再次不分先后顺序向大家表示感谢：缅因大学的皮尔·加德尔，得克萨斯州农工大学的埃里克·邓博，多伦多大学名誉教授埃兹拉·豪尔，佛罗里达州奥兰多市格拉廷·杰克逊公司的瓦尔特·库拉什，丹·伯登以及伊恩·洛克伍德，公路安全保险协会的艾伦·威廉姆斯和金·哈瑟巴克，弗吉尼亚理工大学交通运输学院的希拉·“查理”·克劳尔和苏西·李，公路安全研究中心的查尔斯·塞格尔，国家儿童健康和人类发展研究所的埃里克·奥尔森，圣迭戈DriveCam公司的德尔·里斯克，布鲁斯·穆勒，以及鲁斯提·魏斯，瑞典公路管理局的克里斯托弗·拜登，欧洲道路评估项目处的约翰·道森，凯尔顿研究机构的汤姆·贝恩塔尔，亚利桑那大学的桑迪·罗森布鲁姆，以色列巴伊兰大学的图瓦·罗森布鲁姆，芬兰大学交通研究所的海基·苏马拉，因瑞克斯（INRIX）数据

① 中文名均为音译。——译者注

公司的奥利弗·唐斯和米歇尔·拉格，昆士兰大学智能交通运输系统实验室的侯赛因·迪亚，交通运输研究实验室的格雷厄姆·科，英国公路局的尼克·芬顿，亚利桑那州立大学的罗伯特·格雷，康涅狄格大学的诺曼·加里克，康奈尔大学的詹姆斯·卡廷，邦杜兰特赛车学校的安娜·哈克特，鲍勃·邦杜兰特，莱斯·贝奇纳以及迈克·麦戈文，佛罗里达州萨尼贝尔岛的朱迪·齐默拉和阿曼达·卢瑟福，牛津大学的查尔斯·斯彭斯，艾柯系统公司（Icosystem）的埃里克·博纳博，加州大学伯克利分校的安蒂·欧拉斯维尔塔，艾克塞特大学的斯蒂芬·利，北卡罗来纳大学的丹尼斯·伍德，伦敦大学学院的埃莉诺·马圭尔，杜克大学的戴尔·珀维斯，康奈尔大学的迈克尔·斯皮维，得克萨斯大学的卡拉·克科尔曼，麻省理工学院的摩西·本–阿基瓦，康奈尔大学的加里·埃文斯，得克萨斯理工大学的约翰·科布佐，范德堡大学的蒂莫西·麦克纳马拉，《今日停车》的约翰·范·霍恩，亚克里斯多，弗纽波特大学的安德鲁·威尔基，意大利切塞纳的佛朗哥·塞尔瓦代伊，明尼苏达大学的加里·戴维斯，亚利桑那州立大学的罗伯特·恰尔迪尼，密歇根大学的马克·罗斯，弗吉尼亚大学的尼古拉斯·加伯，劳伦斯伯克利国家图书馆的汤姆·文策尔，英国菲尔琼斯协会的菲尔·琼斯，伦敦“智能空间”的杰克·德斯拉斯，芝加哥大学的悉尼·内格尔和利奥尔·斯特拉希列维茨，英国雷丁大学的弗兰克·麦肯纳，诺丁汉大学的杰夫·安德伍德，哈佛大学的丹尼尔·利伯曼，思纬（Synovate）公司的斯蒂芬·波皮耶，圣何塞州立大学的阿莎·温斯坦·阿格拉瓦尔，佛罗里达州立大学的杰弗里·布朗，明尼苏达州圣保罗交通安全办公室的戈迪·皮尔逊，明尼苏达大学的戴维·莱文森，克曼诺夫能源联营公司的查尔斯·克曼诺夫，罗马天主教大学的朱塞佩·拉·托雷，弗吉尼亚大学的埃里克·珀勒，昆士兰大学的马克·豪斯维尔，澳大利亚汽车设计研究所的迈克尔·潘恩，西北大学的约瑟夫·巴顿，马萨诸塞大学的安娜·纳格尼，卡内基–梅隆大学的戴维·杰拉德和保罗·菲施贝克，当时负责公共空间项目的安迪·威利–施瓦茨，密歇根大学的克雷格·戴维斯，曾供职于迪士尼的布鲁斯·拉瓦尔以及麻省理工学院的理查德·拉森。

另外，还要特别感谢一部分人的帮助，他们有的分享了自己的研究成果，有的阅读了本书的草稿，或者在其他方面提供了大力支持。交通安全部部长伦纳德·埃文斯毫不吝啬地分享了他的专业知识。杰弗里·穆塔特抽出大量时间与我交谈，并专门为我做实验。特拉华大学的史蒂文·莫斯特和伊利诺伊大学的丹尼尔·西蒙斯阅读了部分书稿，并提出了很多有益的见解，普吉特海湾区市政局的马修·基钦也给了我同样的帮助。俄亥俄州立大学的本杰明·柯夫曼为我讲解了车流的复杂性。巴斯大学的伊恩·沃克是一位杰出的学者和全能的大师。牛津大学和普林斯顿大学的伊恩·库赞向我讲述了蚂蚁的交通世界。詹姆斯·索罗维基和马特·韦兰德阅读了书稿并给予了真诚的反馈。彼得·霍尔在研究方面提供了无私的帮助。热情的“共享空间”倡导者，以及幻灯片能手本·汉密尔顿–贝利引领我步入德国和荷兰的交通世界，让我大开眼界。他还大方地为我引荐了交通稳静化和人性化工程领域的重要人物约斯特·瓦尔，还介绍我认识了汉斯·蒙德曼，汉斯的话语和精神在本书中随处可见。从我与汉斯共处的时光以及谈话中可以看出，他满怀激情，富有洞察力，聪明机智，涉猎广泛。在与他讨论左转可接受的车流间隙，以及环形交叉路口的通行能力时，他不时会谈起荷兰的地理条件如何孕育了荷兰人的创新精神，也会引用普鲁斯特的理论来谈论汽车如何改变了我们的时间观念。2008 年 1 月 7 日，在与癌症抗争了多年之后，汉斯离开了我们。希望我可以通过本书将汉斯的思想发扬光大。

感谢阿尔弗雷德·A. 克诺夫出版社的安德鲁·米勒，在这本书还只是一个想法时，他就鼓励我，陪伴我，给予我明智的编辑建议和精神支持，偶尔还会和我去踢足球。克诺夫出版社的萨拉·谢比尔也给了很多很好的意见，其中大部分对本书的最终成形十分有益。邦尼·汤普森帮我纠正了语法错误，指出逻辑漏洞，保证了事实的真实性。感谢克诺夫出版社的宣传团队，保罗·博高斯、加布丽埃勒·布鲁克斯、埃因·哈特曼、尼古拉斯·拉蒂默以及贾森·金卡德。感谢大西洋彼岸英国企鹅出版社的威尔·古德拉德，他也为我提供了上面提到的各种帮助。最后，感谢我的经纪人和老朋友，纽约PFD出版公司的佐耶·潘格纳门塔。精明睿智的她孜孜不倦地支持着我和这本书，使我一路走来从未感到孤单。我还要感谢伦敦PFD出版公司的西蒙·特里温。

最后，我要将这本书献给我的家人，不论近在眼前还是身处他方，是他们一路陪伴我走过了这段旅程。尤其是我美丽聪慧的妻子詹西·邓恩，她是我开车时的伴侣，也是我的生活伴侣。